Eric Holthaus

DIE ERDE DER ZUKUNFT

Aus dem amerikanischen Englisch von
Elisabeth Schmalen

HarperCollins

Die Originalausgabe erschien 2020 unter dem Titel
The Future Earth. A Radical Vision for what's Possible in the Age of Warming
bei HarperOne, New York.

1. Auflage 2021

Deutsche Erstausgabe

Published by arrangement with HarperOne,
an imprint of HarperCollins *Publishers*, US
Gesetzt aus der Stempel Garamond und der Brandon Grotesque
von GGP Media GmbH, Pößneck
Druck und Bindung von CPI books GmbH, Leck
Printed in Germany
ISBN 978-3-7499-0024-4
www.harpercollins.de

Klimaneutral
Druckprodukt
ClimatePartner.com/15109-2009-1001

MIX
Papier
FSC® C083411

FÜR ROSCOE UND ZEKE

Wenn ich uns nicht retten kann

dann lass mich dich fühlen
glücklich und in Sicherheit
unter meinem Kinn.

Wenn alles unter Wasser steht
oder brennt

dann lass uns Sternenlicht trinken
ein Schläfchen unter Bäumen halten
an Stränden singen –

die morgendliche Eile, nur um drinnen zu sitzen, dient
wozu noch mal?

Wenn wir sterben

dann lass mich aufreißen
und Liebe bluten
sie vergießen, sie verteilen
sehen, wie viel
davon da ist

der Lohn der Geizigen ist
was noch mal?

Wenn dieses Leben endet

dann lass mich
ein neues beginnen.

– Lynna Odel (2019),
verwendet mit Genehmigung der Verfasserin.

INHALT

TEIL 1

Ein permanenter Ausnahmezustand 13

TEIL 2

2020–2030
Katastrophaler Erfolg 89

2030–2040
Radikale Verantwortung 135

2040–2050
Neue Technologien und eine neue Spiritualität 177

Epilog 213
Dank 247
Anmerkungen 253

TEIL 1

EIN PERMANENTER AUSNAHMEZUSTAND

Im September 2017 erholte sich Puerto Rico gerade von einer der schlimmsten Dürren in der Geschichte der Insel. Auf dem Höhepunkt der mehrjährigen Trockenheit war Wasser so knapp gewesen, dass die Regierung es in der Region um die Hauptstadt San Juan rationiert hatte, ein drastischer Schritt, vor allem nach jahrelangen Sparmaßnahmen und kolonialer Vernachlässigung. Zweihunderttausend Menschen hatten den Wasserhahn nur einmal alle drei Tage aufdrehen dürfen, womit ihnen die Erfüllung eines Grundbedürfnisses verwehrt worden war.

Dann zog der Hurrikan Maria über die östliche Karibik und löste die größte humanitäre Krise in der jüngeren Geschichte Amerikas aus.

Innerhalb weniger Stunden verursachten Windgeschwindigkeiten von 250 Stundenkilometern und sintflutartige Regengüsse einen Monate andauernden Stromausfall, der die gesamte Zivilisation in Puerto Rico auf den Kopf stellte. Nach dem Sturm kämpften die Überlebenden wochenlang um den Zugang zu Trinkwasser, Nahrungsmitteln, stabilen Unterkünften und einer angemessenen Gesundheitsversorgung. Manche Einwohner Puerto Ricos waren aus Mangel an Alternativen gezwungen, ihr Trinkwasser aus Brunnen, die sich auf Giftmülldeponien befanden, zu holen.[1] Hunderte Menschen starben, weil die Krankenhäuser, selbst wenn sie zugänglich waren, keinen Strom hatten und die Grundversorgung nicht gewährleisten konnten.

Auf die Überlebenden wirkte es, als hätte Maria eine ganz neue Realität geschaffen. Ihre Erzählungen sind von Schock und Leid geprägt.

In den ersten Tagen nach dem Hurrikan schrieb mir Ly Pérez, eine Studentin an der Universität von Puerto Rico, dass sie und ihre Mitstudierenden das Geschehen in ihrer Umgebung nur über das Radio verfolgen konnten. »Heute habe ich zum ersten Mal Aufnahmen gesehen, und es ist absolut grauenvoll. Ständig fiel das Wort ›Katastrophe‹, was natürlich Bilder im Kopf erzeugt hat. Aber sie kamen nicht ansatzweise an die absolut niederschmetternde Realität heran.«[2]

Wir sind an einem Punkt angelangt, an dem das Wetter in jeder Jahreszeit und in jedem Land der Erde direkt mit den Veränderungen zusammenhängt, die wir in der Atmosphäre unseres Planeten verursacht haben. Hurrikan Maria war keine Ausnahme. Eine Studie, die 2019 in der Fachzeitschrift *Geophysical Research Letters* veröffentlicht wurde, besagt, dass die gewaltigen Wassermassen, die Maria brachte, durch die Erderwärmung heute fast fünfmal wahrscheinlicher sind als 1956, als man begann, die Niederschlagsmengen in Puerto Rico aufzuzeichnen.[3] Der Hauptautor, David Keellings, erklärte der American Geophysical Union: »Was die Niederschläge angeht, ist Maria extremer als alles, was die Insel je erlebt hat.«[4]

Der Hurrikan Maria beschädigte oder zerstörte mehr als dreißig Millionen Bäume und sorgte dadurch für tiefgreifende und noch nie da gewesene Veränderungen der Landschaft.[5] Da die Erderwärmung so schnell voranschreitet, gehen Biologen in Puerto Rico davon aus, dass die von Maria zerstörten Wälder nie wieder ihre frühere Vielfalt erreichen werden. Am schlimmsten traf es die größten und am langsamsten wachsenden Laubbäume der Insel, etwa den Tabonuco und den Balatabaum. Ihre ausladenden Kronen dienen Vögeln, Fledermäusen und Baumfröschen als Lebensraum. Wenn die Hurrikans der Zukunft genauso heftig ausfallen wie Maria (oder sogar noch heftiger), werden die Wälder Puerto Ricos irgendwann nur noch aus kleineren und niedrigeren Bäumen bestehen, die zwar Windstößen und Wassermassen besser standhalten, aber vielen Tierarten nicht mehr als Lebensraum dienen können. Mehr als ein Jahr nach Maria zeigen Satellitenbilder, dass die Insel eindeutig weniger grün war als zuvor.

Und der Sturm ist noch nicht vorbei. Heute hat die Insel mit einer gewaltigen Welle psychischer Erkrankungen zu kämpfen, »das größte psychosoziale Desaster in den Vereinigten Staaten«[6], meint Joseph Prewitt Díaz, der als Berater für psychische Probleme nach Naturkatastrophen beim Amerikanischen Roten Kreuz tätig ist. Die langsame Erholung habe einen »permanenten Ausnahmezustand« ausgelöst, eine neue Normalität, die das Alltagsleben bestimmt. Dieser Zustand sei von Verzweiflung, Ängsten und posttraumatischem Stress charakterisiert und normalerweise eher in Flüchtlingslagern und Kriegsgebieten anzutreffen.

Nichts davon war unvermeidbar. Nichts davon kam überraschend. Was in Puerto Rico vor sich geht, ist das Ergebnis von Entscheidungen, die über die Jahrhunderte in einem zerstörerischen System getroffen wurden. Wir wissen es seit Jahrhunderten, vor allem dank Menschen, deren Stimmen nur allzu häufig als schädlich oder unserer Aufmerksamkeit nicht für wert befunden wurden. Heute sind sich die Wissenschaftler darüber einig, dass unser Einsatz von fossilen Brennstoffen und unsere Zerstörung der Ökosysteme der Erde die Zukunft der menschlichen Zivilisation aufs Spiel setzen. Dieses Buch soll Ihnen dabei helfen, zu erkennen, wie Sie selbst zum Aufbau einer besseren Welt beitragen können, die allen zugutekommt, unabhängig vom Status, der Schichtzugehörigkeit und dem Geschlecht eines Menschen. Und es soll Sie daran erinnern, dass Sie genau zur richtigen Zeit geboren wurden, um an diesem Umbruch mitzuwirken.

Da wir uns jahrzehntelang geweigert haben zu handeln, ist der Klimawandel heute nicht mehr nur eine Frage der Wissenschaft. Heute ist er vor allem eine Frage der Gerechtigkeit. Die Tatsache, dass wir beim Ausstoß von Treibhausgasen *jedes Jahr* neue Rekorde verzeichnen, obwohl sich unser Planet rapide erwärmt, ist ein schockierendes Symptom eines größeren Strukturproblems unserer Gesellschaft. Als Frage der Gerechtigkeit ist auch der Klimawandel ein permanenter Ausnahmezustand, der jeden von uns und sämtliche Aspekte der Gesellschaft betrifft, was es unmöglich macht, die Auswirkungen der extremen Wetterereignisse und das ungerechte System, das sie verursacht hat, sinnvoll voneinander zu trennen. Die Beweise sind überall – wir müssen schnell einen anderen Weg einschlagen.

Aber wie?

***

Desaster, ein anderes Wort für Katastrophe, hat lateinische Wurzeln und bedeutet ursprünglich »unter einem schlechten Stern stehend« – es handelt sich also buchstäblich um ein unheilvolles Himmelszeichen. Aber im Zusammenhang mit dem Klimawandel kann von Pech keine Rede mehr sein. Wir haben selbst dafür gesorgt, dass Katastrophen heute wahrscheinlicher sind, vor allem in den Gegenden der Erde, die am wenigsten zum Problem beigetragen haben. Die Meteorologie ist mittlerweile in der Lage vorherzusagen, wann und wo es zu schlimmen Ereignissen kommen wird. Außerdem wissen wir, dass aufgrund unserer Gesellschaftsstrukturen die wirtschaftlich und sozial schwächsten Regionen der Erde am schlimmsten davon getroffen werden – Menschen, die wie die Überlebenden des Hurrikans Maria in Puerto Rico zu häufig den größten Ungerechtigkeiten der Geschichte ausgesetzt sind.

Durch den Klimawandel überlagern sich die Naturkatastrophen heute, wodurch den Menschen weniger Zeit bleibt, um sich von ihnen zu erholen, bevor sich die nächste Krise einstellt. Bewohner kleiner Inseln wie Puerto Rico verfügen ohnehin über begrenzte Trinkwasserressourcen. Eine Studie aus dem Jahr 2018 ergab, dass sich die Trockenheit in der Karibik immer weiter verschlimmert[7] – obwohl die Hurrikans und Regengüsse immer stärker werden. Ein solches Zusammentreffen von sozialen und klimatischen Ausnahmezuständen findet sich überall auf der Welt, jedes Jahr.

2016, im Jahr vor Maria, nahm der Zyklon Winston auf der anderen Seite der Erde so viel Fahrt auf, dass er sich nur wenige Stunden, bevor er in Fidschi auf Land traf, zum stärksten Sturm entwickelt hatte, der je in der südlichen Hemisphäre wütete. Nach dem Sturm gelobte Jioji Konrote, der Präsident von Fidschi, in einer Rede an die Nation, dass der Inselstaat alles tun werde, »was in seiner Macht steht, um die Weltgemeinschaft von der Ursache des Ereignisses zu überzeugen«: dem Klimawandel. »Das ist ein Kampf, den wir gewinnen müssen«, sagte er. »Unsere gesamte Lebensweise steht auf dem Spiel.«[8] Jahre nach dem Sturm sind Schulen und Familien immer noch in den vom Staat ausgegebenen Zelten untergebracht, während sich die Aufbauarbeiten von einer Regenzeit zur nächsten ziehen.

2017, nur wenige Tage bevor Puerto Rico von Maria heimgesucht wurde, zog ein anderer Wirbelsturm durch die Karibik. Irma war der stärkste Hurrikan, der je im Atlantik auf Land traf; er ging mit Windgeschwindigkeiten von bis zu 300 Stundenkilometern über Barbuda hinweg und zerstörte dabei neunzig Prozent der Insel. Die gesamte Bevölkerung floh, sodass Barbuda zum ersten Mal seit Jahrhunderten vollständig unbewohnt war. Laut Recht und Tradition ist das Land auf der Insel Gemeinschaftseigentum der Bewohner, doch seit dem Sturm versuchen private Bauunternehmen, den Staat zu einer Gesetzesänderung zu bewegen, um den Tourismus zu fördern.

2018 wurde Saipan, die größte Insel der Nördlichen Marianen, einem Außengebiet der USA, vom Taifun Yutu getroffen. Mit Windgeschwindigkeiten von 290 Stundenkilometern war Yutu der stärkste Sturm, den die Marianen je erlebt hatten. Vorher hatte sich Saipan immer größerer Beliebtheit als Touristenziel erfreut, doch seit Yutu macht das Casino, vorher eine der Hauptattraktionen, kaum noch Gewinne, und die Regierung musste die Wiederaufbaumaßnahmen herunterfahren. Das betrifft auch die zerstörten Schulen.

Die Zyklone Idai und Kenneth zogen 2019 im Abstand von sechs Wochen über Mosambik hinweg. Noch nie zuvor seit Beginn der Wetteraufzeichnungen war das Land von zwei Wirbelstürmen direkt nacheinander getroffen worden. Idai allein wäre schon schlimm genug gewesen – die Vereinten Nationen nannten ihn »eine der schlimmsten Wetterkatastrophen … in der südlichen Hemisphäre«.[9] Doch Kenneth erwies sich als der stärkste Sturm, der je auf das afrikanische Festland getroffen war. Die internationalen Hilfsmaßnahmen deckten nur 25 Prozent der Summe, die unmittelbar nach den Zyklonen benötigt wurde. Um die Lücke zu schließen und den Wiederaufbau zu finanzieren, war Mosambik gezwungen, beim

Internationalen Währungsfonds Kredite in Millionenhöhe aufzunehmen.

Unter den Auswirkungen der Katastrophen leiden überproportional viele Frauen, Menschen mit Behinderungen, Niedriglöhner und schwarze und indigene Gemeinschaften, die allesamt aus historischen und aktuellen Gründen von Ausgrenzungen betroffen sind. 2018, als Hurrikan Michael durch Florida und Georgia zog, war er erst der vierte Wirbelsturm der Kategorie fünf auf US-amerikanischem Boden. Am schlimmsten davon betroffen waren einige der ärmsten Bezirke des Landes im Süden von Georgia und im Florida Panhandle, die von Jahrhunderten des Rassismus und der Sklaverei gezeichnet sind. Statt nach dem Sturm den Blick auf diese Kommunen zu richten, drehte sich die Medienberichterstattung größtenteils um den Luftwaffenstützpunkt Tyndall in Florida und die dort zerstörten Kampfflugzeuge, deren Wert in die Milliarden ging.

In Alaska, wo 92 Prozent der Staatseinnahmen immer noch aus der Öl- und Gasindustrie stammen, bringt der Sommer heutzutage außergewöhnliche Unwetter, gnadenlose Waldbrände und beispiellose Hitzewellen mit sich. 2018 erreichte der Bundesstaat eine unheilvolle Rekordmarke: Die Jahresdurchschnittstemperatur lag zum ersten Mal oberhalb von null Grad. Am 4. Juli 2019, als der Rauch der Waldbrände den Himmel verdunkelte, kletterte das Thermometer in Anchorage auf 32 Grad, und das Meereis rund um Alaska erreichte einen neuen Tiefststand. Der Permafrostboden – gefrorener Boden, der in der gesamten Arktis Milliarden Tonnen Kohlenstoff bindet – schmilzt Jahrzehnte früher, als Wissenschaftler erwartet hatten,[10] was die Auswirkungen des Klimawandels verschlimmert, Häuser, Betriebe und Straßen einbrechen lässt und viele Indigene vor gewaltige Probleme stellt. Eine 2019 veröffentlichte Studie der NASA bestätigte, dass die Arktis wohl zum ersten Mal seit Zehntausenden Jahren mehr Treibhausgase freisetzt, als sie aufnimmt.[11] Der Juli 2019 war weltweit gesehen der heißeste Monat seit Beginn der Wetteraufzeichnungen.[12]

Anfang September 2019 blieb Hurrikan Dorian, ein weiterer Wirbelsturm der Kategorie fünf, fast einen Tag lang über den Abaco-Inseln hängen, die zu den Bahamas gehören. Trotz der Verwüstungen, die er dort anrichtete, ignorierte die amerikanische Presse das Thema weitgehend und stürzte sich lieber darauf, dass Präsident Trump mit einem schwarzen Filzstift auf einer offiziellen Karte des National Hurricane Center herumgemalt hatte, um den Anschein zu erwecken, dass sein irrtümlicher Tweet, der Sturm bedrohe Alabama, doch korrekt gewesen sei. Aber so verhält sich die Presse häufig – als wären die Menschen, die unter den immer schlimmer werdenden Auswirkungen des Klimawandels leiden, irrelevant, solange sich die Ereignisse nicht auf hiesigem Boden abspielen.

Dorian bescherte den Bahamas den in jeder Hinsicht schlimmsten Wettertag seit Beginn der Aufzeichnungen in der westlichen Hemisphäre; er brachte Windgeschwindigkeiten von knapp 300 Stundenkilometern und eine sieben Meter hohe Flutwelle mit sich – gnadenlose Kräfte, die selbst Schutzbehausungen aus Beton niederrissen. Tausende von haitianischen Einwanderern, von denen viele in den Luxusresorts am Treasure Cay arbeiteten, verloren ihr gesamtes Hab und Gut.

»Jeden Morgen wacht man auf, öffnet die Tür und sieht die Trümmer. Das ist ganz schön hart«, erklärte Eddie Floyd Bodie, ein Pfarrer von den Bahamas, der nahe der Stelle aufwuchs, wo Dorian auf Land traf, dem *Miami Herald*. »Das Gehirn versteht nicht, was da los ist. Es fühlt sich schlimm an, zu wissen, dass man früher Dinge gesehen hat, die jetzt nicht mehr da sind. Was soll man dazu sagen? Es heißt, dass wir uns wohl besser daran gewöhnen sollten, aber das ist schwierig. Der Druck macht uns ganz schön zu schaffen.«[13]

Als das Jahr sich dem Ende zuneigte, brach in Australien eine Feuersbrunst aus. An Silvester suchten Tausende Menschen aus dem Touristenort Mallacoota Zuflucht am Strand, während die Flammen, die sie von allen Seiten einschlossen, rasch näher kamen.[14] Es war der größte Brand seit Beginn der Wetteraufzeichnungen auf dem Kontinent; er erstreckte sich über ein Gebiet, das etwa achtzigmal so groß war wie die Stadt New York. Ganze Ökosysteme wurden ausgelöscht. Allein im Bundesstaat New South Wales starben geschätzt 480 Millionen Säugetiere, Vögel und Reptilien.[15] Während das Land in Flammen stand, erfreute sich der Premierminister Scott Morrison am Feuerwerk im Hafen von Sydney.

Derart dramatische Formen nimmt der Klimawandel nicht immer an. Oft sind seine Auswirkungen heimtückischer. Insekten breiten sich plötzlich an Orten aus, wo es sie vorher nicht gab, und vergrößern so die Gefahr der Ansteckung mit Tropenkrankheiten, sogar weit nördlich in Alaska und Grönland.[16] Bäume, Vögel, Säugetiere und andere Lebewesen ziehen auf der Suche nach kühleren Temperaturen Berghänge hinauf und auf die Pole zu. Die Natur wird jeden Frühling früher grün, was sich auf das Zusammenspiel der Arten auswirkt, die Vegetationszonen verändert und so ganze Ökosysteme aus dem Gleichgewicht bringt. Hitzewellen dauern immer länger an und fordern mehr Todesopfer.[17] Der Rauch der Waldbrände verschlimmert chronische Erkrankungen bei Menschen in Hunderten Kilometern Entfernung. Die Luftverschmutzung, die durch das Verbrennen fossiler Energieträger zunimmt, kostet täglich neunzehntausend Menschen das Leben und zählt daher zu den führenden Todesursachen in nahezu jedem Land auf der Erde. Von den jungen Leuten, die heute aufwachsen, leiden so viele an psychischen Problemen wie nie zuvor, zum Teil, weil sie nicht unbedingt davon ausgehen können, dass es eine lebenswerte Zukunft für sie geben wird.[18]

So kann es nicht weitergehen. Irgendwie müssen wir lernen, wieder Rücksicht aufeinander zu nehmen.

Wenn wir Berichte über die Auswirkungen des Klimawandels lesen, liegt der Fokus oft auf Menschen und Orten fernab unserer Alltagswelt. Eisbären sind faszinierende und majestätische Geschöpfe, doch praktisch niemand von uns wird je einen von ihnen zu Gesicht bekommen. Für die Millionen Menschen, die in der Arktis leben, hat das massenhafte und zunehmende Verhungern anderer Tierarten deutlich konkretere Auswirkungen auf ihr Leben. In den letzten Jahren ist etwa ein Viertel der Rentiere in Russland gestorben, weil unverhältnismäßig warme Winter den normalerweise weichen Schnee in eine Eisplatte verwandelten und die Tiere nicht mehr an das Gras darunter kamen.[19] Das Schmelzen des Meereises wirkt sich nicht nur auf die Eisbären aus, die bei der Jagd auf stabiles Eis angewiesen sind, sondern auf die gesamte Nahrungskette in der Region, von den wandernden Walen bis hin zum Plankton. Auch die Anzahl bestimmter Meeresvögel, etwa der Papageitaucher, die als wichtiger Indikator für den Zustand eines Ozeans gelten, geht rapide zurück. Landeinwärts der arktischen Küste hat sich die Länge der Wachstumsperiode in den vergangenen zehn Jahren fast verdoppelt, weil das Verschwinden des Eises vor den Küsten die einstige Tundra in ein feuchtes Buschland verwandelt hat. Die Natur steht kopf.

Auf dem Meer wirkt sich die Eröffnung neuer Wasserwege auf die arktische Fischereiindustrie aus. In Grönland waren Makrelen – eine wandernde Fischart, die normalerweise in wärmeren, teilweise sogar in subtropischen Gewässern heimisch ist – bis zum Anfang des 21. Jahrhunderts unbekannt.

Heute kommen sie jedes Jahr dorthin und machen ein Viertel des grönländischen Fischumsatzes aus. Auch Lachse, die in Kalifornien fast ausgestorben waren, sind schon gelegentlich in der Arktis gesichtet worden. All diese Veränderungen finden statt, während die Menschen, die seit Jahrtausenden in der Region leben, darum kämpfen, ihre ursprüngliche Lebensweise zu bewahren und gierige Unternehmen abzuwehren, die Schifffahrtswege durch die Arktis etablieren wollen und Genehmigungen für den Abbau von Bodenschätzen fordern.

Unterdessen macht der Rest von uns täglich seine eigenen surrealen Erfahrungen mit unserem im Wandel begriffenen Planeten. 2016 ging das Bild eines Tintenfisches mitten in einem Parkhaus in Miami Beach im Internet viral. Der Klimajournalist Brian Kahn postet immer wieder solche dalíesken Anblicke auf Twitter, unter dem Stichwort »Postkarten aus dem Anthropozän«.[20] Auf den Bildern sieht man: einen fliegenfischenden Mann neben dem Washington Monument (der letztendlich einen Karpfen fing); zwei Männer beim Golfspiel, während im Hintergrund ein Waldbrand lodert; einen Mann, der den Rasen mäht, während ganz in der Nähe seines Gartens ein Tornado vorbeizieht; Badende während einer Hitzewelle in Nordfinnland, die sich das Wasser mit Rentieren teilen; ein Polizeiboot mitten auf einer überschwemmten Bundesstraße in North Carolina; Kellner und Gäste in einem Restaurant in Venedig, die das knöchelhoch stehende Wasser einfach ignorieren, und ein Löschflugzeug, das direkt vor einem Surferstrand in Kalifornien Wasser aus dem Meer aufnimmt.

Die Berühmtheit des Tintenfisches in Miami Beach kam durch eine Springflut zustande, ein Phänomen, das eintritt, wenn die Gezeitenkräfte durch eine spezielle Konstellation von Erde, Sonne und Mond zweimal im Monat besonders stark ausfallen, und das durch den Anstieg des Meeresspiegels verstärkt wird. Wahrscheinlich wird es kein katastrophaler Wirbelsturm sein, der die Bewohner Floridas irgendwann von der Küste vertreibt, sondern der langsam fortschreitende Anstieg des Hochwasserpegels. Die Union of Concerned Scientists sagt voraus, dass in den 2040er-Jahren, also noch bevor die meisten Immobilien an der Küste abbezahlt sind, 300 000 Häuser im Gesamtwert von mehr als hundert Milliarden Dollar von chronischen Küstenüberschwemmungen betroffen sein könnten – das heißt Überschwemmungen, die mindestens 26-mal im Jahr eintreten.[21] Und das umfasst nur die Vereinigten Staaten. Weltweit könnte die Summe gegen Ende des Jahrhunderts Hunderte Billionen Dollar betragen, wenn beim Anstieg des Meeresspiegels eines der Worst-Case-Szenarien eintrifft – überaus beunruhigende Aussichten, bei denen der Klimaforscher James Hansen mit dem »Verlust aller Küstenstädte, der meisten der größten Städte der Welt und ihrer gesamten Geschichte« rechnet.[22]

Veränderungen wie diese, die zugleich großflächig und schleichend ablaufen, bestimmen unser neues Erdzeitalter. Die parallel ablaufende Beeinträchtigung fast aller Ökosysteme unseres Planeten lässt anspruchslose Arten gedeihen, während auf bestimmte Nischen ausgerichtete Pflanzen und Tiere gezwungen sind, sich rasch anzupassen. Das beste Beispiel dafür ist die weltweite Zunahme von Quallen, die zu einer Gefahr für Schwimmer und Triebwerke geworden sind und neuerdings weltweit die aquatischen Ökosysteme dominieren. Die Quallenexpertin Lisa-ann Gershwin erläuterte, dass die aktuelle Situation vielleicht das Beste sei, was den Quallen in ihrer mindestens 585 Millionen Jahre alten Geschichte je passiert ist. »Stellen Sie sich eine Welt vor, in der jemand das Wasser angenehm erwärmt, in dem Sie leben, sodass Sie schneller wachsen, mehr fressen – natürlich ist mehr Nahrung verfügbar, weil die

Konkurrenz verschwunden ist … Sie vermehren sich schneller und auch häufiger, weil Sie länger leben«, erklärte sie. »Da wären Sie ziemlich glücklich.«[23]

Das Gleiche passiert auch an Land. Die wärmeren Temperaturen beschleunigen den Stoffwechsel von Bodenmikroben wie Bakterien und Pilzen. Da die kleinen Organismen das verwesende Pflanzen- und Tiermaterial schneller zersetzen, erzeugen sie mehr starke Treibhausgase wie Methan, was wiederum zur Erderwärmung beiträgt. Da praktisch dem gesamten Leben auf der Erde mikrobielle Aktivitäten zugrunde liegen, ist die Tatsache, dass sich die Verhaltensmuster dieser Organismen rasant ändern, besorgniserregend.

Natürlich gibt es an Land auch Veränderungen, die für uns sichtbarer sind. Viele der Pflanzen und Tiere, die uns faszinieren, über die wir Lieder singen und Gedichte schreiben, sind stark unter Druck geraten. Glühwürmchen, ein nicht wegzudenkender Bestandteil der Sommerabende meiner Kindheit, tauchen nun immer früher auf, weil die Frühlingstemperaturen steigen und die Niederschlagsmuster unbeständiger sind. Rhododendren, aus deren Blüten im Himalaja Saft gepresst wird, blühen in Indien mittlerweile erstaunliche drei Monate früher. Die berühmten Glockenblumenteppiche in den Wäldern Großbritanniens könnten dieser Entwicklung ganz zum Opfer fallen, weil die Pflanzen zu empfindlich sind, um der Verschiebung der Jahreszeiten standzuhalten. Wenn die Erwärmung so weitergeht wie bisher, könnten Douglasien, die gern als Weihnachtsbäume verwendet werden und den Hauptbestandteil der Wälder im pazifischen Nordwesten der USA bilden, bis zum Ende des Jahrhunderts von den Küsten dort verschwunden sein.

In fast jeder Kultur überall auf der Erde haben die Menschen seit jeher selbst kleinste Veränderungen in ihrer Umgebung registriert und sich auf Informationen aus der Natur gestützt, um die Zeitabläufe zu verstehen. Heute gibt es mehr als 26 500 Anzeichen für den Klimawandel, basierend auf allen möglichen Aufzeichnungen von Vogelgesang bis zu Blütezeiten.[24] In Kyoto, der alten Hauptstadt Japans, halten die Menschen seit mehr als tausend Jahren fest, wann die Kirschblüte beginnt. Heute gehen die rosafarbenen und weißen Blüten im April durchschnittlich zehn bis fünfzehn Tage früher auf als im vergangenen Jahrtausend. In Mikronesien legten die größten Seeleute der Geschichte Tausende Kilometer über das offene Meer zurück und orientierten sich dabei an den Sternen, den Wellen, den Wolken und den Vögeln. Jetzt beobachten ihre Nachkommen mit zunehmender Besorgnis, wie dieselben Wellen ihre Heimat überspülen. In Australien hat die Wetterbeobachtung über mehr als 40 000 Jahre hinweg das Jahreszeitenverständnis der Aborigines geprägt. Heute hilft ihnen die 10 000 Jahre alte Tradition der mündlichen Überlieferung dabei, sich auf den Klimawandel vorzubereiten, weil sie sich auf eine althergebrachte Verbindung zum Land berufen und daraus lernen können. Im Okavangodelta in Botswana, einer der unbeständigsten Klimaregionen der Erde, prognostizieren die traditionellen Methoden der Wettervorhersage die Zukunft bereits seit Generationen erfolgreich.

Der genaue Blick auf die Natur ist heute das Gebot der Stunde. Die Phänologie, die sich mit der Reaktion von Pflanzen und Tieren auf das Wetter beschäftigt, hat im Zusammenhang mit dem rasanten Wandel weltweit im vergangenen Jahrzehnt wieder an Bedeutung gewonnen. Traditionellerweise lag der Fokus der Phänologie auf den jahreszeitlichen Entwicklungen von Pflanzen und wandernden Tierarten. Doch in jüngster Zeit ist das Verhalten, das die Forscher beobachten, so ungewöhnlich, dass es den Eindruck macht, als wären bestimmte Kipppunkte erreicht.

Eines ist klar: Diese Trends werden seit einigen Jahren immer schlimmer. Wir haben es heute nicht mehr mit einzelnen Wetterkapriolen zu tun, sondern mit ganzen Jahreszeiten im Ausnahmezustand. In den Jahren 2012 und 2017 begann der Frühling in weiten Teilen Nordamerikas außergewöhnlich früh, eine Entwicklung, die schon bald zum Albtraum für die Landwirtschaft werden könnte. Im März 2012 waren die kältesten Nächte in mehreren Städten Michigans so warm wie nie zuvor, mit desaströsen Auswirkungen für die wichtige Apfel- und Kirschernte. Das Wetter war hochsommerlich, mit Temperaturen bis zu 32 Grad – und das in einer Region, in der normalerweise bis in den April hinein Schnee liegt. Ein weiterer früher Frühling 2017, dieses Mal an der Ostküste, verwirrte die Zugvögel und führte zu einem Missverhältnis zwischen Nahrungsverfügbarkeit und dem Eintreffen der hungrigen Tiere aus weit entfernten Regionen. Außerdem löste er eine der schlimmsten und längsten Heuschnupfenperioden aller Zeiten aus.

Für Theresa Crimmins, die stellvertretende Leiterin des USA National Phenology Networks in Tucson, Arizona, ist das Aufzeichnen dieser Veränderungen Teil ihres Lebenswerks. Was sie sieht, schockiert sie: »Wenn wir nicht dringend etwas tun«, sagte sie zu mir, »könnten solche Jahre wie 2012 und 2017 laut den Klimawandelmodellen bis Mitte des Jahrhunderts in den USA normal sein.«[25]

Auf der ganzen Welt blicken Phänologen wie Crimmins mit offenem Mund auf die aktuellen Entwicklungen, die sich aus den Daten von Tausenden Parkanlagen, Gärten, Naturkundemuseen und engagierten Bürgern ablesen lassen. Wenn die Veränderungen so schnell ablaufen, ist eine Anpassung manchmal schlicht unmöglich.

In solchen Augenblicken können die Menschen in »Solastalgie«[26] verfallen, eine innige Sehnsucht nach der Natur, von der wir wissen, dass sie in dieser Form nie zurückkehren wird. Neue Studien haben ergeben, dass unser Gehirn sich nur an die Wetterextreme der letzten zwei bis acht Jahre erinnert.[27] In einer Welt, die sich rapide verändert, haben wir buchstäblich keinen Bezugsrahmen dafür, wie ungewöhnlich unsere Klimaerfahrungen sind. Der Klimawandel verändert, wer wir sind, er nimmt uns das Heimatgefühl und stört unser Verhältnis zur Realität. Da ist es wenig verwunderlich, dass wir manchmal das Gefühl haben, die Kontrolle zu verlieren.

***

Natürlich ist auch meine eigene Geschichte vom Klima beeinflusst. Ich bin in Kansas aufgewachsen. Die dortige Landschaft, die die ersten europäischen Siedler einst als »die große amerikanische Wüste« bezeichneten, hat sich bereits vor dem Klimawandel massiv verändert. Kansas war über Jahrtausende die Heimat der Kaw-Stämme und gehört heute zu den produktivsten Agrarregionen der Erde. Doch in einer wärmer werdenden Welt birgt die industrialisierte Landwirtschaft massive Risiken. Im Westen des Bundesstaates beispielsweise fällt jährlich etwa genauso wenig Regen wie im Süden von Arizona. Deshalb bedienen sich die Bauern in Kansas für den Maisanbau seit Jahrzehnten am Grundwasser aus dem Ogallala-Aquifer. Was passiert, wenn dieser Aquifer schließlich so weit erschöpft ist, dass er nicht mehr für die Landwirtschaft nutzbar ist? Was passiert dann mit meiner Heimatstadt? Was passiert mit den zahllosen anderen Kleinstädten und den Familien, die dort seit Generationen zu Hause sind?

Im Frühjahr 2019 machten sich die Ausschläge des Peitscheneffekts beim Klimawandel massiv bemerkbar: Auf die große Dürre 2018, die die Ernte in Kansas und Missouri großflächig vernichtet hatte, folgte das feuchteste Jahr in der Geschichte der USA. Flüsse traten über die Ufer und machten Dutzende Städte von North Dakota bis Louisiana quasi zu Inseln. Zwischenzeitlich war das Wasser des Missouri durch jeden einzelnen Deich zwischen Omaha, Nebraska, und Kansas City gebrochen. Auf Luftaufnahmen an der Grenze zu Nebraska wirkte der Fluss eher wie ein Ozean. Städte von Saint Louis bis nach Baton Rouge erlebten die zeitlich längste Überschwemmung der Geschichte. Und als die Wassermassen auch zu Beginn der Wirbelsturm-Saison noch nicht verschwunden waren, brachte der Hurrikan Barry im Juli eine ganz neue kombinierte Überschwemmungsgefahr mit sich: New Orleans aktivierte zum allerersten Mal in seiner Geschichte sämtliche Hochwassersperren gleichzeitig und überstand so die dreifache Belagerung durch Regen, Fluss und den steigenden Meeresspiegel.

Wenn es so weitergeht wie im Moment, wird es bis Mitte des Jahrhunderts im gesamten Westen Nordamerikas immer häufiger und immer schwerere lang anhaltende Dürren geben, auch in meinem Heimatstaat Kansas. Kürzlich erschienene Studien sagen voraus, dass es im weiteren Verlauf des Jahrhunderts auch zu einer Jahrzehnte andauernden Megadürre kommen wird. Möglicherweise hat sie bereits begonnen.[28] Ein solches Ereignis würde eine neue Normalität schaffen. Selbst wenn sich die Niederschlagsmenge nicht verringert, verstärken die steigenden Temperaturen die Verdunstung, wodurch der Regen den Pflanzen weniger Nutzen bringt, was das Leben an dem Ort, an dem ich aufwuchs, grundlegend verändern würde.

Die vom Menschen verursachte Zerstörung der Natur in Echtzeit zu verfolgen ist kein Beruf, den ich Menschen ans Herz legen würde, die sich ihrer Arbeit emotional verbunden fühlen. Die Entwicklungen gleichzeitig mit dem wachen Auge eines Klimajournalisten und mit dem blutenden Herzen eines

Vaters zu beobachten, ist schwer zu ertragen. Wenn Roscoe und Zeke, meine beiden Kinder im Kindergartenalter, so alt sind wie ich jetzt, wird die Welt ganz anders aussehen. Ich bin mir nicht sicher, was ich mit dieser Erkenntnis anfangen soll. Meine Arbeit besteht darin, das Wetter und das Klima weltweit zu untersuchen, dabei bin ich noch nicht einmal in der Lage, zu durchdringen, wie radikal sich unsere Nachbarschaft zu Lebzeiten meiner Kinder verändern wird.

Unser Haus in Saint Paul im Bundesstaat Minnesota steht rund achthundert Meter vom Mississippi entfernt. Minnesota ist nach Alaska der Bundesstaat, in dem die Temperaturen am stärksten steigen. Wir verlieren in erschreckendem Ausmaß einheimische Pflanzen- und Tierarten; sie verschwinden genauso schnell wie die Inseln im Pazifik. Und ähnlich wie in Puerto Rico wird das Wetter auch bei uns immer unberechenbarer und extremer. Zu einem anderen Zeitpunkt in der Geschichte wäre Saint Paul der perfekte Ort zum Aufwachsen gewesen. Doch heute gibt es Tage, an denen ich ganz gelähmt bin vor lauter Furcht vor dem, was passieren wird, wenn wir keinen radikal neuen Kurs einschlagen.

Ich frage mich häufig:

Werden die Bäume in unserem Garten überleben?

Werden die Mücken hier tropische Krankheiten übertragen?

Wird ein plötzliches Hochwasser unsere Straße wegtragen?

Werden unsere Nachbarn Geflüchtete und Klimamigranten weiterhin mit offenen Armen aufnehmen, oder werden sie sie abweisen?

Werden wir uns früh genug verbünden und den nötigen Wandel bewirken?

Diejenigen von uns, die versuchen, den aktuellen Zustand zu verstehen, halten es vielleicht für offensichtlich, dass sich das Wetter dauerhaft verändert. Aber erdumspannende Veränderungen sollten eigentlich nicht innerhalb eines Jahrhunderts ablaufen – geschweige denn in der Zeit, die es dauert, bis meine Jungs erwachsen sind. Je mehr ich über die Geschehnisse erfahre, desto schwerer fällt es mir, objektiv und sachlich über den Klimawandel zu berichten. Ich kann einfach nicht ignorieren, dass ich ein lebendiger Mensch bin, der Kinder großzieht, die (hoffentlich) noch viele Jahrzehnte vor sich haben. In ein paar Jahren werden sie anfangen, mir schwierige Fragen zu stellen. Ich will sie beantworten können. Das macht den Klimawandel zu einer persönlichen Angelegenheit. Für mich macht ihn das zu einer Frage der Liebe.[29]

Die Recherche und das Schreiben dieses Buches waren ein jahrelanger emotionaler Kampf, der begann, als meine damalige Frau und ich auf Roscoes Geburt warteten. Seitdem habe ich mehrere Umzüge quer durch das ganze Land, eine Scheidung, eine psychische Erkrankung und mehrere Neuanfänge hinter mir. Und trotzdem habe ich das Gefühl, mich zu den Glücklichen zählen zu dürfen. Mir ist bewusst, dass der Klimawandel sich nicht um mich oder meine Gefühle dreht. Dennoch kann ich nicht vor mir selbst rechtfertigen, mich in einer Zeit, in der so viel auf dem Spiel steht, einem anderen Thema zu widmen. Die meiste Zeit über habe ich das Gefühl hinterherzulaufen. Wenn es mir als privilegiertem weißem Mann in einem wohlhabenden und stabilen Land schon so ergeht, kann man den Mut und den blanken Überlebenswillen von Menschen an Orten wie den Abaco-Inseln gar nicht hoch genug schätzen. Kein Wunder, dass junge Menschen auf der ganzen Welt an Klimaangst und einer prätraumatischen Belastungsstörung leiden – sie wissen nicht, ob sie überhaupt eine Zukunft haben.

Die Ereignisse der vergangenen Jahre zeigen, dass wir den ersten großen Klimakipppunkt bereits passiert haben. Das hat bedeutende Auswirkungen für uns alle, auch wenn uns das noch nicht bewusst ist. Innerhalb von Monaten ist der Klimawandel von einem Ereignis, das für die Zukunft zu erwarten war, zu etwas geworden, das unmittelbare und unumkehrbare Schäden auf der ganzen Welt anrichtet.

Was bedeutet das für uns als Individuen und für die Gesellschaft als Ganzes? Wie kommen wir mit dem überwältigenden und beängstigenden Wissen zurecht, dass wir in einer von rasanten Veränderungen geprägten Phase der Erdgeschichte leben? Und vor allem: Warum gibt es nicht mehr Leute, die dieses Wissen verrückt macht?

Wir haben alle schon schlimme Verluste im Leben erlitten: schwierige Trennungen, unheilbare Krankheiten, Tragödien, die sich anfühlen, als bräche die Welt zusammen. Was bedeutet es wohl für ein ganzes Land, für eine Gesellschaft, für eine Zivilisation, gleichzeitig und gemeinsam, Hand in Hand, Phasen des Verlusts, der Depression und der Trauer zu durchlaufen? Wie fühlt es sich an, nicht nur den eigenen Tod, sondern das absolute Ende, die Apokalypse auf sich zukommen zu sehen? Das ist es, was die heutigen Bewohner der Erde erleben.

Jenseits der zu erwartenden technologischen Innovationen, die die Klimakrise hervorbringen wird, steht uns eine Revolution auf der psychologischen Ebene bevor – der Art und Weise, wie wir uns und unseren Platz innerhalb der großen Ordnung der Dinge sehen. Ansteigende Meeresspiegel, Massenmigration und zunehmende Extremwetterereignisse bedeuten, dass das Konzept der Herrschaft des Menschen über die Natur auf den Kopf gestellt wird. »Wenn wir keinen radikalen Wandel fordern«, schreibt die Aktivistin und Autorin Naomi Klein, »steuern wir auf eine Welt voller Menschen zu, die nach einem Zuhause suchen, das nicht mehr existiert.«[30]

Jeder und jede Einzelne von uns wird einen Trauerprozess durchlaufen, weil wir eine Welt verlieren, von deren dauerhaftem Bestand wir alle tief in unserem Innersten überzeugt waren. Um diesen Verlust zu verarbeiten und zu akzeptieren, werden wir uns über alternative Visionen einer gemeinsamen Zukunft austauschen, uns einander Geschichten darüber erzählen müssen, warum die Klimakatastrophe nicht unausweichlich ist und wie die Erde der Zukunft aussehen könnte, wenn wir das Nötige – und immer noch absolut Mögliche – dafür unternehmen, die größte Bedrohung unserer Existenz abzuwenden.

Was Sie jetzt gerade fühlen, ist nicht allein auf Sie beschränkt. Und nur weil andere vielleicht nicht so empfinden, ändert es nichts an der Intensität Ihrer Erfahrung. Sie sind nicht die oder der Einzige, auch andere verspüren eine existenzielle Furcht, Angst vor der Zukunft, Hoffnungslosigkeit. Aber genauso wichtig ist, dass dieses Gefühl nicht Ihr ganzes Leben bestimmen muss. Ihre Energie, Ihre Emotionen, Ihr Verlangen, das Unrecht zu korrigieren, sind sogar ein entscheidender Teil der Lösung. Sie empfinden so, gerade weil Ihnen Dinge am Herzen liegen und Sie etwas ändern wollen.

Im Januar 2017 begab ich mich wegen Klimaangst in Therapie. Bis heute fällt es mir schwer, meine Aufmerksamkeit und Energie auf den Kampf gegen den Klimawandel zu richten. Aber ich weiß, dass es Teil der Lösung ist, darüber zu reden, damit man weiß, dass man nicht allein ist. Basierend auf den Erkenntnissen der Psychotherapie glaube ich daran, dass es möglich ist, die Probleme in unserem Leben – und in der Gesellschaft – spontan und aus der Situation heraus zu lösen, einfach indem man über sie redet. Der körperliche Akt des Sprechens verändert die Arbeitsweise des Gehirns und bewirkt so eine andere Form des Denkens. Und die hatten wir noch nie so nötig wie jetzt gerade.

In den Hunderten von Gesprächen, die ich bei der Recherche zu diesem Buch geführt habe, bin ich zwangsläufig immer wieder zu einem Schluss gekommen: Solange wir noch hier sind, haben wir den Kampf nicht verloren. Und diese Erkenntnis verschafft mir einen Funken Hoffnung.

Ich habe mittlerweile akzeptiert, dass uns eine beängstigende Zeit voller tiefgreifender Umbrüche bevorsteht. Dennoch werde ich hier nicht für konkrete radikale Veränderungen der Lebensweise oder revolutionäre politische Kampagnen plädieren. Das steht mir nicht zu. Stattdessen ermutige ich uns alle dazu, mögliche Zukunftsvisionen auf der Grundlage der jüngsten wissenschaftlichen Erkenntnisse zu erkunden und weiterhin daran zu glauben, dass schon Gespräche an sich einen Wandel bewirken können. Es ist nicht unwahrscheinlich, dass Sie – ja, Sie – eine Idee haben, auf die ich nie gekommen wäre. Vielleicht macht diese Idee letzten Endes den entscheidenden Unterschied aus. Die heutige Zeit verlangt, dass wir Menschen zuhören, die überhört oder ignoriert wurden, weil das, was sie zu sagen haben, für die Mächtigen unbequem ist. Dieses Problem betrifft uns alle, und daher ist die Zukunft auf die Kreativität jeder und jedes Einzelnen angewiesen.

Das Einzige, wovon ich mittlerweile überzeugt bin, ist, dass wir eine Revolution brauchen, irgendeine Revolution. Doch ganz gleich, wie genau wir sie definieren – nur eine vollständige Transformation von fast allem, was wir kennen, wird ausreichen, um uns durch die kommenden Jahrzehnte zu bringen. Die alte Welt ist tot – was jetzt kommt, liegt in unserer Hand.

Ich bin Journalist. Ich kann mir keine Solaranlage für mein Haus und keinen Tesla leisten. Auf Demonstrationen fühle ich mich oft unwohl. Aber ich kann mich mit Freunden darüber unterhalten, wie es mir geht. Ich kann mir ausmalen, was ich mir für die Zukunft erhoffe. Und dann können wir vielleicht zusammentragen, was wir – aufbauend auf unserem gemeinsamen Streben nach Gerechtigkeit – zu unternehmen in der Lage sind. Vielleicht können wir gemeinsam eine Bewegung gründen, die auf Liebe und Wiedergutmachung ausgerichtet ist.

Die größte Klimalüge lautet, dass individuelle Taten die einzige Antwort sind – das führt geradewegs ins Burn-out und in die Klimakatastrophe. Individuelle Handlungen bringen allein dann etwas, wenn sie einen radikalen Wandel in der Gesellschaft bewirken. Dauerhafte Veränderungen erreicht man nur, wenn man auf eine Zukunft hinarbeitet, in der jeder zählt.

***

Über das Land meiner Familie im Nordosten von Kansas schlängelt sich ein Bach. Als es im letzten Winter ein paar besonders kalte Tage gab, spazierten Roscoe und ich gemeinsam mit meinem Vater über die gefrorene Wasseroberfläche zu einem Biberbau, um uns das Loch im Eis anzuschauen, durch das die Tiere den Winter über aktiv bleiben können – ein Ausflug, wie ihn Familien hier schon seit Tausenden von Jahren unternehmen. Vielleicht war es das Bild meines ältesten Kindes, das eifrig das Wissen aufsog, das mein Vater sein Leben lang in seinem Winkel von Kansas erworben hatte, oder der Anblick der Pflanzen und Tiere, die sich langsam an die neuen Wetterbedingungen anpassten, jetzt, da dickes Eis im Winter zu einer Seltenheit geworden war. Auf jeden Fall fühlte sich der Nachmittag wie ein Relikt aus vergangenen Zeiten an – eine unheimliche und akute Erinnerung daran, dass das, was wir früher wussten und liebten, nie wieder möglich sein wird.

So fühlt sich der Klimawandel an, ob man nun in Kansas oder Puerto Rico lebt, in Fidschi oder Houston: ständiges Chaos, unterschwellige Ungewissheit, der plötzliche Verlust von Vertrautem, umformulierte und neu ausgerichtete Träume und zurückgenommene Erwartungen.

Wir können nicht länger leugnen, dass sich das Wetter überall auf der Erde verändert hat. Das haben wir zu verantworten. Und wir haben die Macht, einen anderen Weg einzuschlagen.

Gegen Ende des Jahres 2018 löste ein Sonderbericht des Intergovernmental Panel on Climate Change (IPCC; oft kurz »Weltklimarat«) ein weltweites Erdbeben aus.[31] Die Forschungsgruppe, die den Bericht im Auftrag der Vereinten Nationen erstellt hatte, legte dar, dass die Menschheit der Atmosphäre und den Ozeanen bereits so stark zugesetzt hat, dass diese Veränderungen ohne heroische Gegenmaßnahmen eine existenzielle Bedrohung für die Zivilisation darstellten. Diese einschneidende Einschätzung, der jahrelange Beratungen vorausgegangen waren, folgte einem Aufruf der am stärksten gefährdeten Nationen der Welt, zu untersuchen, wie man die Erderwärmung auf maximal 1,5 Grad beschränken könnte – den Wert, der uns laut Forschungen die besten Chancen einräumen würde, die Stabilität der weltweit vernetzten wirtschaftlichen und gesellschaftlichen Systeme zu gewährleisten. Wenn wir nichts tun, werden diese 1,5 Grad bereits 2030 erreicht sein, was das Leben von mehreren Hundert Millionen Menschen gefährdet. In diesem Punkt war der Bericht sehr klar: Um uns eine lebenswerte Zukunft zu sichern, müssen wir alles tun, was wir können, jetzt sofort. Es führt kein Weg mehr daran vorbei. Die existenzielle Bedrohung wird ungleich stärker, wenn wir eine Erwärmung um zwei Grad statt um 1,5 Grad zulassen – ganz zu schweigen von den 3,4 Grad, auf die wir gerade zusteuern. Die Entscheidung zwischen 1,5 Grad und zwei Grad gleicht einer Entscheidung zwischen *Die Tribute von Panem* und *Mad Max*, wie es Kendra Pierre-Louis, eine Klimajournalistin der *New York Times*, formulierte.

Einer der federführenden Verfasser des Sonderberichts, der deutsche Klimaforscher Hans-Otto Pörtner, erklärte mir, dass die Einschätzung des Weltklimarates ein Meilenstein sei, eine eindringliche Warnung. »Wenn wir nichts unternehmen«, mahnte er, »steuert die Erde auf einen klimatischen Zustand zu, wie es ihn in der gesamten Entwicklungsgeschichte der Menschheit noch nicht gegeben hat. … Der Klimawandel prägt die Zukunft unserer Zivilisation.«[32]

Als die Informationen des IPCC-Berichts gerade so halbwegs verdaut waren, platzte die nächste, womöglich noch schlimmere Bombe. Forscher der von der UN ins Leben gerufenen Intergovernmental Science-Policy Platform on Biodiversity and Ecosystem Services (IPBES) fanden heraus, dass wir gerade ein noch nie da gewesenes Massenaussterben auslösen könnten.[33] Ohne einen radikalen Kurswechsel laufen eine Million Arten Gefahr, in den nächsten Jahrzehnten auszusterben – ein Achtel aller Arten auf der Erde.

Die britische Tageszeitung *The Guardian* fasste das an jenem Tag unter der Überschrift »Menschheit durch den Verlust der Natur akut bedroht« zusammen.[34] Was ebenso deutlich aus dem Bericht hervorging, aber nicht unbedingt schlagzeilenträchtig war, ist die Tatsache, dass die Forscher die rohstoffintensiven, ausbeuterischen Methoden der Weltwirtschaft als Ursache der Entwicklung ausmachten. Der IPBES-Bericht legte dar, dass die Art und Weise, wie wir heute Landwirtschaft, Abholzung und Städtebau betreiben, Dutzende bis Hunderte Mal mehr Schaden in der Natur anrichtet als zu jedem anderen Zeitpunkt in den vergangenen zehn Millionen Jahren.

Unsere Aktivitäten setzen dem Klima rund 170-mal so stark zu wie die natürlichen Prozesse, ergab eine kürzlich veröffentlichte Studie.[35] Einige der schnellsten Klimaveränderungen in der Erdgeschichte ereigneten sich vor etwa 250 Millionen

Jahren, in einer Phase, die auch als das »Große Sterben« bezeichnet wird. Damals verschwanden etwa neunzig Prozent aller Arten von der Erde; es war das schlimmste Massenaussterben in der Geschichte unseres Planeten. In jener Zeit erhöhten gewaltige Vulkanausbrüche den Treibhausgasgehalt der Atmosphäre, was zu einem abrupten Temperaturanstieg innerhalb von rund 20 000 Jahren führte. Heute könnten ähnliche Veränderungen in nur einem oder zwei Jahrhunderten passieren. Will Steffen, ein in Australien tätiger Klimaforscher, der an der IPBES-Studie beteiligt war, sagte, vor dem Hintergrund der geologischen Geschichte gesehen »gleicht der Einfluss des Menschen auf den Klimawandel eher einem Meteoriteneinschlag als einer allmählichen Entwicklung«.[36]

Für Gretta Pecl, die Leiterin des Centre for Marine Socioecology an der University of Tasmania in Australien, verändert diese Tatsache alles. Arten, die aufgrund des Klimawandels in neue Regionen abwandern, interessieren sich nicht für Länder- oder Nationalparkgrenzen. »Die alten Formen des Naturschutzes sind jetzt Geschichte«, erzählte sie mir. »Wir haben uns immer darum bemüht, die Tier- und Pflanzenwelt in eng abgesteckten Zonen zu schützen, aber die Dinge haben sich verändert und werden nie wieder so sein wie früher. Jetzt brauchen wir beim Artenschutz einen groß angelegten, strategischen Denkansatz.«[37]

Die bisher erschütterndste aller ökologischen Veränderungen, die im IPBES-Bericht beschrieben werden, ist der Verlust eines Viertels aller Korallenriffe auf der Erde, beschleunigt durch das El-Niño-Phänomen 2015, das in jenem Jahr stärker ausfiel als je zuvor und das Wettergeschehen auf der ganzen Welt beeinflusste, mit dauerhaften Folgen für Ökosysteme an Land und im Meer.

Bei El Niño handelt es sich um eine natürlich auftretende, phasenweise Erwärmung des tropischen Pazifiks, doch im

Jahr 2015 war El Niño alles andere als normal. Neue Studien zeigen, dass sich die Erwärmung der Meere auf den El-Niño-Kreislauf auswirken könnte, wodurch es häufiger zu starken Ausprägungen des Phänomens käme. Und für die Ozeane, die Grundlage der Nahrungsketten der Erde, ist dieses ganze warme Wasser wirklich nicht ohne. Der Verlust der Korallenriffe bedeutet, dass wir uns bereits an der Schwelle zum Massenaussterben befinden könnten, in dem ganze Ökosysteme quasi über Nacht verschwinden. Und wenn wir die Riffe verlieren, verlieren wir einen der Grundpfeiler des Lebens auf der Erde.

»Das ist eine enorme Krise, die sich da anbahnt, und wir stecken einfach den Kopf in den Sand«, meinte Justin Marshall, ein Korallenforscher von der University of Queensland, gegenüber der *New York Times*.[38]

Korallenriffe sind wichtiger, als vielen Menschen klar ist: Sie nehmen nur 0,2 Prozent der Ozeane ein, dienen aber als Lebensraum für ein Viertel aller Meerestiere. Außerdem hängt der Lebensunterhalt von 500 Millionen Menschen von ihnen ab. Doch darüber hinaus sind gesunde Korallenriffe einfach traumhaft schön. Sie sind ein Teil dessen, was das Leben auf der Erde so besonders macht.

Kiritimati, das zum Inselstaat Kiribati gehörende größte Korallenatoll der Welt, war bis vor Kurzem eines der unberührtesten maritimen Ökosysteme der Welt. Der Name des Atolls ist die kiribatische Schreibweise von »Christmas«, und es ist auch als Christmas Island oder Weihnachtsinsel bekannt. Ein Forschungsteam unter der Leitung von Julia Baum, Biologin an der University of Victoria, und Kim Cobb, Klimaforscherin am Georgia Tech, stellte über Monate hinweg umfassende Messungen an, um die Gesundheit des Riffs – oder in diesem Fall: die mangelnde Gesundheit – zu untersuchen. Das Ergebnis war schockierend: Etwa achtzig Prozent der Korallenkolonien von Kiritimati waren tot, weitere fünfzehn Prozent stark ausgeblichen und wahrscheinlich kurz davor, abzusterben. Das ist, als hätte jemand beschlossen, über das Wochenende neunzig Prozent aller Riesenmammutbäume im Sequoia-Nationalpark in Kalifornien zu fällen. In Kiritimati ist ein ganzes Ökosystem im Grunde einfach verschwunden.

Ich habe mich an einem der letzten Tauchtage über ein Satellitentelefon mit den Forscherinnen unterhalten, und der Schock war ihren Stimmen anzuhören. »Dieses Riff wird wahrscheinlich nie wieder dasselbe sein«, sagte Cobb, die mit den Tränen kämpfte. »Das ist ein Weckruf.«[39]

Cobb ist seit Jahren auf Kiritimati tätig und weiß daher sehr genau, wie es dort eigentlich aussehen müsste. Aufgrund von Bohrkernuntersuchungen geht sie davon aus, dass es in der 7000 Jahre umfassenden Geschichte der Korallenriffe dort noch nie ein Massensterben wie jetzt gegeben hat. Durch die Erderwärmung wird der Druck auf die Korallen in den kommenden Jahrzehnten weiter zunehmen, und viele der Riffe werden wahrscheinlich häufiger eine Bleiche erleben. Für manche, etwa in Kiritimati, könnte das schlimmste weltweite Bleichereignis in der Geschichte bereits der Punkt gewesen sein, von dem aus kein Weg mehr zurückführt.

»Das ist eine Geschichte, die der Rest der Welt hören sollte«, sagte Cobb und fügte hinzu, dass das Absterben der Korallen in Kiritimati ein Beweis dafür sei, dass »der Klimawandel keine lineare Entwicklung hin zu einem anderen Zustand der Erde ist. … Der Klimawandel wird in Form solcher Sprünge ablaufen. Er gleicht einer Treppe zu einer anderen Art von System.«[40]

Nach Jahrzehnten stark ansteigender Emissionen ist klar, dass das Klimasystem der Erde stufenweise auf dem Weg ins Ungewisse ist. Wissenschaftler haben Dutzende Kipppunkte und nichtlineare Eigenschaften des Klimasystems ausgemacht, was Anlass zu Furcht und Hoffnung zugleich ist. Furcht aus offensichtlichen Gründen – die relative Stabilität, die bis vor sehr kurzer Zeit herrschte, kann sich schnell in Luft auflösen – und Hoffnung, weil gilt: Egal, wie schlimm die Dinge werden *könnten*, wird sich das Worst-Case-Szenario doch fast mit Sicherheit durch schnelles Handeln vermeiden lassen. Die wichtigste Erkenntnis des nichtlinearen Klimasystems lautet, dass die Klima-Apokalypse nicht unvermeidlich ist. Gleichzeitig bringt jeder Augenblick des Abwartens mehr und mehr nicht wiedergutzumachende Umweltschäden mit sich.

Manche Medien griffen in ihrer Berichterstattung über die drastischen Befunde des IPCC-Berichts auf die altvertraute Phrase eines begrenzten Handlungszeitraums zurück. »Die Welt hat noch gut ein Jahrzehnt Zeit, um den Klimawandel unter Kontrolle zu bringen«, lautete die Schlagzeile der *Washington Post*.[41] Doch das ist eine absolut irreführende Formulierung. Wir haben nur ein Jahrzehnt, bis wir damit *fertig sein* müssen, die koordinierte Neuorganisation der Gesellschaft in die Wege zu leiten. Das haben die Wissenschaftler klar und deutlich zum Ausdruck gebracht. Bis 2030 müssen wir den Treibhausgasausstoß weltweit um knapp die Hälfte reduziert haben (um 45 Prozent im Vergleich zu 2010), was laut dem Weltklimarat »schnelle, umfassende und beispiellose Veränderungen in allen Aspekten der Gesellschaft«[42] verlangt.

Diese Umstellung muss jetzt sofort beginnen. Es ist keine Zeit zu verlieren.

»Wir müssen alle Optionen nutzen«, sagte der schottische Klimaforscher Jim Skea, einer der Hauptautoren, auf der Pressekonferenz zum Bericht. »Wir können darüber diskutieren, in welchem Umfang wir die einzelnen Optionen nutzen ... aber die Vorstellung, dass man irgendetwas ganz außer Acht lässt, ist undenkbar.«[43]

Dieser radikale Umbruch muss darauf ausgerichtet sein, nicht nur die Apokalypse zu verhindern, sondern auch ein Bild einer Zukunft zu entwerfen, für die es sich zu kämpfen lohnt. Aus irgendwelchen Gründen fällt es uns viel leichter, uns eine brennende Höllenlandschaft vorzustellen als eine Welt, in der wir zusammenkommen und eine neue Version der Gesellschaft erschaffen, die jedem Menschen und jedem Lebewesen zugutekommt. Wir haben die schwere Aufgabe vor uns, eine Kultur der radikalen, unerschütterlichen, beherzten Hoffnung zu finden.

Kim Cobb hatte ihre gesamte berufliche Laufbahn damit verbracht, Korallenriffe im Pazifik zu studieren, aber die jüngste Bleiche hat offensichtlich etwas bei ihr bewirkt. Seit unserem Telefonat ist sie zur Aktivistin geworden. Sie hat Proteste organisiert. Sie hält Vorträge über Meeresforschung vor Jugendorganisationen. Sie fährt mit dem Rad zur Arbeit. Sie nutzt kaum noch Autos oder Flugzeuge. Sie hat im US-amerikanischen Kongress über die Notwendigkeit radikaler Taten gesprochen. Sie hat ihr Leben auf den Kopf gestellt. Trotzdem hat sie ständig Zweifel und erlebt viele Rückschläge. Nachdem der IPBES-Bericht 2019 erschienen war, erzählte sie mir: »Manchmal frage ich mich morgens beim Aufstehen, was zur Hölle das alles eigentlich bringen soll.«[44]

Ich finde ihren Mut inspirierend und beruhigend. Die Welt zu verändern ist schwierig, und sie weiß, dass die Zeit drängt. Trotzdem stellt sie sich dem scheinbar Unmöglichen mutig und hoffnungsvoll entgegen. »Einer der wenigen Vorteile dieses neuen Kampfes«, sagte sie mir, »ist, dass wir lernen, zusammenzuarbeiten und absolut nichts für selbstverständlich zu halten.«[45]

Mittlerweile ist ein radikaler Wandel unvermeidbar. Es liegt in unserer Hand, neue Gespräche zu beginnen, in denen diese Wahrheit unverblümt ausgesprochen wird, die aber gleichzeitig von genügend Geduld und Fürsorge durchdrungen sind, um unsere Absichten endlich in bedeutsames Handeln zu überführen. Wir müssen den Übergang zu einer neuen Art von Umweltschutz initiieren, der daran ausgerichtet ist, wie die Natur funktioniert. Keine Demonstration des Individualismus oder der moralischen Überlegenheit, sondern ein in großem Stil umsetzbares Modell für eine neue Lebensweise, die auf kollektiver Unterstützung und universeller Gerechtigkeit gründet.

Im vor uns liegenden Jahrzehnt werden wir sowohl kreative Ideen als auch kreative Zerstörung erleben, was wahrscheinlich tiefreichende und dauerhafte zivilisatorische Ängste auslösen wird. Bestimmte Lebensphasen und bestimmte Orte bewirken bei uns grundsätzlich ein gewisses Unwohlsein – dunkle, leere Treppenhäuser, Autobahnrastplätze, die Zeit nach einer Trennung. Das sind sogenannte Zwischenorte. Wenn wir mehr als ein paar Minuten in einem solchen Zwischen- oder Übergangsbereich verbringen, will unser »Reptiliengehirn« die Flucht ergreifen – die Alarmglocken läuten, irgendetwas stimmt nicht. Da diese Orte sich über unser normales Verständnis dessen hinwegsetzen, wie die Welt funktioniert, fühlen sie sich gespenstisch an. Zwischenorte sind zeitlich begrenzt, unvollkommen und unheilvoll. Sie bieten so viele Möglichkeiten, dass es uns manchmal buchstäblich Angst macht.

Im Augenblick ist die Erde – der gesamte Planet – ein solcher Zwischenort. Wir verstehen langsam, dass ein radikaler Umbruch unvermeidbar ist, doch wir wissen noch nicht genau, wie er aussehen wird. Aber diese Phase ist absolut notwendig, damit wir als Spezies herausfinden können, was aus uns werden soll.

Samantha Earle ist Philosophin an der University of East Anglia, und Zwischenorte sind ihr Spezialgebiet. Sie ist fest davon überzeugt, dass die westliche Zivilisation reif ist für einen radikalen Wandel. Das Gespräch mit ihr zählt zu den prägendsten Erfahrungen während der Entstehung dieses Buches. Philosophen sprechen gern vom »Imaginären«, einem Orientierungsrahmen für die gesellschaftlichen Strukturen. Earle gibt sich nicht der Illusion hin, dass der Prozess, der uns bevorsteht, leicht würde. Doch genauso wie sich die Klimaforscher sicher sind, dass unser momentaner Weg unweigerlich zur Zerstörung der grundlegenden Lebenserhaltungssysteme der Erde führen wird, ist Earle überzeugt, dass unser derzeitiger Orientierungsrahmen für die Zivilisation nicht fortbestehen wird.

»Wir befinden uns an einem Punkt, wo das vorherrschende Imaginäre einfach nichts gegen die Probleme der Welt ausrichten kann«, erklärte sie mir. »Wir befinden uns in einer Phase des Zusammenbruchs.«[46]

Dass dieser Zusammenbruch unserer Gesellschaft zeitgleich mit dem Zusammenbruch unserer Atmosphäre und der Ökosysteme abläuft, ist kein Zufall. Durch unsere täglichen Gedanken und Handlungen reproduzieren wir ständig unsere Gesellschaft. Das passiert meist unbewusst, aus Gewohnheit oder Routine, oder weil der Versuch, sich mit neuen Gedanken und Verhaltensweisen auseinanderzusetzen, mit Risiken verbunden ist, die wir nicht eingehen wollen. Doch jede alltägliche Handlung ist eine Wahl, was bedeutet, dass wir uns auch anders entscheiden könnten.

»Das große Problem der Gesellschaft ist, dass uns nicht einmal auffällt, dass es ein bestimmtes Imaginäres gibt, das auch anders sein könnte«, erläuterte Earle. In normalen Zeiten »fehlt uns das kritische Bewusstsein und die Fähigkeit, sich radikal Neues vorzustellen«.[47]

Deshalb haben Gegner der radikalen Veränderung Erfolg damit, alle Bemühungen, die Umwelt zu schützen oder den Auswirkungen des Klimawandels entgegenzuwirken, als persönlichen Verzicht einzustufen. Wir sehen nur die unbequemen Nachteile, die es mit sich bringt, anstelle des eigenen Wagens oder des Carsharing-Dienstes den Zug zu nehmen, statt uns eine Welt vorzustellen oder auf sie hinzuarbeiten, in der schlicht keine Autos mehr fahren, weil sich die Städteplanung an den Menschen ausrichtet. Wir entscheiden uns dafür, weiterhin Unternehmen, deren Geschäfte auf fossiler Energie beruhen, zu finanzieren, weil sie Milliarden dafür ausgegeben haben, uns das Gefühl zu vermitteln, dass unser Leben mit ihren Produkten einfacher sei. Es hat einen Grund, dass der Status quo so bequem ist: Er sorgt dafür, dass sich der Alltag leichter bewältigen lässt, insbesondere wenn es noch gar keine Alternative gibt – oder genauer gesagt, wenn diejenigen, die an der Macht sind, sich aktiv dagegen wehren, eine bessere Welt herbeizuführen.

Mitten im Zwischenort ist jedoch alles möglich. »Zwischenorte bedeuten eine Zeit radikaler Ungewissheit, in der die grundlegenden Konzepte unserer Lebensweise und der gesellschaftlichen Strukturen keinen Sinn mehr ergeben«, erklärte mir Earle. »Dabei gilt nicht nur, dass wir den Problemen, die sich uns stellen, nicht auf den Grund gehen können – wir können sie nicht einmal erfassen. Eine solche Zeit gleicht einem Schwebezustand – allerdings mit tiefgreifenden existenziellen Auswirkungen. Es gibt zwar ein Imaginäres, aber das funktioniert nicht mehr, und ein neues Imaginäres existiert noch nicht. Alles ist denkbar.«[48]

Der erste Schritt aus dieser Übergangsphase hinaus besteht darin, das Unwohlsein anzuerkennen, das wir als Einzelne und als Gesellschaft gerade verspüren. Dieses Unwohlsein birgt kreatives Potenzial in sich – es hilft uns, die möglichen Wege, die sich vor uns auftun, mit klarem Blick zu erkennen. Es hilft uns, uns etwas Besseres vorzustellen.

Radikaler Wandel ist etwas, womit sich die meisten von uns in ihrer Freizeit nicht unbedingt häufig beschäftigen. Der Gedanke daran, wie schnell sich unser Planet in eine neue und gefährlichere Version seiner selbst verwandelt, ist unangenehm. Wir wollen nicht über das fragile Gleichgewicht zwischen Umweltkatastrophen und unserem Streben nach einem besseren Leben nachdenken, aber uns bleibt einfach keine andere Wahl mehr.

Wie geht es nun also weiter? Wie können Sie und ich dieses existenzielle Grauen als motivierende Kraft nutzen und einen neuen Weg ersinnen? Und wie setzen wir diesen neuen Weg dann um?

»Der Klimawandel ist in erster Linie ein Problem unserer Beziehung zur Zukunft«, meinte der Autor und Philosoph Alex Steffen in der frühen Entstehungsphase dieses Buches zu mir. »Wenn wir über die Zukunft nachdenken, geht es fast nur um kulturelle Fragen. Wenn wir diese Sichtweise nicht um die Vorstellung erweitern können, dass wir eine nachhaltige Beziehung zu langfristigen Systemen brauchen, werden wir nichts von dem, was getan werden muss, wirklich angehen.«[49]

Eine kürzlich erschienene Studie skizziert, wie sich die Veränderungen, die Steffen meint, bewerkstelligen lassen.[50] »Es geht um viel mehr als nur darum, Solar- und Windenergie auszubauen«, so Johan Rockström, der Hauptautor der Studie. »Es geht um die sofortige Dekarbonisierung plus eine Revolution der Nahrungsmittelproduktion plus eine Revolution in Sachen Nachhaltigkeit *plus* einen massiven Ausbau der technischen Möglichkeiten [zur Kohlendioxidentnahme].«[51] Laut Rockström und seinem Team lassen sich die angestrebten Zahlen nur erreichen, wenn wir den weltweiten CO_2-Ausstoß bis 2030 halbieren, diesen Wert von 2030 dann bis 2040 ein weiteres Mal halbieren und dann den Wert von 2040 bis 2050 erneut halbieren. Doch selbst mit diesen heroischen Bemühungen stehen die Chancen wohl nur rund fünfzig zu fünfzig, die Erderwärmung auf die 1,5 Grad zu beschränken, auf die sich die Welt auf dem Pariser Klimagipfel geeinigt hat. Wenn das alles geschafft ist, werden meine Kinder nur ein paar Jahre älter sein, als ich es heute bin. Zeke wird erst 2034 das erste Mal wählen dürfen. Wenn wir bis dahin nichts getan haben, werden wir unsere einzige noch verbleibende Chance auf eine bewohnbare Welt verspielt haben.

Wie sich das entwickeln wird, kann natürlich niemand wissen. Aber wir können ein paar begründete Vermutungen anstellen. Meteorologen wie ich sind, anders als die meisten anderen Menschen, daran gewöhnt, die Zukunft auf diese Weise vorherzusagen. Wir schauen uns eine Bandbreite möglicher bevorstehender Wetterereignisse an und stellen uns vor, wie sie ablaufen würden. Bis heute ist es uns noch nicht zufriedenstellend gelungen auszumachen, wie sich das Wetter in ein paar Jahren auf die Gesellschaft auswirken wird. Doch die Rockström-Studie liefert uns zum ersten Mal einen einfachen Denkansatz dafür: tiefgreifende Veränderungen, Jahrzehnt um Jahrzehnt, über dreißig Jahre hinweg.

Nur sehr wenige Menschen leben bereits in dieser Zukunftswelt. Noch weniger Menschen verstehen, dass unser aktuelles Handeln einen Systemwandel braucht. Und niemand von ihnen ist so berühmt – und einflussreich – wie Greta Thunberg. Die unwahrscheinliche Tatsache, dass Greta, ein achtzehnjähriges Mädchen aus Schweden, zu den mächtigsten Menschen der

Welt gehört, ist ein weiterer Beweis dafür, dass die alten Regeln keine Gültigkeit mehr haben. Ihre Fähigkeit, entwaffnende Wahrheiten über die Klimakrise auszusprechen, reicht weit über ihr Engagement für einen emissionsfreien Lebensstil hinaus. Ihr Einfluss beruht auf der Tatsache, dass sie weiß: Wenn es drauf ankommt, sind diese Handlungen nur von Bedeutung, wenn sie einen radikalen und systemischen Wandel erzeugen. Da das, was sie tut, so einfach ist, kann jeder mitmachen. Sie hat uns einen Weg aus dem Zwischenort hinaus aufgezeigt.

Eine kürzlich durchgeführte Umfrage ergab, dass ein Fünftel der Menschen in der westlichen Welt angibt, sie würden wegen der Bewegung, die Greta ins Leben gerufen hat, jetzt weniger fliegen.[52] In Schweden gibt es dafür sogar ein Wort, »flygskam« (das in der Übersetzung »Flugscham« mittlerweile auch in Deutschland verbreitet ist), und die dortige Luftfahrtbranche, die auf dem Versprechen ewigen Wachstums gründet, bekommt es langsam mit der Angst zu tun. SAS, die wichtigste skandinavische Fluggesellschaft, nennt das den »Greta-Effekt«. Vertreter aller 30 Unternehmen, aus denen sich der schwedische Aktienindex zusammensetzt, erklären heute, dass die Anzahl der Inlandsflüge vermutlich dauerhaft zurückgehen wird, weil die Passagiere verstanden haben, dass es in Zeiten der Klimakrise auf absehbare Zeit keine praktikable Alternative zum Kerosin geben wird. Und Akkus wiegen einfach zu viel für die turbinenbetriebene Luftfahrt, wie wir sie kennen – das ist schlichte Physik.

Ich sah Greta Thunberg zum ersten Mal spätabends, eine Gestalt in einer blauen Jacke, die in meinem Wohnzimmer stand und eine handgeschriebene Nachricht las, die meine kleinen Kinder und ich für sie verfasst hatten. Sie und ihr Vater Svante waren in einem von Arnold Schwarzenegger geliehenen Tesla aus Iowa City gekommen, um sich ein paar Stunden in meinem

Haus in Minnesota auszuruhen. In den vorausgegangenen Monaten hatte Greta vor dem Europäischen Parlament in Brüssel gesprochen, war in England an Bord einer Jacht gegangen und mit ihr über den Atlantik gesegelt, hatte bei der Generalversammlung der Vereinten Nationen in New York eine Rede vor den Regierungschefs der Welt gehalten, in Montréal an der größten Klimademonstration der Weltgeschichte teilgenommen und in Ontario einem berühmten veganen Schwein einen Besuch abgestattet. Am folgenden Nachmittag sollte sie nach Pine Ridge und Standing Rock in South Dakota weiterfahren, um sich mit den Menschen zu treffen, wegen derer sie überhaupt in die Gegend gekommen war. Sie war, um es in einem Wort zusammenzufassen, müde.

Unsere Zeit miteinander reichte für ein Frühstück und einen Spaziergang – ganz normale Aktivitäten für zwei Erwachsene, zwei Kleinkinder und einen Teenager. Wir liefen durch den sanften frühherbstlichen Regen. Roscoe maulte, weil wir ihn in seinem roten Buggy durch die Gegend schoben, statt ihn mit dem Dreirad fahren zu lassen. Abgesehen davon war es ein Tag wie jeder andere. Greta und ihr Vater kamen uns vor wie Freunde, die über das Wochenende zu Besuch waren.

Unterwegs fasste Greta die wichtigsten Punkte ihrer jüngsten Reden zusammen: Wir befänden uns weiterhin in der Phase des Nicht-wahrhaben-Wollens, erklärte sie mir, wir redeten uns unter anderem immer noch ein, dass wir bereits genug unternähmen oder dass das Problem doch gar nicht so schlimm sei oder dass wir uns nicht so verhalten müssten, als handelte es sich um eine Krise. Das Gleiche habe ich auch schon andere Leute sagen hören, aber als ich diese Worte direkt aus Gretas Mund vernahm, bei mir zu Hause, mit meinem jüngeren Sohn im Kinderwagen und dem älteren auf dem Arm, in einem Augenblick, in dem alles, was ich liebte, so verletzlich und vergänglich wirkte, als könnte es sich jederzeit in Luft auflösen, traf es mich wie ein Schlag in die Magengrube.

Wenige Wochen nach dem Beginn ihres Schulstreiks vor dem schwedischen Parlament in Stockholm im August 2018 hielt die damals fünfzehnjährige Greta Thunberg beim UN-Klimagipfel in Polen eine Rede vor Regierungschefs aus aller Welt. Sie sprach mit der moralischen Klarheit einer ganzen Generation, die zu einer aussichtslosen Zukunft verurteilt ist.

Unsere Zivilisation wird geopfert, damit eine sehr kleine Anzahl von Menschen weiterhin gewaltige Summen Geld scheffeln kann.

Unsere Biosphäre wird geopfert, damit reiche Menschen in Ländern wie meinem ein Luxusleben führen können. Es ist das Leiden vieler, das für den Luxus einiger weniger bezahlt.

Im Jahr 2078 werde ich meinen 75. Geburtstag feiern. Wenn ich Kinder habe, werden sie diesen Tag vielleicht mit mir gemeinsam verbringen. Vielleicht werden sie mich nach euch fragen. Vielleicht werden sie fragen, warum ihr nichts getan habt, als es noch möglich war.

Ihr sagt, ihr liebt eure Kinder über alles, und trotzdem raubt ihr ihnen vor ihren Augen die Zukunft.

Bis ihr eure Aufmerksamkeit darauf richtet, was getan werden muss, statt auf das, was politisch möglich ist, gibt es keine Hoffnung. Wir können eine Krise nicht lösen, wenn wir sie nicht als Krise betrachten.

Wir müssen die fossilen Brennstoffe in der Erde lassen, und wir müssen den Fokus auf Gerechtigkeit lenken. Und wenn es so unmöglich ist, Lösungen innerhalb des Systems zu finden, sollten wir vielleicht das System selbst verändern.

Wir sind nicht hier, um die Politiker anzubetteln, dass sie sich kümmern. Ihr habt uns in der Vergangenheit ignoriert und werdet uns auch weiterhin ignorieren. Es gibt keine Ausreden mehr, uns läuft die Zeit davon. Wir sind hergekommen, um euch wissen zu lassen, dass der Wandel kommt, ob es euch gefällt oder nicht. Die wahre Macht gehört den Menschen.[53]

Mit diesen Worten löste Greta Thunberg eine weltweite Revolution aus.

Seit der Rede haben sich viele Millionen Menschen aller Altersklassen in 183 Ländern der Welt Gretas Klimastreik angeschlossen, angetrieben von ihrer klaren Vision einer Welt, in der man nicht nur überleben, sondern gut leben kann. Die Menschen wollen etwas, worauf sie hoffen können. Sie wollen dazu aufgefordert werden, Großes zu bewirken. Sie wollen eine Chance, Mut zu zeigen, eine Chance, ihre Zukunft selbst zu gestalten. Und genau das ist jetzt möglich.

Natürlich war dieser bemerkenswerte Augenblick in der Geschichte nicht einfach plötzlich da. Millionen von Menschen, oftmals angeführt von Women of Color, also im weiteren Sinne nichtweißen Frauen, haben über Jahrhunderte hinweg die Grundlage dafür geschaffen. »Ich sage nichts Neues«, schrieb Thunberg in einem Facebook-Post ein paar Monate nach Beginn ihres Streiks, zu dem sie die Proteste US-amerikanischer Jugendlicher gegen den Klimawandel und Waffengewalt inspiriert hatten. »Ich sage nur, was Wissenschaftler seit Jahrzehnten wiederholen.«[54] Am Rand der jährlich stattfindenden UN-Klimakonferenzen gingen die Stimmen von Kindern und Jugendlichen aus dem Globalen Süden, wo weiterhin Wälder vernichtet werden und Extremwetterlagen das normale Dasein gefährden, lange Zeit unter. Ich glaube, dass Gretas Botschaft heute gehört und aufgegriffen wird, weil die Klimakrise, die reiche Länder über Jahrhunderte verursacht haben und unter der ärmere Länder leiden, jetzt zu ernsten Folgen führt.

Wir wissen, dass jüngere Generationen eigentlich die Gewissheit verdient haben, eine Welt zu erben, in der man überleben kann. Nun, da diese Zukunft in den Sternen steht, hat Greta es geschafft, so vor der Weltöffentlichkeit zu sprechen, wie es innerhalb der Umweltgerechtigkeitsbewegung schon seit Jahrzehnten üblich ist. Hier beschäftigt man sich damit, dass die Produktion und die Nutzung von fossilen Brennstoffen durch die Absprengung von Bergkuppen, erhöhte Schadstoffkonzentrationen oder vergiftetes Grundwasser ganze Regionen zerstört hat, seien es die Wälder und Flüsse in den Appalachen und im Amazonasgebiet, die Kohlehäfen in Australien und Städte wie Flint im US-Bundesstaat Michigan. Gretas Botschaft ist heute so klar wie am Anfang: Unsere Zukunft steht nicht zur Debatte. Wir alle verdienen es, überleben und gut leben zu können.

Gretas Aufstieg zur De-facto-Anführerin einer weltweiten Jugendbewegung ist ein Beleg dafür, dass sich die Dinge geändert haben. Wir wissen schon seit Langem vom Klimawandel, und ebenso lange kennen wir auch die Lösungen: Wir müssen schrittweise aus den fossilen Brennstoffen aussteigen, die Landwirtschaft reformieren, unsere Lebensweise und unsere Transportgewohnheiten neu ausrichten. Diese Lösungen sind die gleichen wie eh und je. Doch etwas Wichtiges ist jetzt anders: Wir sind endlich bereit zuzuhören.

Während unseres Spaziergangs im Regen fragte ich Greta, wie das System ihrer Meinung nach aussehen würde, nachdem wir alles verändert hätten.

»Ich weiß es nicht«, sagte sie, »es ist noch nicht erfunden worden.«

Es verlangt Mut, die Welt verändern zu wollen. Noch mehr Mut verlangt es zuzugeben, dass wir noch nicht wissen, wie wir sie verändern können. Die Einstellung, die Greta bei ihren öffentlichen Auftritten und auch im Privaten, mir und meiner Familie gegenüber, an den Tag legt – der Mut, gleichzeitig zu wissen und nicht zu wissen –, ist die Grundlage der Aufgabe, die vor uns liegt, und das Rezept dafür, wie sie anzugehen ist: offen für eine Welt jenseits dessen, was wir vorhersehen können.

Greta ist ein ganz normaler Mensch, sie verhält sich nicht wie ein Star. Was sie so besonders macht, ist, dass sie die Erkenntnisse der Klimaforschung gelesen und verstanden hat und so lebt, als wären die Fakten von Bedeutung. Diese Erkenntnisse an sich sind revolutionär genug. Was Greta tut, ist offenkundig nicht leicht für sie. In der Woche, in der sie bei mir zu Besuch war, hätte sie fast den Friedensnobelpreis gewonnen – man kann sich nur schwer vorstellen, wie groß der Druck ist, den die Welt auf sie ausübt. Was sie ausmacht, ist das einzigartige Auftreten eines einzigartigen Menschen in einem einzigartigen historischen Augenblick. Sie wiederholt immer wieder, dass es in der Bewegung für Klimagerechtigkeit nicht um sie geht, sondern um alle. Die streikenden Kinder versuchen nicht, uns zu inspirieren. Oder uns zu beeindrucken. Sie sollten gar nichts tun müssen. Die Erwachsenen sollten in ihrem Interesse handeln. Gretas Taten spalten nicht, sie ergeben absolut Sinn. Es sind die Erwachsenen der Welt, die zur Spaltung beitragen, indem sie sich der Erkenntnis verweigern, was die Situation von uns verlangt.

Wie niemand zuvor hat Greta die Aufmerksamkeit der Welt auf das wichtigste Problem der Menschheit gelenkt. Dafür wird sie als Heldin gefeiert und als Schurkin verdammt – abhängig davon, wie bereit man ist, die schlichten Wahrheiten, die sie verbreitet, zu akzeptieren. In einer normaleren Zeit hätten die Regierungen der Welt sich die Empfehlungen der Wissenschaftler schon vor Jahrzehnten zu Herzen genommen, als diese zum ersten Mal davor warnten, dass die grundlegende Energiequelle der Weltwirtschaft geradewegs auf ein Massenaussterben zuführt. In einer normaleren Zeit würde keine Generation von jungen Leuten rund um die Welt an einer »prätraumatischen Belastungsstörung« leiden, weil sie sich fragt, ob sie überhaupt noch eine Zukunft hat. In einer normaleren Zeit hätte Greta nie einen Fuß in mein Wohnzimmer gesetzt oder mit meinen beiden Söhnen gespielt.

Nachdem sie und ihr Vater wieder aufgebrochen waren, wurde mir klar, dass es ihre wunderbare Menschlichkeit ist, die sie so gefährlich für den Status quo macht. Die gleiche Eigenschaft erkenne ich in vielen Menschen in meinem beruflichen und privaten Umfeld. Manchmal erkenne ich sie sogar in mir selbst. Wenn wir alle die gleiche revolutionäre Menschlichkeit in uns tragen wie Greta, wie lautet dann unsere Ausrede dafür, sie nicht auszuleben?

***

An jenem Tag im Jahr 2018, an dem der Sonderbericht des Weltklimarates veröffentlicht wurde, beschloss ich, mutig zu sein: Ich würde die Wahrheit über das größte Problem aussprechen, mit dem unsere Zivilisation je konfrontiert war, und andere Menschen dabei unterstützen, das Gleiche zu tun. Wir haben keine Zeit mehr, um uns zurückzuhalten oder um Erlaubnis zu fragen. Die Grundlagen der Klimaforschung sind simpel. Wir wissen, dass der Klimawandel vom Menschen verursacht ist. Das bedeutet, dass auch die Lösungen vom Menschen angestoßen werden müssen. Und da uns die Zeit davonläuft, muss die Initiative von uns, von Ihnen und mir, ausgehen.

Genau dreißig Jahre zuvor erfuhr die Öffentlichkeit zum ersten Mal, dass der Klimawandel eingetreten sei, als der NASA-

Klimaforscher James Hansen darüber dem amerikanischen Kongress berichtete. In all den Jahren, die seit diesem Augenblick im Jahr 1988 vergangen sind, haben wir zugeschaut, wie Hansens Vorhersagen eintrafen, und im Grunde nichts von Relevanz dagegen unternommen.

1992 unterschrieb fast jedes Land der Erde das »Rahmenübereinkommen der Vereinten Nationen über Klimaänderungen«, eine erste Zusage, der Erderwärmung entgegenzutreten. Durch das Übereinkommen sollten die globalen Aktivitäten so koordiniert werden, dass »eine gefährliche anthropogene Störung des Klimasystems«[55] verhindert würde. In den seitdem vergangenen Jahrzehnten haben sich Forscher bemüht herauszufinden, welche Kipppunkte zuerst erreicht wären und ab wie viel Grad die Erwärmung »gefährlich« wird – womit allgemein der Punkt gemeint ist, ab dem es dem Menschen nicht mehr möglich wäre, die Folgen aufzuhalten, was dauerhafte und potenziell katastrophale Veränderungen des Lebens auf der Erde mit sich bringen würde. Die Resultate des IPCC und des IPBES belegen, dass wir uns nun mitten im Zeitalter der »gefährlichen anthropogenen Störung des Klimasystems« befinden und es trotzdem noch immer schlimmer machen.

Eine der erschreckendsten Wahrheiten unserer Klimakrise ist die Tatsache, dass die Hälfte aller CO_2-Emissionen seit dem Beginn der industriellen Revolution erst nach 1992 freigesetzt wurde. 2019 wurde mehr Kohlendioxid ausgestoßen als je zuvor in der Geschichte der Menschheit. Was wir angerichtet haben, ist nicht versehentlich passiert. Wir haben die Erderwärmung in voller Kenntnis der wissenschaftlichen Tatsachen weiter vorangetrieben. Wir wussten, dass sich die Veränderungen über Jahrtausende auswirken und vor allem diejenigen Menschen treffen würden, die am wenigsten dazu beigetragen haben, nur weil die reichsten Menschen, die jemals gelebt haben, noch reicher werden wollten. Der Klimawandel war eine bewusste Wahl, und unsere Regierungen haben sich immer und immer wieder für das Falsche entschieden und damit uns alle jahrzehntelang im Stich gelassen.

Eine Tatsache, die man sich unbedingt ständig vor Augen führen muss, ist, dass es kein »wir« gibt, das den Klimawandel verursacht[56], auch wenn mir die Formulierung immer wieder herausrutscht. Für einen großen Teil der Schäden sind wenige reiche weiße Männer verantwortlich – aus purer Gier. Diese grundlegende Tatsache zählt zu den größten Skandalen in der Geschichte der Menschheit. Sie hatten kein Recht, das zu tun. Dass sie es trotzdem getan haben, sollte uns zornig machen.[57] Um es mit den Worten des Folksängers Utah Phillips zu sagen: »Die Erde stirbt nicht, sie wird umgebracht, und diejenigen, die sie umbringen, haben Namen und Adressen.« Diese Krise ist ein personengebundenes Problem.

In den vergangenen drei Jahrzehnten wurde der Klimawandel oft als eine unglückliche, aber unvermeidbare Begleiterscheinung der Zivilisation betrachtet – nicht als Nebenwirkung eines grundlegend mangelhaften Wirtschaftssystems. Heute ist der intersektionale Charakter der Klimakrise kaum noch zu ignorieren. Umweltaktivisten haben sich zu sehr auf kleine Änderungen konzentriert, die den Status quo aufrechterhalten – Recyclingprogramme, neuartige Glühbirnen und E-Autos –, was nur dafür gesorgt hat, dass sich die Macht noch stärker in den Händen derer konzentriert, die von einem ungerechten und strafenden System profitieren. Bisher wurde über Anpassungen diskutiert, nicht über einen grundlegenden Wandel – ein kaum verhülltes Eingeständnis, dass der CO_2-lastige Lebenswandel an sich nicht infrage gestellt wird. Wem die Auswirkungen des Klimawandels nicht gefallen, erklären uns die Mächtigen, sollte einen Weg finden, darüber hinwegzukommen. In Wahrheit ist der Klimawandel ein Symptom einer verzerrten, kolonialistisch geprägten Sichtweise: Die fortlaufende Ausbeutung der Erde sei gerechtfertigt, weil der Mensch getrennt von der Natur existiere und die Herrschaft über sie beanspruchen könne. Diese Weltsicht, die von Christen und Großindustriellen gleichermaßen verbreitet wird, fördert und stützt das *business as usual* und hat uns an den Rand des ökologischen Zusammenbruchs geführt. Während ein Großteil der Menschen in den USA und Europa akzeptiert, dass es den Klimawandel gibt, lehnen die meisten radikale Taten ab. Doch sobald sich diese Einstellung ändert, sobald wir eine andere Welt nicht nur als möglich, sondern als unvermeidlich betrachten, werden die Millionen schrittweisen Veränderungen, die für eine CO_2-freie Gesellschaft nötig sind, rasend schnell erfolgen.

Die kommenden dreißig Jahre werden eine Art Aufholjagd, um die Lücke zwischen Wahrnehmung und Realität zu schließen – schreckliche Meldungen über das Verschwinden weit entfernter Eisschilde werden sich vermischen mit einem diffusen Unwohlsein angesichts von Narzissen im Januar, der grotesken Selbstverständlichkeit, jederzeit zu wissen, wo es die besten Atemschutzmasken gibt, um die Lungen von Kleinkindern vor dem Rauch der Waldbrände zu schützen, der ängstlichen Ungewissheit, ob es sich überhaupt lohnt, etwas für das Alter zurückzulegen, und zugleich gar nicht in der Lage dazu zu sein, und dem Zorn über den falschen Ausgang einer weiteren Letzte-Chance-Wahl.

In einem 2018 veröffentlichten Essay für das Non-Profit-Projekt *On Being* schrieb die NASA-Klimaforscherin Kate Marvel, dass dieser Augenblick keine Hoffnung, sondern Mut verlange.[58] Im Gegensatz zur Hoffnung, die, wie Marvel zutreffend bemerkt, darauf ausgelegt ist, in eindeutig trostlosen Zeiten Trost zu spenden, fordert Mut, dass wir uns der Welt stellen, wie sie wirklich ist: ungewiss, chaotisch, aber trotzdem voller Möglichkeiten. »Die Welt, die wir einst kannten, kehrt nie mehr zurück«, stellte Marvel fest. »Mut bedeutet Entschlossenheit, sich Mühe zu geben, auch wenn es keine Garantie für ein glückliches Ende gibt.«

Es wird immer offensichtlicher, dass die alten Denkweisen nicht funktionieren. Nichts von dem, was wir tun, funktioniert. Der Umweltschutz, so wie wir ihn kennen, ist gescheitert. Nach jahrzehntelangen Debatten und Versprechungen stößt die Welt immer noch Rekordmengen von Kohlendioxid aus. Für mich zeigt das nichts anderes als das Versagen einer ganzen Generation. Wir müssen aufhören, nach weiteren Recycling-Möglichkeiten zu suchen – wir brauchen eine Notfallstrategie.

Meine Generation, die der Millennials, kann sich nicht an eine Zeit erinnern, in der der Klimawandel keine große Bedrohung war. 1988, als der Kohlendioxidanteil in der Atmosphäre zum ersten Mal die 350-ppm-Marke (ppm = *parts per million*, also Millionstel) überschritt, habe ich noch *Sesamstraße* geschaut und im Garten des Hofs meiner Familie in der Nähe von Topeka Regenwürmer ausgegraben. Jahrelang haben uns Umweltschützer erzählt, dass wir Fortschritte erzielen könnten, indem wir an kleinen Stellschrauben des bestehenden Systems drehen, dass sich die Erderwärmung zu einem guten Teil aufhalten ließe, wenn wir das richtige Auto, die richtige Kleidung, die richtige Feuchtigkeitscreme kauften, schlechte Produkte mieden und die Herstellung von Konsumgütern reformierten. Dennoch steigen die Emissionen immer weiter an.

Wer den Eindruck hat, dass die Klimaforscher ständig verkünden, das, was wir der Natur antun, würde die schlimmsten bisherigen Berechnungen noch übertreffen, liegt richtig. Die Erde verändert sich in vielerlei Hinsicht so rasant, dass uns schlicht die Zeit fehlt, die Probleme eingehend zu untersuchen.

Die Wissenschaft ist nicht darauf ausgelegt, auf derart schnelle Entwicklungen zu reagieren. Unsere Erkenntnisse sind hinfällig, bevor sie veröffentlicht werden. Moderate politische Reaktionen auf ein erdumspannendes Problem wie dieses kommen einem Todesurteil der Zivilisation gleich.

Die Welt durch langsame Veränderungen bewohnbar zu halten war vielleicht in den 1980er-Jahren möglich, aber heute ist es eine Fantasievorstellung.

Es ist an der Zeit, ganz neu zu denken.

Unsere Zeit ist von Katastrophen nichtnatürlichen Ursprungs geprägt. Es ist unmöglich, unsere Wettererfahrungen von unseren Entscheidungen als Einzelpersonen und unseren kollektiven Entscheidungen als Gesellschaft zu trennen. Die Menschheit ist eine Naturgewalt geworden, zum Guten und zum Schlechten.

In Puerto Rico wurde der Bevölkerung nach Maria schnell klar, dass sie auf sich allein gestellt war. Deshalb bildeten sich im Anschluss Gemeinschaften, die einander halfen. Nachbarn übernahmen Aufgaben, für die eigentlich die öffentliche Hand zuständig gewesen wäre. Und langsam wurden auf der Insel Rufe nach einer neuen Beziehung zwischen den Einwohnern und dem Staat laut. Inmitten des ganzen Chaos bewiesen Gruppen von Menschen spontan und effektiv, wie sich durch Zusammenarbeit positive und dauerhafte Veränderungen bewirken lassen. Die Graswurzelstruktur, die in Puerto Rico dafür sorgte, dass der Wiederaufbau direkt an der Basis begann, existiert schon seit Jahrzehnten. Seit Maria geht es nicht mehr nur um den Schutz der Küstenmangroven, die dem Wind einen Teil seiner Kraft nehmen, sondern auch um die Schaffung lokal verwalteter Netze von Solaranlagen, die Dutzende Gemeinden auf der ganzen Insel versorgen. Puerto Rico ist jetzt vom Geist der gegenseitigen Hilfe beseelt und dient damit anderen Orten auf dem US-amerikanischen Festland als Vorbild.

»Es besteht eine größere Offenheit dafür, das Verhältnis als kolonial zu betrachten, als ausbeuterisch«, erzählte mir Marisol LeBrón, die als Juniorprofessorin am Institut für mexikanisch-amerikanische und Latina/o-Kultur an der University of Texas in Austin lehrt. Ihr Forschungsschwerpunkt ist die Diaspora in Puerto Rico. »Und es gibt mehr Kritik am Kolonialismus, mehr Rufe nach Dekolonisation.«[59]

Statt diese tapferen Gemeinschaften für Randerscheinungen zu halten – vom Staat und dem vorherrschenden Wirtschaftssystem im Stich gelassen, aber trotzdem irgendwie in der Lage, für das eigene Überleben zu sorgen –, sollten wir sie als Keime einer wunderschönen neuen Blütephase der Menschheit betrachten. Wer ihr Potenzial kleinredet, übersieht, was in fünf oder zehn oder dreißig Jahren aus ihnen werden könnte. Grundlegende Umbrüche können schnell eintreten.

Der erste Schritt hin zu den Veränderungen, die wir brauchen, ist die Vorstellung, dass sie möglich sind.

Wie lassen sich großflächig angelegte strukturelle und gesellschaftliche Veränderungen am besten in der ganzen Welt bewirken, über die Grenzen der eigenen Gemeinschaft hinaus? Indem man das eigene Leben radikal umstellt und mit gutem Vorbild vorangeht? Indem man eine große Gruppe gleichgesinnter und motivierter Einzelpersonen versammelt, um Kommunen und Städte umzugestalten? Indem man diejenigen unterstützt, die unermüdlich daran arbeiten, das gesamte System zu revolutionieren?

Laut dem Weltklimarat lautet die Antwort: All das und gleichzeitig.

»Die heute getroffenen Entscheidungen in Bezug auf die Frage, ob wir 1,5 oder zwei Grad oder noch mehr zulassen, werden enorme Auswirkungen auf die Welt haben«, sagte die niederländische Klimaforscherin Heleen de Coninck, die am

IPCC-Sonderbericht beteiligt war, gegenüber der BBC. »Das Leben der Menschen wird so oder so nie wieder wie zuvor, aber wir haben einen Einfluss darauf, wie unsere Zukunft aussieht.«[60]

Wenn die Regierungen der Welt die Erkenntnisse ernst nähmen, wäre das Ergebnis schlichtweg revolutionär – eine radikale Neustrukturierung der menschlichen Gesellschaft auf unserem Planeten.

»Hier ist die Rede von einer Krise, die uns zwingt, alles zu überdenken, was wir bisher über den Aufbau einer sicheren Zukunft zu wissen glaubten«, erklärte Kaisa Kosonen von Greenpeace International der Nachrichtenagentur AFP in Bezug auf einen Entwurf des Berichts. »Wir müssen versuchen, das Unmögliche möglich zu machen.«[61]

Nichts in dieser Welt hat dauerhaft Bestand. Wir können etwas Besseres fordern. Unsere Vorstellungskraft ist das mächtigste Werkzeug, über das wir im Kampf gegen den Klimawandel verfügen. Wie genau die Zukunft aussieht, können wir natürlich nicht mit Sicherheit wissen. Aber wir wissen, dass sie eintreten wird – und dass wir diejenigen sind, die sie formen.

Bei einem so beängstigenden und überwältigenden Problem ist es sinnvoll, klein anzufangen und sich zu verbildlichen, wie die kommenden Jahrzehnte aussehen und sich anfühlen werden. Die Wissenschaftler, die den Großteil ihres Erwachsenenlebens über ständig mit diesen Daten zu tun haben, können sich wahrscheinlich leicht ausmalen, was die nächsten dreißig Jahre bringen werden: schwierige Fragen von Kindergartenkindern, während wir zu erklären versuchen, warum die Korallenriffe verschwinden; Freudentränen, wenn sich die Graphen in einem Diagramm überschneiden, weil die Welt Erdöl verschmäht und stattdessen auf nachhaltige Elektrizität setzt; die überraschend leichte Entscheidung, den sicheren

Job auf Lebenszeit zu riskieren und sich einem Protest anzuschließen.

Unser Leben und unsere Taten sind nicht bedeutungslos – das Gegenteil ist der Fall. Unser im Wandel befindliches Klima beweist, dass wir alle miteinander verbunden sind, dass jede unserer Handlungen Leiden nicht nur spürbar, lokal und unmittelbar lindern kann, sondern quer durch das riesige Netzwerk des Lebens und über die Zeit hinweg. Unser Leben und unsere Taten mögen zeitlich begrenzt und unvollkommen sein, doch indem wir unseren winzigen Platz in der Welt akzeptieren, treten wir in einen tieferen Daseinszustand ein. Und wir tragen dazu bei, eine unermesslich bessere Zukunft für alle herbeizuführen.

Folgendes muss in den kommenden drei Jahrzehnten passieren, damit ein starker Rückgang der Emissionen möglich ist:

- Wir müssen eine gemeinsame, hoffnungsvolle Vision der Zukunft formulieren.
- Wir müssen das bestehende System niederreißen.
- Wir müssen damit anfangen, eine neue Welt aufzubauen, die allen zugutekommt.

Dieser Zeitraum und diese Liste sind nicht (nur) die Eckpunkte einer ehrgeizigen progressiven Utopie, sondern wissenschaftliche Gebote zur Erhaltung der menschlichen Zivilisation, basierend auf den Erkenntnissen des Weltklimarates. Um eine weitere Erwärmung unseres Planeten zu verhindern, müssen wir die Emissionen bis 2030 auf ungefähr die Hälfte der aktuellen Menge reduzieren. Das geht nur, wenn wir so gut wie jeden Aspekt unseres Zusammenlebens auf den Kopf stellen. Oder wie es die besten Wissenschaftler der Welt ausdrücken: Das kommende Jahrzehnt wird von transformativem Wandel geprägt sein.

Damit ein Systemwandel stattfinden kann, müssen wir uns fragen:

- Wie sieht meine Vision einer besseren Welt aus?
- Welche Schritte müssen unternommen werden, damit sie Realität wird?
- Wie füge ich mich schon ab heute in diese Vision ein?

Die gute Nachricht ist, dass die dringend benötigte Phase akuter Kreativität bereits begonnen hat.

Bis 2050 wird die Welt eine rapide Dekarbonisierung und einen Umbruch erlebt haben – eine massive gesellschaftliche Verschiebung, um das Leben, wie wir es kennen, zu erhalten. Die Dringlichkeit der aktuellen Situation bedeutet, dass die alles verändernden Visionen einer besseren Zukunft – die Menschen und Ideen, die die nächste Phase der Menschheit prägen werden – bereits existieren, wir nehmen sie nur nicht wahr. Wenn der Kampf gegen den Klimawandel bis heute scheitert, liegt es daran, dass wir den Falschen zugehört haben.

Wenn Ihre Stimme in den vergangenen drei Jahrzehnten einfach verhallt ist, weil die (fast ausschließlich heterosexuellen, privilegierten und weißen) Männer in den Führungspositionen der für den Klimawandel verantwortlichen Unternehmen und Staaten Sie ausgeschlossen haben, sind Sie vielleicht vor lauter Wut auf das System gelähmt. Das ist in Ordnung. Ihre Stimme kann immer noch etwas bewirken. Wenn Sie bereits die ganze Zeit über an der Debatte beteiligt waren, haben Sie möglicherweise Angst vor radikalen Veränderungen und empfinden Trauer oder fehlgeleitete Schuldgefühle, weil Sie dazu beigetragen haben, dass es so weit gekommen ist, wenn auch nur in geringem Maß. Auch das ist in Ordnung. Es ist an der Zeit, das Mikrofon weiterzureichen. Ein Systemwandel verlangt Mut auf allen Ebenen und an allen Orten. Egal, ob Sie sich bereit fühlen oder nicht – die Welt braucht Sie.

Im Moment ist die dominante Erzählung unserer Klimazukunft die Unvermeidbarkeit der Apokalypse. Doch wir müssen das Gespräch auf die Unvermeidbarkeit einer besseren Welt lenken. Durch die bewusste Konzentration auf hoffnungsvolle Zukunftsvisionen erhöhen wir die Wahrscheinlichkeit, dass sie tatsächlich wahr werden. Was genau diese Zeit der radikalen Veränderungen hervorbringen wird, lässt sich nicht vorhersagen, aber ich weiß, wie es eintritt: durch Zusammenarbeit, wenn diejenigen, denen es systematisch vorenthalten wurde, über ihre eigene Zukunft zu bestimmen, ihre Rechte einfordern und sich Gehör verschaffen. Diese notwendigen, lebensspendenden Visionen unserer neuen Welt werden wahr, sobald wir die Barrieren einreißen, die sie die ganze Zeit über beschränkt haben. Eine Methode kann das Geschichtenerzählen sein – ein politisches Werkzeug, um den Verlauf des Geschehens zu beeinflussen. Genau das muss passieren, damit wir aus diesem Zwischenort hinausgelangen.

»Meiner Ansicht nach ist das Problem nicht nur der Klimawandel«, meinte Samantha Earle zu mir. »Auch ohne ihn blieben immer noch eine Fülle anderer Umweltprobleme übrig. Es gäbe immer noch überall enorme Ungleichheit und massive Diskriminierung. Es sind nicht nur ein, zwei Dinge, die schiefgelaufen sind. Unser Imaginäres ist vom System her problematisch. Und ich glaube, das hängt alles miteinander zusammen, es ist kein Zufall, dass all diese Dinge so missraten sind.«[62]

Earle hat das Konzept des Besitztums als Wurzel des Problems ausgemacht.

Besitztum erzeugt Kontrolle, und Kontrolle erzeugt Machthierarchien: Diejenigen, die mehr haben, können diejenigen, die weniger haben, ausgrenzen und ausnutzen. Alle großen gesellschaftlichen Probleme hängen mit dem Konzept des Besitztums zusammen: Frauenfeindlichkeit, Rassismus, Kolonialismus und die Korruption der modernen Demokratie. Und natürlich ist das Konzept des Besitztums auch ein direkter Auslöser der Klimakrise, die im Grunde eine Krise des übermäßigen Konsums derjenigen ist, die ohnehin den Großteil der Ressourcen auf der Erde kontrollieren – mit schlimmen Auswirkungen für diejenigen, die fast nichts ihr Eigen nennen. Alternative Entwürfe zu einer Welt, die auf Besitztum fußt, mögen heute unvorstellbar wirken, doch genau sie müssen wir anstreben, wenn wir dieses Jahrhundert überleben wollen.

Es ist leicht, den Klimawandel als eine Katastrophe zu betrachten. Aber in meinen Augen ist die größte Katastrophe, wie wir miteinander umgehen. Nur in einer ungleichen und ungerechten Welt kann eine die ganze Weltbevölkerung betreffende Bedrohung wie der Klimawandel so vor sich hin schwelen, ohne dass die Mächtigen auch nur einen umsichtigen Gedanken darauf verschwenden. Die Aufgabe unserer Zeit besteht darin, unsere Welt so umzugestalten, dass die neuen Machtstrukturen systemische Probleme wie den Klimawandel deutlich weniger wahrscheinlich machen.

In einer Welt, die sich nicht um Besitztum dreht, müssten wir tiefergehende Beziehungen zueinander und zur Natur aufbauen und stärker auf Werte und Verhaltensweisen wie Einvernehmen, Fürsorge, Dialog und Vertrauen setzen.

Diese Welt muss nicht aus dem Nichts aufgebaut werden. Wir wissen bereits eine Menge darüber, wie sie aussehen könnte: Es handelt sich um eine idealisierte Version dessen, wie wir schon heute mit unseren engsten Freunden und Verwandten umgehen. Wir betrachten die Menschen, die uns nahestehen, nicht als unser Eigentum, sondern befinden uns in einer Beziehung zu ihnen, die für beide Seiten von Vorteil ist. Wenn wir es schaffen, das auf einen größeren Maßstab zu übertragen, wäre das ein großer Schritt hin zu einer erfüllenderen, innigeren, sinnstiftenderen, dauerhaften und blühenden Weltgemeinschaft.

Die indigenen Völker auf dem amerikanischen Kontinent kennen schon seit Jahrhunderten Gemeinschaften, die ohne das moderne Konzept des Besitztums auskommen; sie haben einige der schlimmsten Gräueltaten der Geschichte überstanden.[63] »Man schaue sich an, was Kolonialismus, Kapitalismus und Industrialisierung in Kombination angerichtet haben«, meinte Kyle Whyte, Professor für Umweltphilosophie und Umweltethik an der Michigan State University, zu mir. »Sie haben nicht nur das Vertrauen der indigenen Völker untergraben, sondern auch das aller anderen zueinander, ebenso wie Konzepte wie Konsens, Verantwortung und Gegenseitigkeit.«[64]

Whyte gehört dem Stamm der Potawatomi an. Im Rahmen seiner Arbeit sammelt er Beispiele für die indigenen Erfahrungen mit kooperativen Beziehungen und deren Vorteile, als direkten Gegenentwurf zum westlichen, auf Besitztum basierenden Status quo. Statt für ein von oben geführtes System aus Regeln und Gesetzen, das dazu neigt, von machthungrigen und eigentumsversessenen Menschen vereinnahmt zu werden, tritt Whyte für erfolgreiche Modelle der Selbstverwaltung und Selbstbestimmung ein, in denen die Verantwortung auf ein Netz von Menschen verteilt ist. Beim Thema Klima besteht der Schlüssel seiner Meinung nach darin, diese Netze durch Dialog und ein Gefühl der »Verbundenheit« zu stärken und so ein Gerüst zu schaffen, das radikale Veränderungen aushalten oder sogar vorantreiben kann. »Ich glaube nicht, dass wir es jemals schaffen, nachhaltig zu leben, solange die Gesetze und Regeln der Gesellschaft nicht absolut einvernehmlich entstehen«, sagte er zu mir. »Ein Umweltproblem ist nichts anderes als ein Problem des Einvernehmens.«[65] Whytes Verständnis von Einvernehmen und Verbundenheit ist einfach und wurzelt im Völkerrecht.[66] Die Grundpfeiler lauten: um Erlaubnis bitten, häufig nachfragen, geduldig echte Beziehungen aufbauen und einander aufrichtig wertschätzen, wie man es innerhalb der Familie tut.

Whyte weiß, dass die Vergangenheit und die Zukunft in vielen Dingen identisch sind. Er weiß, dass sein Volk all das schon einmal erlebt hat und dass es erneut zu einer ungeheuren Katastrophe kommen wird, wenn es uns nicht gelingt, unsere Beziehungen zueinander neu zu gestalten.

»Die indigene Bevölkerung lebt bereits in der Dystopie, zumindest laut unseren Vorfahren, weil wir die Schwächung all dieser Beziehungen miterlebt und allein in den letzten zweihundert Jahren eine Fülle menschenverursachter Klimaveränderungen durchgemacht haben, die in Wahrheit viel schlimmer sind als die unheilvollen Zwölf-Jahres-Vorhersagen. Unsere Reaktion besteht darin, an der Stärkung dieser entscheidenden Beziehungen zu arbeiten, am Vertrauen, am Konsens, an der Verantwortlichkeit und der Gegenseitigkeit«, erklärte er mir. »So wie das System Erde funktioniert, könnte uns die Zeit ausgehen.«[67]

Doch das Schlimmste, was wir laut Whyte jetzt gerade tun können, ist, in Panik zu verfallen. Das steht im Widerspruch zu dem, was viele Umweltschützer und Klimaaktivisten gerade verkünden. Die beste Reaktion auf den Klimawandel ist das, was Whyte tut: persönliche Treffen, Gespräche über unsere Unterschiede und gemeinsamen Träume, der Entwurf einer gemeinschaftlichen Zukunft.

»Wir können das Verhalten der Menschen und das Klima nur verbessern, indem wir alle möglichen beziehungsfördernden

Treffen abhalten und konstruktive Diskussionen und Dialoge führen – so löst man das Problem«, meinte er. »Die gesetzlichen Aspekte, der politische Kurswechsel und die neuen Vorgaben, das ist nur die alleroberflächlichste Ebene des Umbruchs.«[68]

Zusammen betrachtet führen Earles Philosophie und Whytes Verbundenheitskonzept zum gleichen Schluss: Unsere Welt kann nicht so bleiben, wie sie heute ist. Und es gibt vielversprechende Anzeichen dafür – Demonstrationen junger Menschen, die lauter werdenden Stimmen der People of Color –, dass so langsam etwas Neues entsteht.

»Wenn es endlich Menschen gibt, die nicht dem westlichen Modell entstammen und es herausfordern, dann gibt es endlich etwas Hoffnung auf Bewegung«, meinte Earle. »Wenn wir etwas anderes wollen, muss es wirklich anders sein.«[69]

Whytes Vorstellung einer Gesellschaft, die analog zu den Strukturen in der Natur auf Verantwortungsnetzen aufbaut, scheint mir die beste Grundlage für das zu sein, was als Nächstes kommt. Die Herausforderung wird darin bestehen, im Blick zu behalten, dass wir zu jeder Zeit vor der Wahl stehen, im alten, sterbenden Imaginären zu verbleiben oder den Sprung in ein neues Imaginäres zu wagen.

»Beim Klimawandel gilt, dass er buchstäblich das Ende alles Imaginären und der Zivilisation bewirkt, wenn wir es nicht schaffen, etwas zu verändern«, so Earle. »Wir müssen uns alle dessen bewusst sein, dass es einen Mann hinter dem Vorhang gibt – und dieser Mann sind wir alle. Wir alle können das Imaginäre verändern. Das machen wir die ganze Zeit, oder zumindest reproduzieren wir es, indem wir es eben nicht verändern. Doch wir stehen ständig vor der Entscheidung, es zu reproduzieren oder es infrage zu stellen und umzugestalten. Das ist eine tolle Vorstellung, finde ich, weil sie uns radikale Macht verleiht.«[70]

Wir müssen das Konzept des Besitztums aufgeben und stattdessen nach Einvernehmen streben, untereinander und mit der Welt, die wir unsere Heimat nennen. Der Klimawandel ist nicht das Problem – er ist ein Symptom des Problems.

***

Zum ersten Mal in der Geschichte der Menschheit leben wir in einer Welt, in der jede tägliche Handlung unmittelbare und dauerhafte konkrete Auswirkungen auf alle anderen Lebewesen hat, mit denen wir uns die Welt teilen. Zum ersten Mal befinden wir uns an der Schwelle zu einer wahrhaft intersektionalen, untereinander verbundenen Welt. Zum ersten Mal müssen wir eine Welt aufbauen, die allen zugutekommt.

Unsere Aufgabe in diesem Jahrzehnt und in allen Jahrzehnten, die folgen, besteht darin, eine Zukunft zu schaffen, die radikal inklusiv, gleichberechtigt und gerecht ist.

Das fast gleichzeitige Erscheinen des erschütternden Sonderberichts des Weltklimarates und einer lebhaften Jugendbewegung, die nach Klimagerechtigkeit ruft, ermöglicht uns schließlich, uns vorzustellen, wie eine in der nahen Zukunft angesiedelte Weltgemeinschaft, die tatsächlich allen zugutekommt, aussehen könnte.

Bei der Recherche für ihr Buch *Why Civil Resistance Works* stieß Erica Chenoweth, Politikwissenschaftlerin an der Harvard University, auf eine überraschende und ermutigende Tatsache über Revolutionen: Im zwanzigsten Jahrhundert war jede einzelne gewaltfreie Bewegung, die einen politischen Wandel anstrebte und an der sich mindestens 3,5 Prozent der Bevölkerung aktiv beteiligten, erfolgreich. Jede einzelne. Und viele erreichten ihr Ziel auch mit deutlich weniger Unterstützung.

Außerdem fanden Chenoweth und ihre Kollegen heraus, dass gewaltfreie Bewegungen die Demokratie stärken. Das ist ein klares Anzeichen dafür, dass das, was die Klimabewegung tut, bereits wirkt – sie braucht nur Ihre Unterstützung.

Natürlich benötigen wir trotzdem Menschen, die an technischen Lösungen arbeiten. Wie Greta habe auch ich mir geschworen, nicht mehr zu fliegen, und ich ernähre mich größtenteils vegan. Darüber hinaus baue ich auf den Flächen vor und hinter meinem Haus jetzt Obst und Gemüse an. Doch all das tue ich nur, um mich zu größeren Veränderungen zu motivieren.

Das mit Abstand Wichtigste, was wir alle zur Klimabewegung beitragen können, ist, einen Systemwandel von den Mächtigen zu fordern, und das heißt in der Praxis, mit jedem, der zuhört, über die Bedeutung dieses Moments zu sprechen. Natürlich spielen technische Lösungen auch eine Rolle, aber sie werden schneller gefördert und vorangetrieben, wenn wir aufstehen und nach Taten rufen.

Katharine Wilkinson leitete 2017 das ehrgeizige »Project Drawdown«, in dem systematisch erfasst wurde, wie sich der Treibhausgasausstoß weltweit am effektivsten stoppen und umkehren lässt. Das Buch, das daraus entstand *(Drawdown – der Plan)* schaffte es auf die Bestsellerliste der *New York Times*. Es lieferte endlich Antworten auf die Frage: Was sind die wichtigsten Dinge, die wir tun können, um das wichtigste Problem der Geschichte zu lösen? Ganz oben auf der Liste stand: Frauen und Mädchen wertschätzen, fördern und schützen. Auf einige mag das überraschend wirken, doch nicht auf Wilkinson. Wir hätten uns in Bezug auf den Klimawandel schon zu lange dem technokratischen Ansatz hingegeben, sagt sie, und darauf gebaut, dass die richtige Mischung aus Steuern und Gesetzen die unsichtbare Hand der Märkte so leiten würde, dass sich

Solarenergie gegenüber der Kohle durchsetzt. Die Zeit dieses Ansatzes sei jetzt vorbei.

Wilkinson erzählte mir, der größte Erfolg von *Drawdown* sei »schlicht die Möglichkeit, mehr emotionale Inhalte in ein Gespräch einzubringen, das sich im Grunde darum dreht, was es bedeutet, ein Mensch zu sein – wer wir sind, was wir tun und warum das eine Rolle spielt. Ich kann mir nicht vorstellen, wie sich dieses Gespräch nur mit Wissenschaft und ein paar technischen Lösungen führen ließe. Das fühlt sich für mich nach einer Flucht vor den Fragen an, mit denen die Erde uns konfrontiert. Diese Vorstellung, dass die besten Methoden und Grundlagen zur Lösung des Problems aus der Wirtschaft kämen – das ist einfach nur Unsinn. Es gibt so viele Wahrheiten, die nicht einmal in Betracht gezogen werden, wenn wir überlegen, was wir tun sollen und wie.«[71]

Was noch fehlt, ist die Formierung einer tatkräftigen, unnachgiebigen globalen Bewegung, die fordert, diese Pläne in die Realität umzusetzen.

Mit der Zeit wird sich die Klimabewegung langsam immer mehr in eine soziale Bewegung verwandeln und sich mit anderen sozialen Bewegungen verbünden – nur so werden die nötigen tiefgreifenden Veränderungen lange genug Bestand haben, um zu wirken. Die Werte, die uns in eine nachhaltige Zukunft führen, sind deckungsgleich mit den Werten, die über die Kulturen hinweg geteilt werden und die Essenz dessen bilden, was uns zu Menschen macht.

Das sind Beispiele dafür, wie die Klimabewegung sich eine bessere Zukunft ausmalen kann. Wenn wir Inklusion ernst nehmen und »Rasse« und »Gender« als gesellschaftliche Konstrukte anerkennen, können wir anfangen, ehrgeizige Vorstellungen für die Zukunft zu entwickeln – Prophezeiungen einer besseren Welt. Lassen wir solche Dinge außer Acht, führt das etwa zu Städten, die nicht auf Menschen mit Behinderungen ausgelegt sind, einem diskriminierenden Justizsystem und einer Weltwirtschaft, die systematisch die Ökosysteme zerstört, die sie überhaupt ermöglichen.

Es stimmt, dass wir der Klimakatastrophe viel näher gekommen sind, als es überhaupt hätte passieren dürfen, aber es stimmt auch, dass es nun endlich zu einem Umbruch kommt, der nötig ist, um alles zu verändern.

In den USA, dem Land, das historisch die größte Verantwortung für den Klimawandel trägt, hat sich die Jugend Greta zum Vorbild genommen und 2018 angefangen, auf die Straße zu gehen und einen »Green New Deal« zu fordern. Dahinter steckt die Idee, dass nur eine komplette Neugestaltung des Gesellschaftsvertrags – samt Arbeitsplätzen, Gesundheitsversorgung und Wohnraum für alle – den Bürgern ermöglicht, kreativ zu werden und gemeinsam die Welt aufzubauen, die wir brauchen. Endlich sind die Vereinigten Staaten bereit, über einen radikalen Kurswechsel zu sprechen.

Da der Green New Deal hauptsächlich von Frauen und People of Color angetrieben wird, die schon seit Jahrhunderten Erfahrungen im Umgang mit existenziellen Bedrohungen haben, besteht eine deutliche Chance, dass ein solcher Politikwandel zu einer besseren Zukunft für alle führen wird. An ihrem ersten Tag als neu gewähltes Kongressmitglied in Washington sagte Alexandria Ocasio-Cortez bei einer von Jugendlichen veranstalteten Sitzblockade vor dem Büro von Nancy Pelosi, der Sprecherin des Repräsentantenhauses, dass nur eine mutige Bekräftigung des grundlegenden Gesellschaftsvertrags der USA die Klimakatastrophe abwenden könne. Wenige Monate später erläuterte sie diese Ansicht: »Unsere auf Rohstoffgewinnung, Verschwendung und fossilen Brennstoffen basierende Wirtschaft stellt eine direkte Bedrohung unseres Lebens dar. Es gibt einen besseren Weg: einen, der von bewusstem Handeln, Gerechtigkeit und Wohlstand geprägt ist. Wir werden die Erde nicht retten können, wenn wir nicht zunächst uns selbst verändern. Das ist die Aufgabe, die vor uns liegt.«[72]

Ihre Worte trieben einige junge Leute dazu an, eine Bewegung zu gründen und sich für den Green New Deal einzusetzen – eine der kühnsten Zukunftsvisionen in der Geschichte der USA.

Während der Green New Deal noch formuliert wird, ist eines bereits sicher: Die darin beschriebene Vision ist unsere beste Chance, die Grundlagen für eine ökologische Gesellschaft zu schaffen, die Gerechtigkeit, Konsens und Gleichheit in den Mittelpunkt einer florierenden neuen Form des menschlichen Zusammenlebens stellt. Der Deal, der seit Jahren proklamierte Forderungen der Umweltgerechtigkeitsbewegung und des Movements for Black Lives sowie Werte, die sich schon in der amerikanischen Verfassung finden, zusammenführt, ist ein Aufruf zu einem echten Wandel.

Das Sunrise Movement, eine von jungen Leuten angeführte Bewegung, die prominent für den Green New Deal eintritt, ist zutiefst optimistisch, dass diese Vision umsetzbar ist. Wenn das stimmt, befinden wir uns am Beginn einer neuen Ära. Wir werden einen kulturellen Weckruf erleben, und alles wird auf den Kopf gestellt. Bisher hat die Gruppe ihr Wort gehalten. Innerhalb knapp eines Jahres hat das Sunrise Movement – angeführt von einer höchst divers zusammengesetzten Gruppe junger Frauen und Männer und unterstützt von Ocasio-Cortez – die Debatte im ganzen Land beeinflusst und den Klimawandel fast im Alleingang ins Zentrum der amerikanischen Politik gerückt.

Varshini Prakash, die Mitgründerin und Geschäftsführerin des Sunrise Movement, verkörpert all das, was die Bewegung ausmacht. Sie ist klug, idealistisch und geht davon aus, ihre Ziele zu erreichen. Ihre Begeisterung ist ansteckend.

»Wir treten nicht für einen Green New Deal ein, um die Leute zu schockieren«, erzählte sie mir. »Wir treten für ihn ein, weil buchstäblich Abertausende extrem kluge Klimaforscher uns sagen: Wenn wir in den kommenden zwölf Jahren nicht beispiellose Veränderungen an jedem Aspekt unserer Wirtschaft und Gesellschaft vornehmen, sind wir geliefert.«[73]

Prakash nimmt kein Blatt vor den Mund, gebraucht gerne Kraftausdrücke und verfügt über eine – zunehmende – Menge politischer Macht. Auch wenn sie möglicherweise gar nicht vorhatte, so erfolgreich zu sein, sind sie und ihre Bewegung in diesem hochpolitischen Augenblick, in dem fast alles passieren kann, in einer guten Position, um die Ausrichtung der USA – und der restlichen Welt – im kommenden Jahrzehnt zu beeinflussen.

»Was wir machen, ist im Grunde nur Vorbereitung. Wir stellen uns auf das ein, was passiert, statt so zu tun, als würde es nie eintreffen und als würde es das Ganze gar nicht geben. Darum geht es beim Green New Deal.«

Prakash ist eine Visionärin in einer Zeit, in der ein großer Bedarf an Visionären besteht. Der Hauptunterschied ist: Sie handelt, und die Leute hören ihr zu.

»Es gibt diese Bewegung hin zu einer aufrichtig fürsorglichen Gesellschaft und einer Wirtschaft, die allen Menschen zugutekommt, bei der niemand zurückbleibt und die nicht manche Menschen als verzichtbar und andere als übermäßig wichtig betrachtet. Was ist so gewagt oder furchtbar daran, etwas zu fordern, das jedem auf diesem Planeten ein gutes Leben ermöglicht?«

Als die Präsidentschaftswahl 2020 ihre ersten Schatten vorauswarf, ging ich eines schönen Frühlingsabends 2019 zu einem

Treffen des Sunrise Movement auf dem Campus des Macalester College in Saint Paul. Gut einen Kilometer entfernt war der Pegel des Mississippi so hoch wie selten zuvor, da Minnesota gerade wie rund ein Dutzend weitere Bundesstaaten im Mittleren Westen von einem beispiellosen Frühjahrshochwasser heimgesucht wurde.

Die meisten Anwesenden waren ältere Leute aus der Nachbarschaft. In der ersten Stunde waren alle Redner Studierende. Es war eine Art generationenübergreifender Wissens- und Erfahrungsaustausch.

Einer der ersten Redner im Hörsaal war Dakota McKnight, ein Erstsemester, der über seine Ängste und sein beständiges Gefühl der Hilflosigkeit angesichts der Nachrichten, »die Zivilisation könnte zu unseren Lebzeiten zusammenbrechen«[74], sprach.

Als ich mich bei diesen Worten im Saal umsah, bemerkte ich, dass mehrere Köpfe unterschiedlichen Alters nickten.

»Es ist nicht zu spät. Euer Leben ist nicht wertlos«, sagte McKnight. Nachdem er im vorigen Herbst an der Sitzblockade vor Pelosis Büro teilgenommen habe, »empfand ich zum ersten Mal seit Langem Hoffnung. Dank dieser Hoffnung schaffe ich es, die Angst zu bewältigen.«

Der Green New Deal an sich ist eine Botschaft aus der Zukunft. Auf einer Folie ihrer PowerPoint-Präsentation versprachen die Organisatoren der Veranstaltung, dass diese Generation eine neue Phase der Humanität einläuten werde: »Wir werden aus lauter Liebe zerstören und aus lauter Wut erschaffen. Wir können das Unvorstellbare bewerkstelligen.«[75]

Später folgte eine Rede von Christie Manning, einer Umweltpsychologin vom Macalester College, die den Zuhörern erklärte, in einer Welt, in der die überwiegende Mehrheit der gewählten Volksvertreter und anderer gesellschaftlicher Eliten die Klimabewegung zwar insgeheim befürworte, offiziell aber jegliches Handeln verweigere, seien soziale Bewegungen wie das Sunrise Movement ihren Forschungen zufolge dazu prädestiniert, einen schnellen Wandel herbeizuführen. Die effektivste Möglichkeit, um diese Dissonanz zu durchbrechen, sei das Geschichtenerzählen, weil es das Problem auf die persönliche Ebene hole. So wirke es greifbarer, was konkrete Auswirkungen auf die im Gehirn ablaufenden chemischen Prozesse habe und mit größerer Wahrscheinlichkeit Empathie auslöse. »Eure Geschichten können die Diskussion verändern«, sagte Manning. »Das ist unangenehm, doch genau das wird von uns verlangt. Sprecht, und sprecht öffentlich mit euren Freunden und den Menschen an der Macht.«[76]

Als ich nach Hause fuhr, war ich überzeugter denn je von der Kraft der Erzählung und der Vorstellung, dass das Geschichtenerzählen eine effektive Strategie sein könnte, gleichzeitig einfach und radikal.

Prakash meinte zu mir, dass das Sunrise Movement zum Teil deshalb so wichtig sei, weil es in den Vordergrund rücke, welche Forderungen People of Color und direkt vom Klimawandel betroffene Menschen stellen. »Manche Leute rufen nach einer Kohlendioxidsteuer, mit der unsere Emissionen aber bis 2040 nicht um vierzig Prozent sinken. Die Forderung ist in Ordnung, aber man muss bedenken, wen man im Stich lässt, wenn man so etwas verlangt. Viele People of Color haben nicht den Luxus, so etwas fordern zu können. Das ist keine Sache, die gerade realistisch ist, weil diese Gemeinschaften sonst untergehen. Deshalb war die Ansage ›1,5 Grad, um zu überleben‹ so ein Schlachtruf auf vielen UN-Klimakonferenzen. Es klingt wie eine Selbstverständlichkeit, aber ich glaube, es hat etwas wirklich Radikales, zu sagen, dass unsere Wirtschaft, unsere Regierung den Menschen, und zwar allen Menschen, dienen sollte. Wenn wir das tatsächlich als selbstverständlich annehmen würden, dann würden wir ganz andere politische Entscheidungen treffen, ganz andere Forschungen betreiben, ganz anderen Wirtschaftswissenschaftlern vertrauen. Ich halte das für absolut grundlegend.«[77]

Auch die Lösungen stammen vor allem von People of Color, und das macht sie revolutionär.

»Es kommt vor, dass diese Ideen behandelt werden, als wären sie etwas ganz Neues. Dabei existieren sie schon seit Langem. Indigene Gemeinschaften haben schon lange so gehandelt und sind so mit der Erde umgegangen, bevor die Auswirkungen der Kolonialisierung vieles zerstört haben. Kooperative Wirtschaftssysteme, die auf Gegenseitigkeit beruhen, entstanden im Zusammenhang mit der Bürgerrechtsbewegung, vor allem als Reaktion auf den Mangel an Ressourcen und Unterstützung, mit dem Schwarze seit dem Ende des amerikanischen Bürgerkriegs klarzukommen haben. Vieles davon hat damit zu tun, warum wir überhaupt fordern, was wir fordern.«

Der Green New Deal mit seinem Aufruf zu einer historischen Transformation – und das im Krisentempo – könnte bedeuten, dass in den USA plötzlich eine neue Ära der verantwortungsbewussten Klimapolitik anbrechen könnte, »eine neue nationale, soziale, industrielle und wirtschaftliche Mobilisierung, wie wir sie seit dem Zweiten Weltkrieg nicht mehr erlebt haben«[78], wie es in der im Kongress vorgelegten Resolution hieß.

Geplant ist, innerhalb von zehn Jahren dafür zu sorgen, dass »100 Prozent des Energiebedarfs in den Vereinigten Staaten aus sauberen, erneuerbaren und emissionsneutralen Energiequellen« gedeckt werden, unter Gewährleistung eines »gerechten Übergangs für alle Gemeinden und Arbeiter«. Das kratzt wahrscheinlich an den Grenzen der technischen Machbarkeit, selbst wenn man das Schlupfloch »emissionsneutral« miteinbezieht, das einen langsameren Komplettausstieg aus den fossilen Brennstoffen erlauben würde.

Einfach formuliert handelt es sich um ein Manifest zur Neustrukturierung der Gesellschaft, damit diese auch im Zeitalter des Klimawandels florieren kann. Der Green New Deal würde »systemische Ungerechtigkeiten« in stark betroffenen und gefährdeten Bevölkerungsgruppen durch die Garantie auf einen existenzsichernden Mindestlohnjob, auf Bildung, eine umfassende Gesundheitsversorgung, Wohnraum für alle und die »Wiedergutmachung historischer Unterdrückung« angehen, während gleichzeitig die demokratischen Prinzipien auf der lokalen Ebene gestärkt werden sollen.

»Meiner Meinung nach handelt es sich um einen ganz besonderen Augenblick«, sagte Ocasio-Cortez am Tag, an dem der Green New Deal vorgestellt wurde. »Wir haben die Verantwortung … zu zeigen, wie ein anderes Amerika aussieht.«[79]

Zur Finanzierung wären vermutlich Billionen Dollar nötig – die zur Verfügung ständen, wenn man einfach dafür sorgte, dass die Reichen die Steuern zahlen, die sie dem Staat ohnehin schulden –, doch der Prozess könnte mit einer Umstrukturierung der US-Wirtschaft einhergehen, die deutlich weniger Ungleichheit mit sich bringen würde. Umfragen zu frühen Entwürfen des Plans ergaben eine überwältigende Zustimmung in der Bevölkerung, sogar unter Anhängern der Republikaner. Es besteht eine echte Chance, dass dies das politische Gerüst ist, das uns die Zukunft bringt, die wir brauchen. Im Zusammenhang mit der aktuellen Krise unseres Planeten und dem langen Ringen der USA, sich dem Klimawandel auf produktive Weise zu stellen, kann dieses Vorhaben nur als Investition in die Zukunft unseres Landes gesehen werden, als Investition in die Stabilität der Erde und das Überleben der Zivilisation.

Jetzt liegt es in unserer Hand. Wir müssen tun, was auch immer nötig ist, denn dies ist unsere letzte und zugleich beste Chance auf die Welt, von der wir abhängen und die wir brauchen.

WIE KÖNNTE DIE GESCHICHTE VON HIER AUS WEITERGEHEN?

Zu Beginn eines neuen Jahrzehnts bietet sich uns also die beängstigende und flüchtige Gelegenheit, unsere Welt neu zu gestalten. Eine rasch wachsende gesellschaftliche Bewegung nimmt die jüngsten wissenschaftlichen Erkenntnisse sehr ernst und arbeitet strategisch an einer revolutionären Vision. Chenoweths Untersuchung ergibt, dass ein radikaler Wandel leichter zu erreichen ist, als die meisten Menschen glauben: Ihre 3,5-Prozent-Regel, die sich über Jahrzehnte hinweg in Dutzenden Ländern auf der ganzen Welt belegen lässt, besagt, dass eine friedliche Massenbewegung in den USA erfolgreich wäre, wenn nur elf Millionen Menschen aktiv mitmachten. Die Saat für diese Revolution ist bereits ausgebracht. Im September 2019, am Tag der bisher größten Klimademonstrationen aller Zeiten, wurde Neuseeland zum ersten Land, das die 3,5-Prozent-Marke erreichte.[80] Wochen später unterschrieb die Premierministerin des Landes eines der ehrgeizigsten nationalen Klimavorhaben der Welt.[81]

Eine Kultur des radikalen Wandels ist kein Best-Case-Szenario, sondern das, was absolut notwendig ist, damit die Erde weiter bewohnbar bleibt. Irgendwie muss sich alles, was wir kennen, verändern, und das in einer Geschwindigkeit, die die meisten von uns im Augenblick gar nicht erfassen können.

Wenn so viel auf dem Spiel steht, ist Aufgeben keine Option. Also können wir uns genauso gut zusammensetzen und uns eine bestechende, durch und durch gerechte Welt ausmalen, die wir mit Freuden herbeiführen würden. Das versuche ich in diesem Buch: Ich umreiße, wie diese Veränderungen aussehen könnten, Jahrzehnt für Jahrzehnt, bis wir eine Welt geschaffen haben, die wirklich aufblühen kann.

Dieses Buch ist in drei Kapitel aufgeteilt: die 2020er-, die 2030er- und die 2040er-Jahre. In jedem Kapitel unternehme ich einen Ausflug in die Zukunft und berichte, wie es sich anfühlt, Teil des radikalen Wandels zu sein, der laut den Wissenschaftlern nötig ist, um das Klima stabil zu halten. Was ich beschreibe, beruht auf der Auswertung zahlloser wissenschaftlicher Studien und Dutzenden Interviews mit Leuten, die den Klimawandel weltweit an vorderster Front erleben. Ich habe mich bemüht vorauszusehen, wie die physikalischen Gegebenheiten der Meere, des Landes und der Atmosphäre für uns und gegen uns arbeiten könnten. Und vor allem habe ich versucht zu zeigen, inwieweit das, was wir tun müssen, nicht nur eine Frage der Wissenschaft ist – es geht auch darum, wieder zu lernen, füreinander zu sorgen. Dieses Buch bietet ein Beispiel dafür, wie es aussehen könnte, wenn wir es schaffen.

Zu Beginn der 2020er-Jahre wächst die Erkenntnis, dass keine andere Wahl bleibt, als eine bessere Welt zu fordern. Die Menschheit ist mit der Auslöschung konfrontiert und beschließt, stattdessen aufzublühen.

Die Strategie ist einfach. Wenn die Bewegung sich ausweitet, weil man Menschen miteinbezieht, die bisher systematisch ausgeschlossen wurden, sind radikale Taten gegen den Klimawandel zunehmend unvermeidbar. Aber das bedeutet nicht, dass es keinen Gegenwind gäbe. Wir erleben eine gefährliche Eskalation der Rhetorik. Alles ist möglich. Inmitten der politischen, wirtschaftlichen und ökologischen Ungewissheit findet ein Ansturm auf Macht und Kontrolle statt. Das Erstarken nationalistischer, populistischer und rassistischer Ideologien hat bereits eine dystopische Reaktion hervorgerufen, die von manchen als Ökofaschismus bezeichnet wird. Sie tritt für das Schließen von Grenzen und eine Verschärfung der Ungleichheit ein, was zu zunehmender Verzweiflung führt. Vertreter der politischen Mitte und ihre Anhänger sind de facto zu Verfechtern des Status quo geworden. Schließlich ist es das auf Wachstum ausgerichtete Establishment, das uns gemeinsam mit der Wirtschaft und der Industrie überhaupt in diese Situation gebracht hat.

Die einzige moralisch und ethisch angemessene Antwort darauf besteht darin, ein ganz neues System zu schaffen.

Diejenigen, die für Klimagerechtigkeit kämpfen, haben natürlich die Wissenschaft auf ihrer Seite. Einige der Wege, die der Weltklimarat im Sonderbericht 2018 für das Jahrzehnt ab 2020 entwarf, könnten geradewegs aus dem Manifest für eine sozialistische Utopie stammen. Ob bedingt durch die Ausbreitung der Erkenntnis, dass wir füreinander verantwortlich sind, oder durch eine alarmierend schnelle Verschlimmerung des Klimawandels – die 2020er-Jahre werden ein Jahrzehnt rascher, radikaler Veränderungen sein.

Das »Best-Case-Szenario« des Weltklimarates für dieses Jahrhundert sieht ab den 2020er-Jahren »eine starke Beteiligung aller großen Weltregionen auf Staats-, Landes- und/oder Städteebene«[82] vor, was in der Folge zu einem schnellen Abschied von Fahrzeugen mit Verbrennungsmotor und einem massiven Ausbau der Nutzung von Bioenergie aus landwirtschaftlichen Abfällen, Algen und Seetang zugunsten der CO_2-Speicherung führt. Auf Ökosysteme ausgerichtete Wirtschaftspraktiken, umfassende Wiederaufforstungen und ein allgemeiner Stimmungswandel resultieren in mehr pflanzlicher Ernährung und Städten, in denen das Leben im Zusammenspiel mit der Natur stattfindet, nicht getrennt von ihr.

Daneben enthält der IPCC-Bericht auch ein Worst-Case-Szenario: In den 2020er-Jahren passiert nicht viel. Wenn die Länder der Welt ihre Versprechen nicht einhalten oder das Thema Klimaschutz aus der Mode gerät, wird die Welt am Ende des Jahrhunderts »nicht mehr wiederzuerkennen«[83] sein. Die Details, die der Weltklimarat dazu aufführt, sind furchteinflößend: »Dürren oder Belastungen für die Wasservorräte machen die Landwirtschaft in manchen Regionen wirtschaftlich untragbar ... Es kommt zu großen Auseinandersetzungen. Fast alle Ökosysteme erleiden irreversible Schäden, die Aussterberate ist in allen Regionen hoch, Waldbrände eskalieren und die Biodiversität nimmt stark ab ... Diese Verluste verschärfen die Armut und mindern die Lebensqualität. Für viele indigene und ländliche Bevölkerungsgruppen ist das Leben in der angestammten Heimat unmöglich. Der Rückgang des westantarktischen Eisschilds beschleunigt sich, was zu einem rascheren Anstieg des Meeresspiegels führt. Die Bewohner mehrerer kleiner Inselstaaten geben die Hoffnung auf, in ihrer Heimat zu überleben, und sind darauf angewiesen, von der zunehmend fragmentierten Weltgemeinschaft aufgenommen zu werden ... Der allgemeine Gesundheitszustand und das Wohlbefinden der Menschen sind im Vergleich zum Jahr 2020 deutlich schlechter geworden, ein Trend, der sich in den folgenden Jahrzehnten fortsetzt.«[84]

So oder so sind die 2020er-Jahre von entscheidender Bedeutung für unser aller Zukunft in den kommenden Jahrhunderten.

Unabhängig davon, was in den nächsten dreißig Jahren passiert, müssen wir Antworten auf die grundlegenden Fragen finden, wie wir eine bessere Welt verwirklichen wollen. Wir brauchen detaillierte Pläne, die eine Vielzahl von Stimmen aus allen Ecken der Welt einbeziehen. Wir haben nur diesen einen Versuch.

- Wie werden wir die Ernährungssysteme der Welt neu gestalten?
- Wie werden wir jedes Haus, jedes Büro und jedes Unternehmen auf der Welt umrüsten?
- Wie werden wir unsere Städte umbauen, um sicherzustellen, dass sie extremere Wetterereignisse aushalten?
- Wie denken wir den Transport neu, in einer Welt, in der der rasche Ausstieg aus den fossilen Brennstoffen bevorsteht?
- Wie werden wir unsere Demokratien reformieren, um zu gewährleisten, dass es gerecht und gleichberechtigt zugeht und Rücksicht auf alle genommen wird, vor allem auf historisch unterdrückte Bevölkerungsgruppen?
- Wie werden wir die Weltwirtschaft umgestalten, damit sie auf erneuerbare statt auf nichterneuerbare Rohstoffe setzt?
- Wie können wir all das so schnell wie möglich vorantreiben – gegen die mächtigste Industrie der Menschheitsgeschichte und ihre Verbündeten auf höchster politischer Ebene?

Dieses Buch zu schreiben war irgendwie befreiend. Mir fällt es jetzt leichter, auf die Zukunft ausgerichtete Entscheidungen zu treffen: aufs Fliegen zu verzichten, mit dem Rad zur Arbeit zu fahren, meine Kinder größtenteils vegan großzuziehen und ihnen beizubringen, die Folgen ihres Handelns zu bedenken.

Die Forschungsergebnisse zum Klimawandel sind brutal und unerbittlich. Den CO_2-Gehalt in der Erdatmosphäre wieder auf 350 ppm herunterzufahren, was mit heutigen Technologien vielleicht nicht einmal machbar ist, ist nicht das richtige Ziel. Der Klimaaktivismus strebt keine ideologische Reinheit an und ist auch nicht darauf aus, die Sünden der vorherigen Generationen auszuradieren; er möchte sicherstellen, dass zukünftigen Generationen eine Welt hinterlassen wird, die nicht am Abgrund steht. Das Ziel ist nicht Aktivismus, sondern Überleben. Ohne ein wirklich radikales Umdenken in der Art und Weise, wie wir miteinander umgehen, wird es zu meinen Lebzeiten keine bessere Welt geben. Und wenn das nicht zu meinen Lebzeiten passiert, ist es fast sicher, dass die zukünftigen Generationen keine weitere Chance erhalten. Basierend auf der Wissenschaft gehe ich in meiner Arbeit immer davon aus, dass ein radikaler Wandel heute unvermeidlich ist.

In letzter Zeit habe ich Liebesbriefe an die Zukunft geschrieben. Echte Briefe, adressiert an Menschen, die mir nahestehen, in denen ich hemmungslos idealistisch bin. Dabei habe ich gelernt, dass ich das doch kann. Die kommenden Jahrzehnte werden sich anfühlen wie frisch verliebt – man schiebt alles beiseite, was man zu wissen glaubte, und vertraut darauf, dass man an einen völlig anderen Ort gelangt, an den man es allein nie geschafft hätte.

Wir stehen an einem einzigartigen und fragilen Punkt in der Geschichte der Menschheit: Unsere Zukunft hängt gleichzeitig von den Handlungen anderer und von unseren persönlichen Alltagsentscheidungen ab. Diese Tatsache verlangt von uns, zusammenzukommen und aufeinander einzugehen – für unser eigenes Überleben und den Fortbestand des Lebens, wie wir es kennen.

Wie würde diese Welt denn nun aussehen, die Welt, in der wir unsere Zukunft zurückgewinnen?

Dieses Buch ist mein Beitrag zu einer radikalen Vision der Erde der Zukunft. Es ist mein Liebesbrief an die Welt. Und es ist meine Einladung an Sie, Ihre eigenen revolutionären Liebesbriefe zu schreiben. Ich hoffe, dass die Debatte, wie bei allen Revolutionen, lange, lange andauern wird.

TEIL 2

2020 – 2030

KATASTROPHALER ERFOLG

Ich habe ein Video mit dem Handy aufgenommen, weil ich glaubte, jetzt sei es mit uns allen vorbei. Ich habe gefilmt und das Handy zusammen mit meinem Ausweis und meinem Portemonnaie in einen wasserdichten Beutel gesteckt. Ich dachte: »Das schwimmt oben, und irgendjemand wird es finden.« Ich wollte eine Vorstellung davon vermitteln, wie sich der Sturm angefühlt hat. Meine Überlegung war nicht: Wenn wir das hier filmen, bekommen es mehr Leute zu sehen. Ich habe nicht zu viel darüber nachgedacht, wie es aufgenommen werden würde, sondern nur: Lass mich den Leuten eine Vorstellung davon vermitteln, was hier gerade los ist.
Ich fürchtete, dass alles möglich war.[85]

– John »Junior« Rulmal berichtet, wie der Taifun Maysak 2015 auf seine Heimatinsel Ulithi (Föderierte Staaten von Mikronesien) traf.

Die ersten menschlichen Bewohner der Marshall-Inseln waren Mikronesier, die dank genauer Kenntnisse der Wind- und Wetterverhältnisse zwischen weit entfernten Inseln im Pazifik hin- und herfuhren. Sie zählten zu den besten Seeleuten aller Zeiten, mit einem unglaublichen Gespür für den Wind und das Meer. Durch ihr umfassendes Wissen über die Welt um sie herum gelang es ihnen, unter widrigsten Umständen ein gutes Leben zu führen. Heute, mehr als ein Jahrtausend später, hat sich das Wetter zum Feind ihrer Nachkommen entwickelt.

Da sie seit Tausenden Jahren auf diesen Korallenriffen verwurzelt sind, die an einigen Stellen nur wenige Meter breit sind, weigern sie sich, einfach beiseitegeschoben oder vergessen zu werden. Was sie gerade erleben, bringt einst undenkbare Fragen auf: Was müsste passieren, damit man den Ort verlässt, den man als Heimat bezeichnet? Und was bedeutet es, wenn man den Ort verliert, an dem die Vorfahren gelebt haben – den Ort, der die eigene Identität bestimmt? Was bedeutet das Wissen, dass die Heimat ausgelöscht wird? Was bedeutet es, wenn man sich dafür entscheidet, trotzdem zu bleiben und zu kämpfen?

Das auf halbem Weg zwischen Hawaii und Australien gelegene Mikronesien – trotz seines Namens ist dieses Stück Ozean doppelt so groß wie die USA – umfasst die Marshall-Inseln, Palau, Kiribati, Nauru, die Föderierten Staaten von Mikronesien und drei Außengebiete der USA: die Nördlichen Marianen, Guam und das Atoll Wake. Diese Staaten und Gebiete nehmen insgesamt nur gut 2500 Quadratkilometer Land ein, was etwa der Größe des Saarlands entspricht. (Ein Viertel davon entfällt auf die Hauptinsel Guam, die größte Landmasse Mikronesiens, die etwa so groß ist wie Chicago.) Auf den zweitausend Inseln, die in der gewaltigen Weite des Ozeans versprengt liegen, leben rund eine halbe Million Menschen.

Doch die Marshall-Inseln sind kein kleiner Inselstaat, sondern ein großer Ozeanstaat. Direkt vor der Küste bilden die Riffe der Inseln einen der produktivsten und artenreichsten Wasserlebensräume der Erde. Die 29 Korallenatolle des Staates umfassen 1156 einzelne Inseln, die sich in einem Bereich des Pazifiks erstrecken, dessen Ausdehnung der doppelten Entfernung zwischen Kiel und München entspricht – ein ozeanischer Superkontinent. Die Inseln ragen maximal zehn Meter, ein Großteil von ihnen aber nicht einmal zwei Meter aus dem Wasser – und genau um diesen Wert wird der Wasserspiegel der Weltmeere Berechnungen zufolge bis zum Ende des Jahrhunderts ansteigen.

Es ist nicht das erste Mal, dass die Marshall-Inseln vor der Zerstörung stehen. Nur eine Lebensspanne zuvor, während des Kalten Krieges, dienten sie als Zielübung für US-amerikanische Atomwaffen. Auf der Insel Runit ragt immer noch eine Schutzkuppel auf, die das radioaktive Material für Jahrhunderte von den nahe gelegenen Fischgründen fernhalten soll. Doch auf einen Anstieg des Meeresspiegels ist sie nicht ausgelegt.

Die Marshall-Inseln waren schon lange das Epizentrum einer weltweiten Widerstandsbewegung, schon vor den erfolgreichen Bemühungen des Staates, die Welt auf der Klimakonferenz 2015 in Paris davon zu überzeugen, eine Beschränkung der Erderwärmung auf 1,5 Grad anzustreben.

Der ansteigende Meeresspiegel und die Zunahme an Extremwetterereignissen haben einige Bewohner des Pazifiks dazu gebracht, sich selbst und ihre Heimat mit anderen Augen zu sehen. Sie hoffen darauf, dass wirklich radikales Handeln ausreichen könnte, um die Zeit zurückzudrehen und einige der bereits angerichteten Schäden wieder zu beheben.

Als der Taifun Haiyan 2013 durch den tropischen Pazifik fegte, brachte er ein neues Zeitalter mit sich. Bevor er auf die Philippinen traf, zog er über Mikronesien hinweg und näherte sich der winzigen Insel Kayangel in Palau bis auf acht Kilometer. Bei einem tropischen Wirbelsturm herrschen die höchsten Windgeschwindigkeiten direkt um sein Zentrum, das »Auge«, ein wolkenfreier Bereich von nur wenigen Kilometern Durchmesser, in dem die Luft absinkt, während drumherum ein Ring aus heftigen Gewittern wütet. Als Haiyan Kayangel passierte, waren die Winde dort so stark, dass die Insel vollends verwüstet wurde. Ari Daniel, ein Reporter für das Solutions Journalism Network, sagte, dass vier Familien den Sturm überstanden hätten, weil sie sich in den einzigen betonummauerten Ort auf der Insel gedrängt hatten: den Toilettenraum des Krankenhauses.[86] Nachdem der Sturm vorbei war, brachten die lokalen Behörden alle 138 Einwohner für mehrere Monate von der Insel, um die Schäden zu beheben. Haiyan war ein Supersturm – der stärkste tropische Taifun, der in der Geschichte der Wetteraufzeichnungen je auf Land getroffen war. Er erreichte eine andauernde Windgeschwindigkeit von geschätzt 315 Stundenkilometern – und ich schreibe »geschätzt«, weil keine Wetterstation diesen Kräften etwas entgegenzusetzen hatte. Die Zahl ergibt sich aus den Daten, die Wettersatelliten für die Temperaturen der obersten Wolkenschicht des Taifuns ermittelt haben – ein Stellvertreterwert für die Urgewalt des Sturms (größere Wirbelstürme bringen stärkere Winde und geben aus dem All betrachtet ein kälteres Bild ab). Haiyan übertraf die üblichen, auf Satellitenmessungen basierenden Einstufungen; seine Kräfte überstiegen den theoretischen Maximalwert, den die Meteorologen bei ihrer Entwicklung der Skala für einen tropischen Wirbelsturm festgelegt hatten. Legt man das fünf Kategorien umfassende Klassifikationssystem zugrunde, das in den USA bei Hurrikans angewendet wird und das Stürme nach ihren maximalen Windgeschwindigkeiten einordnet – dieser Wert lässt sich am besten messen, weil Niederschlag und Flutwellen lokal sehr unterschiedlich ausfallen können –, wäre Haiyan ein Wirbelsturm der Kategorie sechs gewesen.

Haiyan veränderte das Landschaftsbild der Region enorm. Direkt nach dem Sturm sprach die BBC von einem »Ödland aus Schlamm und Trümmern«[87]. Der führende Klimadiplomat der Philippinen, Naderev (Yeb) Saño, befand sich zu der Zeit in Warschau beim alljährlichen Treffen der Politiker, die ein globales Abkommen erarbeiten wollten, um das menschliche Eingreifen ins Klimasystem zu beschränken. In einer emotionalen Rede vor den anderen Delegierten gab sich Saño trotzig: »Möglicherweise haben wir unser eigenes Schicksal ratifiziert«, sagte er. »Wir als Nation weigern uns, eine Zukunft zu akzeptieren, in der Supertaifune wie Haiyan zum Leben dazugehören. Wir weigern uns zu akzeptieren, dass die Flucht vor Wirbelstürmen, das Evakuieren unserer Familien, die Verwüstung und das Elend, das Zählen der Toten zum Leben dazugehören. Wir weigern uns einfach.«[88]

Um es in den Worten des italienischen Philosophen Antonio Gramsci zu sagen: Die Menschen an der vordersten Front des Klimawandels erleben »Pessimismus des Verstandes, aber Optimismus des Willens«. Als Zeichen des Widerstands gegen die langsam mahlenden Mühlen der internationalen Bemühungen trat Saño in einen Hungerstreik und rief so unabsichtlich eine Bewegung ins Leben. Am Ende der dreizehn Tage andauernden Klimakonferenz hatte er Hunderttausende Unterstützer auf der ganzen Welt gewonnen. In Kombination mit der beispiellosen Urgewalt Haiyans und der selbstlosen Worte und Taten Saños rückte die Dringlichkeit der sich verändernden Wetterereignisse in den Vordergrund der Gespräche über den Klimawandel und unseres kollektiven Bewusstseins. Außerdem schuf Saño damit die Grundlage für das allererste globale Klimaabkommen, das zwei Jahre später in Paris beschlossen wurde.

Dieses Abkommen allein wird nicht ausreichen, um den klimabedingten Niedergang von Saños Philippinen oder der Marshall-Inseln zu verhindern. Da die Situation dort so bedrohlich ist und der Meeresspiegel weiter ansteigt, heißt es unter Außenstehenden meistens, dass dies die ersten Staaten sein werden, die dem Klimawandel zum Opfer fallen. In dieser Erzählung werden die Marshall-Inseln und die Philippinen nicht als reale Orte betrachtet; sie sind eine Metapher für die Menschheit selbst, eine Warnung wie aus dem Alten Testament. Einst rein und unverdorben, sind sie ungerechterweise zur Auslöschung verdammt, ein Vorbote schlimmerer Dinge, die noch kommen werden. Ein glückliches Ende ist in dieser Erzählung nicht möglich; das Scheitern ist unvermeidbar, das Schicksal besiegelt, die Staaten fallen den steigenden Fluten anheim.

Die 22 Jahre alte Selina Leem hingegen erzählt die Geschichte ihres Geburtsortes ganz anders. Sie hat mit eigenen Augen gesehen, was auf den Marshall-Inseln passiert. Als sie an der schmalsten Stelle des Majuro-Atolls stand, auf ihrer Heimatinsel, spürte sie, wie sich das Wasser mit einem ganz neuen Nachdruck um sie herum sammelte.

Eines Nachmittags während eines starken Sturmes schaute sie zufällig aus dem Fenster und sah, wie die Wellen über die Gräber ihrer Großeltern schlugen – das war das erste Mal, dass sie sich vom Meer persönlich beleidigt fühlte. In dem Augenblick wusste sie, dass sie nicht länger schweigen konnte.

»Ich dachte ständig daran, dass sich die ganze Welt gegen uns verschworen hat, dass wir nichts dazu beigetragen haben und trotzdem diejenigen sind, die leiden«, erzählte mir Selina. »Ich war wirklich wütend darüber, wie blind und ignorant der Rest der Welt war. Wir müssen erst einmal irgendwie zu den anderen Ländern durchdringen, um sie dazu zu bringen, etwas zu tun.«[89] Konfrontiert mit dieser unmöglichen Aufgabe wurde Selina rasch zu einer führenden Stimme der Moral auf einem sich rasant verändernden Planeten.

Wenn wir als Bewohner der reichen Länder überhaupt einmal an Mikronesien denken, stellen wir uns die wärmer werdenden Ozeane und die zunehmenden Extremwetterereignisse als etwas vor, das Menschen widerfährt, die nicht über die Stimme oder die Macht verfügen, um über ihr eigenes Schicksal zu entscheiden. Selina weiß es besser. Ihr ist bereits klar, was jeder auf der Erde so rasch wie möglich erkennen muss: dass wir uns in einem Zeitalter befinden, in dem wir durch die Veränderungen in der Atmosphäre alle miteinander verbunden sind, und dass dieser gemeinsame kulturelle Augenblick bereits jetzt von einer Dualität von Leben und Tod geprägt ist. Durch unsere tagtäglichen Handlungen verändern wir die Lebensbedingungen der kommenden Generationen – zum Guten und zum Schlechten. Dieses Wissen könnte ein ganz neues Verständnis dessen bewirken, was es bedeutet, auf diesem Planeten zu leben.

Als achtzehnjährige Delegierte der Marshall-Inseln beim Pariser Klimagipfel 2015 beobachtete Selina, wie die Welt über Formulierungen und Sätze diskutierte, die über den Fortbestand ihrer Heimat noch in ihrer Lebensspanne entschieden. Als sich die Konferenz dem Ende entgegenneigte, kam es zu Spannungen zwischen den USA und China – den beiden Nationen mit dem größten CO_2-Ausstoß –, und Dutzende der am schwersten betroffenen Länder fanden sich spontan zu einem losen Bündnis zusammen, um in letzter Minute zu verhindern, dass die Gespräche scheiterten. Tony deBrum, der damalige Außenminister der Marshall-Inseln und Leiter der Delegation seines Landes, versammelte eine »Koalition der Ehrgeizigen«[90]. Unter seiner Führung erreichte die Koalition letztendlich ein stärkeres Abkommen, als irgendjemand erwartet hätte. Das Ergebnis des Pariser Klimagipfels war die erste weltweite Übereinkunft, die Emissionen zu reduzieren, die eine Zunahme der Extremwetterereignisse und einen Anstieg der Meeresspiegel auslösen.

In Paris bat deBrum Selina, ihre Geschichte zu erzählen – und für den Fortbestand ihrer Heimat zu plädieren. Darauf ging Selina in ihrer Rede ganz offen ein. Nachdem sie sich den Dutzenden Staatsoberhäuptern sowie den Delegierten aus 196 Ländern als ein »kleines Inselmädchen mit großen Träumen«[91] vorgestellt hatte, unterstrich sie die Verletzlichkeit ihrer Heimat, indem sie beschrieb, wie sie auf dem Atoll steht, auf dem sie aufwuchs: »Links von mir ist Wasser, rechts von mir ist Wasser. Ich bin von Wasser umgeben.« Sie sagte, dass sie zum ersten Mal Angst vor dem Wasser bekam, als ihr Großvater ihr im Alter von sechs oder sieben Jahren vom Schmelzen der Polkappen erzählte, was ihr zu der Zeit wie eine Gruselgeschichte vorkam.

»Manchmal muss man die Welt auf den Kopf stellen, wenn man etwas verändern will«, sagte Selina. »Dieses Abkommen sollte der Wendepunkt unserer Geschichte sein, ein Wendepunkt für uns alle.«

Während Selina sprach, hielt sie einige Stränge eines Kokosblattes hoch. »Das Kokosblatt, das ich im Haar trage und in der Hand halte, stammt von den Marshall-Inseln. … Ich hoffe, dass Sie es aufbewahren, es Ihren Kindern und Enkeln zeigen und ihnen eine neue Geschichte erzählen, darüber, wie sie heute einer kleinen Insel und der ganzen Welt geholfen haben.«

Obwohl Selina zu der Zeit noch sehr jung war, sprach sie mit der glühenden Weisheit eines Menschen, der bereits zu viel gesehen hat. Als das Meer immer zorniger und fordernder wurde, erging es Selina ebenso – und mit ihr Millionen weiteren Inselbewohnern auf der ganzen Welt, die sich weigerten, einfach zuzuschauen, wie der Ozean ihre Heimat verschlang.

»Wenn wir unsere Inseln verlieren müssen, kämpfen wir jetzt nicht mehr nur für die Marshall-Inseln; wir kämpfen für den Rest der Welt. Ich habe mittlerweile erkannt, dass die

Marshall-Inseln nicht das einzige Land sind, das schwer unter dem Klimawandel leidet. Es gibt viele weitere Menschen, viele weitere Länder, viele weitere Gemeinschaften auf der ganzen Welt, die ebenfalls betroffen sind«, sagte mir Selina. »Wir führen diesen Kampf also nicht nur für uns selbst, sondern auch für diese anderen Menschen.«[92]

Als sie aus Paris nach Hause zurückgekehrt war, erhielt sie eine Flut von Reaktionen aus aller Welt. Manche waren extrem negativ, andere taten ihre Befürchtungen ab – auch wenn sie sich als Unterstützer ausgaben. Eine Person schrieb, sie sei zwar ebenfalls der Meinung, dass die Welt etwas gegen den Klimawandel tun müsse, um ihre Insel zu retten, doch »wir können es uns einfach nicht leisten«[93]. Bei einer Veranstaltung in Kanada wenige Monate später verkündete die Frau, die Selina vorstellte, dass viele der Flaggen, die auf der Bühne zu sehen waren, in den nächsten Jahren verschwinden könnten. Die Menge nickte schweigend.

Selina war schockiert. »Das traf mich wie ein Schlag. Ich dachte, wow, der Rest der Welt verabschiedet sich schon von uns. Ich lehnte mich zurück und überlegte: *Was bringt mein Einsatz eigentlich? Welche Rolle spielen wir Marshaller und wir Inselbewohner, die wir herumlaufen und der Welt erzählen, dass wir unsere Inseln erhalten wollen?* Denn die Reaktion der Frau und des Publikums machten ziemlich deutlich, dass sie alle bereits stillschweigend akzeptiert hatten, wie es kommen würde. Egal, was wir tun, die Inseln werden verschwinden. In Augenblicken wie diesem will ich einfach losbrüllen und mit dem Finger auf Leute zeigen. Wie viele Menschen haben schon auf der Bühne gestanden, auf der ich jetzt stehe? Wie viele Leute werden hier noch in Tränen ausbrechen und mit ihrem Flehen auf taube Ohren stoßen? Wir sind noch nicht bereit, uns zu verabschieden.«[94]

Sie weigern sich einfach, ausradiert zu werden.

Aber die Stürme setzen den Küsten der Inseln immer weiter zu, sie zerstören die Saumriffe und die Wälle, die die Gräber von Selinas Vorfahren schützen. In den Wellen spürt Selina eine tiefe Verbundenheit zum Rest der Welt. Sie erkennt darin die Gesichter der ersten Kohlebarone und Erdölsucher. Sie sieht die verstopften modernen Autobahnen und die rauchenden Fabrikschornsteine in weit entfernten Städten, die sie wahrscheinlich niemals besuchen wird. Sie sieht Ihr Gesicht und meines – die Gesichter von Menschen, die mit den Vorzügen einer von fossilen Brennstoffen angetriebenen Wirtschaft aufgewachsen sind, aber noch nie von Selinas Inseln oder der Angst und Nervosität gehört haben, die der Anstieg des Meeresspiegels bei ihren Freunden und Verwandten auslöst. Es ist, als wäre es der Wille der gesamten Erde, der mit jeder Flut mehr Wasser an die Küsten spült – eine wässrige Botschaft der Verachtung.

In Paris fasste Selina in Worte, was alle dachten: *Wenn die Welt einen Weg einschlägt, der im Grunde die Existenz ganzer Nationen zur Verhandlungsmasse erklärt, wo ziehen die zukünftigen Staatenlenker dann die Grenze?* Ihre Worte waren klar: »Dieses Abkommen ist für diejenigen von uns, deren Identität, deren Kultur, deren Vorfahren, deren ganzes Sein an ihr Land gebunden sind. … Wenn dies eine Geschichte über unsere Inseln ist, ist es eine Geschichte für die ganze Welt.«[95]

Für einige der Anwesenden war Selinas Rede der denkwürdigste Augenblick dieses historischen Treffens. Sie erhielt stehende Ovationen.

In den Wochen vor dem Klimagipfel traf ein grausames Foto eines kleinen syrischen Jungen, der beim verzweifelten Versuch seiner Familie, einem albtraumhaften Krieg zu entfliehen, ertrunken an einem Strand in der Türkei lag, die ganze Welt wie ein Schlag in die Magengrube. Es war eine zutiefst persönliche, tragische und wirksame Ohrfeige für diejenigen, die der mittlerweile größten erzwungenen Fluchtbewegung seit dem Zweiten Weltkrieg bisher wenig Beachtung geschenkt hatten.

Eine Vielzahl von Studien hat ergeben, dass die Krise in Syrien zum Teil durch Ernteausfälle und Misswirtschaft nach einer der schlimmsten Dürren seit Jahrzehnten ausgelöst wurde – eine Auswirkung der veränderten Niederschlagsmuster auf einem wärmer werdenden Planeten.[96] Neben dem puren und unmittelbaren Grauen, das einer Flüchtlingskrise, die viele Menschen nur anhand von Statistiken kannten, ein Gesicht verlieh, vermittelte das Foto klar und deutlich, dass nicht nur der steigende Meeresspiegel, sondern auch der Verlust von Anbauflächen zu Umbrüchen in einer Welt führen, in der sich rasch verändernde Wetterbedingungen langsam schwerwiegende Konsequenzen haben.

Das Pentagon warnt, dass veränderte Trockenperioden, Hitzewellen und schmelzendes Eis bereits jetzt eines der größten Sicherheitsrisiken der Erde sind.[97] In manchen Teilen der Welt, etwa in Syrien, hat das zum Ausbruch brutaler Kriege beigetragen und Menschen dazu gezwungen, ihre Heimat, in der sie ihr ganzes Leben verbracht haben, dauerhaft zu verlassen. Der syrische Bürgerkrieg ist für einen großen Teil der aktuellen Massenmigration verantwortlich, doch vielleicht ist das nur der Auftakt: Die Vereinten Nationen schätzen, dass bis Mitte des 21. Jahrhunderts weltweit mehr als 250 Millionen Menschen keine andere Wahl haben werden, als ihre von Umweltkatastrophen bedrohten Heimatregionen zu verlassen, wenn sich nichts ändert.

Kurz nachdem das Foto des syrischen Jungen bekannt geworden war, fand Tony deBrum scharfe Worte für das Schicksal der Nationen, die beim Klimawandel an vorderster Front stehen: »Die Vertreibung ganzer Bevölkerungen und die Zerstörung von Sprachen und kulturellen Traditionen kommt in unseren Augen einem Völkermord gleich.«[98] In den Monaten nach dem Pariser Klimagipfel fasste ein Delegierter von Tonga die Zukunftsaussichten auf den Inseln so zusammen: »In zehn Jahren ertrinken wir. … Bis dahin arbeiten wir.«[99]

In diesem Jahrhundert werden wir planetarische und menschliche Kipppunkte erleben, die eng miteinander verflochten sind. Da das Wetter jetzt politisch ist, hat es eine gesellschaftliche Bewegung hervorgebracht. Statt sich in den Schrecken der existenziellen Veränderungen zu verlieren, auf die sie keinen Einfluss haben, tragen Menschen wie Selina dazu bei, die Marshall-Inseln und andere Länder und Regionen, die stark vom Klimawandel betroffen sind, in Orte des Mutes zu verwandeln. Selinas Rede in Paris deutete auf den Beginn einer weltweiten Machtverlagerung hin: Die mittleren Jahrzehnte des Jahrhunderts werden bestimmt von der moralischen Autorität der Jugend und derer, die den Klimawandel an vorderster Front erleben – und fordern, dass ihre Stimmen gehört werden. Für Selinas Generation geht es hier nicht nur um die Veränderungen beim Wetter und das hartnäckig steigende Hochwasser. Für sie geht es darum, gemeinsam eine neue Welt aufzubauen, die friedlicher, glücklicher und gerechter ist.

***

Die unwiderlegbaren Beweise für den Einfluss des Menschen auf Niederschlag, Temperatur, Meeresspiegel und Bewölkung bedeuten, dass die Erfahrung, heute auf der Erde zu leben, anders ist als in den Hunderttausenden Jahren der Menschheitsgeschichte zuvor und dass sie von den Mächtigen aktiv beeinflusst wird. Unsere alltägliche Realität – und die Chance, als

Menschheit weiterhin gut auf der Erde leben zu können – ist von den Entscheidungen abhängig, die wir als Individuen, als Gemeinschaften und als Gesellschaft im weiteren Sinne treffen. Da sich das Wetter auf fast alles auswirkt, was wir tun, vom Nahrungsmittelanbau über den Transport und das Gesundheitswesen bis hin zur Funktionsfähigkeit unserer Städte, wird die Tatsache, dass das Handeln des Menschen einen starken Einfluss auf das Klima hat, Gewinner und Verlierer hervorbringen. Das Klima ist mehr denn je eine Frage der sozialen Gerechtigkeit. Die Atmosphäre ist jetzt gleichzeitig eine Waffe und ein Quell des Lebens, und wie wir über unsere neue gemeinsame Realität sprechen, wird entweder die Gemeinschaften stärken, die alles zu verlieren drohen, oder das Pendel noch weiter zugunsten derjenigen ausschlagen lassen, die von einer Fortführung des *business as usual* profitieren. Wie bei allen politischen Themen spielt die Sprache eine wichtige Rolle, und die Art und Weise, wie wir über das Klima reden, ist heute wichtiger denn je.

Die internationale Politik hat Klimamigranten lange als ein Problem betrachtet, das es zu regulieren gilt, nicht als eine Bürgerrechtskrise, die Familien in schweren Zeiten ihrer Menschlichkeit beraubt. Offiziell gibt es immer noch keine »Klimawandelflüchtlinge« – die Vereinten Nationen erkennen die Atmosphäre und die Umwelt nicht als einen Faktor an, der Menschen Leid zufügen kann, sodass sie deshalb den Flüchtlingsstatus zugesprochen bekämen.

In einer Rede über das Thema Klima und Migration vor dem UN-Sicherheitsrat skizzierte Michael Gerrard, der Gründer und Leiter des Sabin Center für Climate Change Law an der Columbia University, New York, mögliche Handlungsoptionen nach Artikel 39 in Kapitel VII der UN-Charta. Dieser Artikel lautet: »Der Sicherheitsrat stellt fest, ob eine Bedrohung oder ein Bruch des Friedens oder eine Angriffshandlung vorliegt; er gibt Empfehlungen ab oder beschließt, welche Maßnahmen … zu treffen sind, um den Weltfrieden und die internationale Sicherheit zu wahren oder wiederherzustellen.«[100]

Der Rat, sagte Gerrard, kann einordnen, ob eine klimabezogene Vertreibung eine echte Bedrohung des Friedens darstellt, und wenn ja, Pläne erstellen, wie sich große Flüchtlingsaufkommen minimieren und bewältigen lassen. Als der Rat die umfassenden Risiken des Klimawandels, darunter auch die erzwungene Migration, 2007 zum ersten Mal debattierte, war dem eine kontroverse Diskussion vorausgegangen. Entwicklungsländer befürchteten, dass der Rat ihre Sorgen nicht angemessen darstellen würde. Heute ist es jedoch zunehmend Konsens, dass insbesondere kleine Inselstaaten durch den Klimawandel einer existenziellen Bedrohung ausgesetzt sind und dass der Sicherheitsrat durch einen Aufruf zum Handeln eine Schlüsselrolle spielen könnte. »Diese Bemühungen könnten auch zu einer stärkeren Anerkennung der Tatsache führen, dass wir deutlich mehr tun müssen, um die Folgen einzudämmen«, sagte Gerrard zu mir. »Der Klimawandel bietet dem Sicherheitsrat die Gelegenheit, eine Bedrohung des Friedens proaktiv zu verhindern.«[101]

Gleichzeitig verlangte das Schreckgespenst einer Welt, die unter einer Masse von Klimamigranten zusammenzubrechen droht, dass man sich im Vorhinein damit beschäftigen musste, wie es eigentlich um Sonderrechte für die Vertriebenen, die Pflicht der emissionsstarken Länder, eine Umsiedlung zu erleichtern, und die Durchsetzung dieser Rechte und Pflichten durch die internationale Staatengemeinschaft stand. Obwohl der Ausstoß von Treibhausgasen zweifellos Schäden anrichtet, ist es unmöglich, einem einzelnen Ereignis die Schuld an einer Zwangsmigration zuzuweisen.

Daraus ergibt sich »ein übles Problem«[102], wie Jessica Wentz, Gerrards Kollegin am Sabin Center, mir sagte. Ihrer Meinung nach erklärt das zumindest teilweise, warum die internationale Staatengemeinschaft so zögerlich ist, wenn es darum geht, das Thema aufzugreifen. Wentz glaubt, dass ein neuer Schutzstatus, der speziell auf Umweltflüchtlinge zugeschnitten wäre, die Rechte der Menschen sichern könnte, die in der Zukunft vom steigenden Meeresspiegel oder von heftigen Dürren aus ihrer Heimat vertrieben werden. Ein solcher Schutzstatus könnte nach einer klimabedingten Naturkatastrophe oder einer langsam voranschreitenden Entwicklung wie dem Anstieg des Meeresspiegels den Weg zur Staatsbürgerschaft in einem anderen Land erleichtern.

Gemeinsam mit den Regierungschefs anderer armer und betroffener Länder forderte Anote Tong, Präsident des zentralpazifischen Inselstaates Kiribati, ein globales Entschädigungssystem, das auch die Verluste und Schäden miteinbezieht, die der Klimawandel bereits jetzt verursacht. Beim Klimagipfel in Paris präsentierten Vertreter von Kiribati und Fidschi ein Abkommen, das den mehr als 100 000 Einwohnern von Kiribati im Grunde erlaubt, nach Fidschi überzusiedeln, wenn der Anstieg des Meeresspiegels ihre Heimat unbewohnbar macht. In Bangladesch, wo jährlich geschätzt 200 000 Menschen durch Erosion obdachlos werden, ersann die Regierung den kühnen Plan, Land aus dem Meer zurückzugewinnen, um eine Umsiedlung zu erleichtern. Unterdessen ist es möglich, dass zukünftige Migranten von den Malediven und Tuvalu, die vor dem steigenden Meeresspiegel dort fliehen, keine Heimat mehr haben, in die sie zurückkehren können.

Aus juristischer Perspektive birgt die drohende Krise eine interessante, wenn auch makabre Frage: Was passiert, wenn diese Inselstaaten ganz praktisch aufhören zu existieren? Laut dem heutigen Völkerrecht bemisst sich die exklusive Wirtschaftszone eines Landes – in der es beispielsweise die Gewinne aus Fischfang, Rohstoffvorkommen und Tourismus für sich beanspruchen kann – von der Küste aus. Wenn eine Insel aufgrund des steigenden Meeresspiegels verschwindet, löst sich ihre Wirtschaft dann auch in nichts auf? Was passiert, wenn Salzwasser in den porösen Korallenboden einer Insel eindringt und sie quasi unbewohnbar macht? Wenn ein Ort zu verschwinden droht, wie lange dauert es dann, bis die Welt ihn verloren gibt? Schließlich findet der Verlust eines Ortes nicht unbedingt an dem Tag statt, an dem die Insel untergeht – die Wirtschaft zieht vielleicht schon Jahrzehnte früher weg. Werden die Bürger eines ehemaligen Inselstaates, die auf der ganzen Welt verstreut leben, weiterhin als Gemeinschaft vor den Vereinten Nationen auftreten können?

Diese Art von Fragen lassen Gerrard und seine Kollegen nachts wach liegen. »Ich glaube, dass die Nationen der Welt sich ernsthaft Gedanken darüber machen müssen, wie viele Menschen sie aufnehmen werden«, meinte Gerrard zu mir. »Die furchtbare aktuelle Situation in Europa ist nur ein Bruchteil dessen, was der Klimawandel verursachen wird.«[103]

Gerrard hat einen interessanten Vorschlag ins Spiel gebracht: Die Klimamigranten dieses Jahrhunderts sollen eine dauerhafte Aufenthaltsgenehmigung in anderen Ländern erhalten, proportional zu deren Treibhausgasausstoß im Verlauf der Geschichte. Das bedeutet, dass die USA, denen die zweifelhafte Ehre zukommt, historisch gesehen die höchsten Emissionen aufzuweisen, für Millionen Vertriebene verantwortlich wären. Doch angesichts der in den letzten Jahren aufgekommenen Anti-Immigrations-Rhetorik scheint eine freiwillige politische Bereitschaft, einer großen Anzahl von Menschen, die ihre überschwemmten Pazifikinseln oder ausgedörrten sudanesischen Anbauflächen verlassen, eine neue Heimat zu bieten, fast unvorstellbar.

In einem Gastbeitrag in der *Washington Post* plädierte Gerrard 2015 mit großem Nachdruck dafür, dass die Vereinigten Staaten eine einzigartige moralische Verantwortung trügen, der Klimamigrationskrise mit einer mitfühlenden und offenen Umsiedlungspraxis zu begegnen. »Wenn eine Umweltverschmutzung über die nationalen Grenzen hinaus wirkt, ist laut dem Völkerrecht das verursachende Land für die Schäden verantwortlich«, schrieb er. »Das bestätigt das, was wir alle auf dem Schulhof gelernt haben: Wer Mist baut, muss auch dafür geradestehen.«[104] Im schlimmsten Fall wären die USA in den nächsten dreißig Jahren dafür verantwortlich, unfassbare 67 Millionen Menschen aufzunehmen, mehr als zwanzig Prozent ihrer aktuellen Bevölkerungszahl. Die beste Methode, um das zu verhindern, »ist eine radikale, schnelle Verringerung des Treibhausgasausstoßes«[105], meinte Gerrard.

Die Marshall-Inseln haben das alles schon einmal erlebt, als einige Inseln, wie bereits erwähnt, in den ersten Jahren des Kalten Krieges zwangsentvölkert und zum Atomwaffentestgebiet erklärt wurden. Insgesamt detonierten dort 67 Bomben und machten die Gegend über Generationen unbewohnbar. Diese Wunden sind in der Erinnerung vieler Marshaller noch nicht verheilt.

Etwa ein Drittel der 70 000 Bürger der Marshall-Inseln lebt heute im Ausland. Viele zog es in die Vereinigten Staaten, aufgrund eines Assoziierungsabkommens, das im Anschluss an die Atomtests geschlossen wurde und den Marshallern erlaubt, ungehindert in die USA überzusiedeln.

Wenn man sich bedrohte Orte wie die Marshall-Inseln genau anschaut, stellt man fest, dass dort parallel zur Apokalypse eine kulturelle Wiedergeburt stattfindet. Da bereits so viele

Einwohner in die Ferne abgewandert sind, herrscht ein starkes Bestreben, die traditionellen Kulturpraktiken – Heilkunde, Webkunst und Feste – beizubehalten. So bewahren sie sich ein Wissen, das eng mit den Pflanzen, Tieren und dem Wetter der Inseln verknüpft ist.

Laut den Menschen, mit denen ich auf den Marshall-Inseln gesprochen habe, nennt fast niemand, der wegzieht, das Wetter oder das Klima als Hauptgrund für die Entscheidung. Und viele von ihnen sind nicht »geflohen« und betrachten sich nicht als »Flüchtlinge« – sie sind ganz normale Menschen, die ein besseres Leben wollten.

Kianna Juda-Angelo versucht, einen Weg zu finden, wie die Marshall-Inseln nicht nur überleben, sondern aufblühen können. Sie kam dort zur Welt, wuchs aber in Oregon auf, da sie als Kleinkind von einer amerikanischen Familie adoptiert worden war. Ihre Marshaller Familie hat sie erst vor Kurzem kennengelernt. Diese spät entdeckte Identität hat ihre Einstellung verändert und Hoffnung in ihr geweckt.

»Ich höre oft: ›Warum soll ich deiner Non-Profit-Organisation Geld geben, wenn du es in einen Ort steckst, der ohnehin untergeht?‹ Dann sage ich, vor allem zu Leuten an der US-Westküste: ›Hier ist jederzeit ein gewaltiges Erdbeben fällig, und durch dieses Erdbeben werden Häuser überschwemmt und unter Schlammlawinen begraben werden. Aber wir sind trotzdem noch da und bauen trotzdem noch auf den Verwerfungslinien, und wir werden in Oregon weiter an den verrücktesten Orten bauen, weil es hier wunderschön ist – wir lieben die Natur, die Bäume, die Berge … die Liste ist lang.‹ Ich erinnere die Leute erst an ihre eigene Umgebung, dann kommt man besser ins Gespräch: Es gibt viele Leute, die die Marshall-Inseln nicht verlassen wollen.«[106]

Kianna meinte, dass es unmöglich sei, sich die Welt als einen

Ort ohne die Marshall-Inseln vorzustellen. Und das zwang sie dazu, nach vorn zu schauen. »Ich ziehe tatsächlich dorthin zurück. Meine Familie und ich ziehen zurück und bauen uns dort ein Haus.

Wir müssen umdenken und akzeptieren: Es gibt Menschen, die dort wohnen wollen. Es gibt Menschen wie mich, die zurückkommen, deshalb stellt sich die Frage, wie wir dort mit der Natur kooperieren können. Ich werde nicht alle Einwohner Oregons zum Umzug zwingen. Wir werden die Leute in der Bay Area nicht dazu drängen, ihre Heimat zu verlassen, weil ein ›Big One‹ bevorsteht. Wie viele Erdbeben haben wir schon erlebt und sind trotzdem noch da? Wie viele Überschwemmungen hat es im Süden der USA gegeben, und trotzdem ziehen die Leute nicht weg? Niemand zieht weg! Für Außenstehende ist es so leicht, eine ganze Gruppe von Menschen über einen Kamm zu scheren und sie dumm zu nennen. Warum sollte man New Orleans wiederaufbauen, eine Stadt, die versinkt? New York ist auch eine Insel. Das Subway-System dort ist extrem anfällig. Jede Küstenstadt der Erde erlebt das Gleiche. Es ist leicht, Opfern vorzuwerfen, sie hätten den Verlust verhindern oder ihre Heimat verlassen müssen. Ich würde nicht wollen, dass mir jemand befiehlt, mein Zuhause zu verlassen.«

Ein Projekt, mit dem Kianna sich gerade beschäftigt, sind schwimmende Gewächshäuser. Sie will ausgemusterte Frachtkähne in nachhaltige, autarke Gewächshäuser umbauen. In den riesigen Lagunen in der Mitte der Atolle, die das US-Militär in vergangenen Kriegen als Stützpunkt genutzt hat, arbeitet sie zusammen mit Wissenschaftlern und Ingenieuren daran, ein Modell für das Vorhaben »Nachhaltige Marshall-Inseln« zu entwickeln. »Es gibt auf den Atollen jetzt so viele Überschwemmungen, dass die Gärten und Palmen der Leute betroffen sind. Wie können wir dieses Thema angehen?«

Kianna ist einer Antwort auf der Spur. Durch ein in sich geschlossenes Gewächshaussystem hätten die Menschen unabhängig vom Wetter draußen Zugang zu frischen Lebensmitteln und Wasser. Laut Kianna sähen die Boote so aus: »Unten gibt es eine Fischfarm, und die Ausscheidungen der Fische düngen die Pflanzen, die Pflanzen nutzen das Kondenswasser von den Glasscheiben – es regnet richtig darin. Es ist echt ziemlich genial. Unser Testkahn läuft schon seit zwei Jahren.«

Ein Meeresvolk zu sein heißt manchmal auch, zu erkennen, wann man nichts ausrichten kann und wann man bleibt und kämpft. Die Art von Mut, die Kianna und Selina verkörpern, wird uns alle im kommenden Jahrzehnt zum Handeln antreiben.

2020–2021: DER FUNKEN, DER WALDBRAND UND DIE GEGENWEHR

Der Auftakt der 2020er-Jahre war nicht leicht. Als das neue Jahrzehnt begann, brach eine Fülle von Unwettern über die Welt herein, wortwörtlich und im übertragenen Sinne. Entsetzt schauten wir zu, wie eine Katastrophe die andere jagte. Auch wenn es uns nicht so richtig bewusst war, trauerten wir um eine Welt, die, so spürten wir, nicht wiederkommen würde. Uns blieb nur das Versprechen, dass eine bessere Welt ihren Platz einnehmen würde.

Der Meteorologe Deke Arndt, Leiter der Abteilung für Klimabeobachtung bei der National Oceanic and Atmospheric Administration, bezeichnete den Anfang des Jahrzehnts als eine Zeit des klimatischen »Abschiednehmens«[107] – wir verloren die vertraute Umgebung, die uns definierte, die uns zu dem machte, was wir waren. Das war schmerzhaft, wie jeder Abschied, aber es ermöglichte uns, uns der neuen Realität zuzuwenden. Durch das Abschiednehmen gewannen wir die Fähigkeit zurück, zu trösten, zu beruhigen, zu heilen und zu handeln.

Als die Menschheit eine Katastrophe nach der anderen erlebte, gab es einen Augenblick, in dem alle Gefühle bloßlagen. Eine Mischung aus Trauer, Wut und Hoffnung trieb so viele Leute auf die Straßen wie noch nie zuvor. Menschen, die sich nur wenige Monate zuvor niemals für sonderlich »engagiert« gehalten hätten, schlossen sich jetzt mit Freunden und Nachbarn zusammen und überlegten, wie es weitergehen könnte. Endlich verschmolzen das Politische und das Ökologische miteinander. Millionen parallel geführter Unterhaltungen kamen zum gleichen Ergebnis: Wir fühlen uns nicht bereit dazu, aber wir müssen es tun. Jetzt oder nie.

Lassen Sie uns einmal überlegen, wie das Jahr 2020 hätte verlaufen können. Im Frühjahr, um die Zeit, als sich der erste Earth Day zum fünfzigsten Mal jährte, nur fünf Jahre nach dem letzten ausgeprägten El Niño, stießen die Wissenschaftler auf die ersten Hinweise, dass sich der Pazifik erneut erwärmte, was überall auf der Welt das Risiko von Waldbränden, Hitzewellen, Dürren, Überschwemmungen und tropischen Wirbelstürmen ansteigen ließ. Die Auswirkungen von El Niño lösten, verstärkt durch etwas unglückliche Umstände, eine Reihe globaler Katastrophen aus, wie sie der Mensch in der modernen Zeit noch nie erlebt hatte.

Während die USA auf die Präsidentschaftswahl zusteuerten, wurde deutlich, dass selbst die progressivsten Kandidaten nicht darauf eingestellt waren, wie dringend eine ganz neue Gesellschaft benötigt wurde. Manchmal hatte man das Gefühl, in einer virtuellen Welt zu leben, einer Karikatur der beliebten

Katastrophenfilme der letzten Jahre, allerdings in einer Version, die zu platt war, um das Publikum zu überzeugen.

In großen Städten ereigneten sich Hitzewellen, die eine Vielzahl von Todesopfern forderten. In Chicago erreichten die Temperaturen drei Tage in Folge 43 Grad, und der furchtbare Preis, den die Stadt dafür zahlen musste, brannte sich allen ins Gedächtnis ein – auf Bilder von Türen, die die Polizei mit Sprühfarbe markiert hatte, folgte eine rund um die Uhr laufende Berichterstattung in den Tagen und Wochen danach, die ein Land in Trauer zeigte. Ähnlich heiß wurde es in Beijing, Moskau und Berlin – Städten, in denen man solche Temperaturen eigentlich nicht kannte. Zur gleichen Zeit wurden Südeuropa, Südafrika und das gesamte Amazonasgebiet von schweren Dürren heimgesucht, während es in Südostasien gewaltige Überschwemmungen gab. In der Folge brach eine weltweite Nahrungsmittelkrise aus, von der eine Viertelmilliarde Menschen betroffen waren, was schwelende internationale Spannungen auflodern ließ. Ein paar beängstigende Monate lang waren die Vereinten Nationen nicht in der Lage, Dutzende von Ländern, die aufgrund der Kolonialgeschichte und der Verwerfungen des Kapitalismus am meisten auf Unterstützung angewiesen waren, mit Lebensmittelspenden und anderen Hilfsleistungen zu versorgen. Das betraf vor allem Länder in der Karibik, Nordafrika und Ostasien.

Die durch El Niño bedingte höhere Wassertemperatur im Pazifik löste eine Reihe von Wirbelstürmen aus. Der schlimmste zog mit beispielloser Kraft über das chinesische Perlflussdelta hinweg, wo Städte wie Hongkong, Guangzhou, Shenzhen und Macau liegen. Das Delta, in dem mehr als sechzig Millionen Menschen leben, hat erst kürzlich Tokio als größtes Ballungsgebiet der Erde überholt. Dieser Supertaifun, der einem Wirbelsturm der Kategorie fünf entsprach und mit Windgeschwindigkeiten von fast 300 Stundenkilometern und einer bis zu acht Meter hohen Flutwelle einherging, löste deutlich schlimmere Verheerungen aus als der Taifun Manghkut 2018, der bis dahin stärkste Wirbelsturm der Region. Besonders schlimm war, dass der Taifun tagelang über dem Delta hängen blieb und fast die Regenmenge eines ganzen Jahres dort niedergehen ließ. Da er fast direkt auf den Ausbruch des Coronavirus folgte, kam es zu einer Vertrauenskrise in der chinesischen Regierung, als nun Millionen heimatloser Menschen nach Nahrung, Wasser und Unterschlupf suchten. Eine Welle des Protests ging durch das Land, und die Demonstranten forderten – aufbauend auf der Bewegung in Hongkong 2019 –, dass die Regierung zur Rechenschaft gezogen werden müsse.

Nur wenige Wochen später fegte ein ähnlich schwerer Sturm über Mumbai hinweg – Schätzungen zufolge ein Ereignis, wie es nur einmal in 650 Jahren vorkommt, anders als alles, an was man sich erinnerte. Dann traf der lang erwartete große Hurrikan – der »big one« – in Florida auf Land und hinterließ eine Schneise der Verwüstung, die von Miami bis nach Tampa reichte und eine weitere Million Menschen arbeitslos machte.

Als die Präsidentschaftswahl 2020 vor der Tür stand, stieg die Zahl der Geflüchteten weltweit zum ersten Mal auf über hundert Millionen, dreimal so viel wie nur zehn Jahre zuvor. Nationalistische Regierungen in den USA und in Europa weigerten sich, das Recht dieser Geflüchteten auf Sicherheit anzuerkennen, und gingen stattdessen rigoros gegen sie vor. In einer Rede an das amerikanische Volk gab sich Donald Trump betont kompromisslos: »Die amerikanische Lebensart ist nicht verhandelbar. Punkt« – womit er die Worte des ehemaligen Präsidenten George H. W. Bush auf dem Erdgipfel in Rio 1992 aufgriff. Die USA stellten ihren Überlegenheitsanspruch über schlichte Menschlichkeit. Durch das Schließen der Grenzen und die Räumung von Küstenansiedlungen sperrte Trumps neue Klimapolitik einen Großteil der Menschheit aus der Gemeinschaft aus – ein atemberaubender und vergeblicher Versuch eines Ökofaschismus[108], der rasch überall auf der Welt verdammt wurde.

Die Trump-Regierung, die schon mit einem Amtsenthebungsverfahren und einem Skandal nach dem anderen zu kämpfen hatte, nutzte den außer Kontrolle geratenen Klimawandel, um die Besetzung von Little Haiti in Miami zu rechtfertigen – eines der höchstgelegenen Gebiete in Südflorida. In Zusammenarbeit mit dem Militär wandelte die Regierung die dortigen Ruinen in einem mehrmonatigen »Hilfsprogramm« in Luxusunterkünfte für die Wohlhabenden um, die aus dem zerstörten Miami Beach flohen. In der Zwischenzeit tat die Regierung so gut wie nichts dafür, um das übrige Südflorida wiederaufzubauen. Stattdessen ließ sie den Handelskrieg mit China eskalieren, in einem fehlgeleiteten Versuch, die Interessen der USA zu schützen, und entsandte das Militär, um die Straße von Malakka zu blockieren, was die wirtschaftlichen Beziehungen quasi beendete und die Weltwirtschaft in eine Rezession rutschen ließ. Im Fernsehen konnten die Experten nur entsetzt zuschauen, wie der vom Präsidenten mit eiserner Faust verfolgte Klimaplan der »wirtschaftlichen Abschreckung« offensichtlich wurde.

So weit ein Szenario, das glücklicherweise so nicht eingetreten ist.

Doch eine Gruppe von Wissenschaftlern in Hawaii hatte vorausgesagt, dass es so hätte kommen können. Eine 2018 veröffentlichte Studie, die sich mit den kumulativen Auswirkungen einander überlagernder Katastrophen beschäftigte, hatte gezeigt, dass der Klimawandel die Häufigkeit und den Schweregrad verschiedener durch extremes Wetter bedingter

Krisen ansteigen lässt.[109] Laut dieser Untersuchung wird unsere Glückssträhne früher oder später zu Ende gehen, und dann gäbe es mehrere Katastrophen auf einmal, die sich gegenseitig in ihren Auswirkungen verstärken würden.

»So etwas läuft nie in einem Vakuum ab«, erklärte mir David Titley, ein pensionierter Konteradmiral der US Navy, im Jahr 2014. »Der Klimawandel ist nicht nur ein Umweltproblem, sondern auch ein Technologie-, Wasser-, Nahrungsmittel-, Energie- und Bevölkerungsproblem.«[110] Wie die meisten Militärexperten erkannte Titley damals genauso gut wie heute, dass nicht unbedingt Klimaveränderungen, sondern Konflikte Menschen aus ihrer Heimat vertreiben werden, wenn wir unsere Gesellschaft nicht auf geordnete Weise umstrukturieren.

»Den meisten Menschen geht es nur darum, ihren Job zu behalten und ihre Familie zu versorgen«, meinte Titley. »Aber wenn der Klimawandel jetzt ein Einmal-pro-Kreditlaufzeit-Problem ist und die Lebensmittelpreise anziehen, werden die Leute aufhorchen. Wenn man den Anstieg des Meeresspiegels mit einbezieht, könnten Wirbelstürme wie Katrina und Sandy bald keine Jahrhundertereignisse, sondern Einmal-pro-Kreditlaufzeit-Ereignisse sein. Ich habe mein Haus in Waveland, Mississippi, durch Katrina verloren. Ich weiß, wie sich das anfühlt.«

Die Berechnungen sprechen schon lange eine eindeutige Sprache: In den USA werden bis 2050 voraussichtlich Immobilien im Wert von mehr als einer Billion Dollar buchstäblich unter Wasser stehen – fast zehn Prozent der heutigen Wirtschaftsleistung. Und das bezieht sich nur auf die Küstenregionen; hinzu kommen die immer größer werdenden Überschwemmungszonen rund um die Flüsse, die Bereiche, in denen es mit an Sicherheit grenzender Wahrscheinlichkeit Waldbrände geben wird, und die Anbauflächen, die keine Ernte mehr hervorbringen.

Wie hätte es mit unserem Szenario weitergehen können?

Angesichts eines bevorstehenden Wirtschaftskollaps warteten die Investmentbanker auf der ganzen Welt nicht länger ab. Zu Beginn des Jahrzehnts, als die Divestment- oder Desinvestition-Bewegung hohe Wellen schlug[111], zogen die Investoren ihr Geld eilig aus allem ab, was irgendwie mit der Klimakrise in Verbindung gebracht werden konnte: fossile Energieunternehmen, Versorgungsbetriebe, Versicherungsgesellschaften und Agrarkonzerne. Die Neubewertung von Häusern, Firmen und Infrastrukturen in von Überschwemmungen bedrohten Ebenen und Küstengebieten rund um den Globus ließ den weltweiten Immobilienmarkt innerhalb weniger Monate einbrechen – genau wie Titley es vorhergesagt hatte. Speditionen, Fluggesellschaften, Bergbauunternehmen, Automobilhersteller – jedes Unternehmen, das auf die Verfügbarkeit von fossilen Brennstoffen angewiesen war, war fast über Nacht vom Bankrott bedroht. Die »Kohleblase«, wie sie genannt wurde, platzte. Land und Infrastrukturen im Wert von Billionen Dollar waren plötzlich wertlos, während notleidende Regionen auf der ganzen Welt die öffentliche Versorgung ganz einstellten. Gerade die Bedürftigsten verloren durch Massenentlassungen und staatlich verordnete Sparprogramme alle Ressourcen und Unterstützungsmaßnahmen. Sobald die Märkte begannen, den Zusammenbruch einzupreisen, verklagten die Versicherungen die fossilen Energieunternehmen, weil sie sie in den Ruin getrieben hätten.

Der weltweite Börseneinbruch war nur der Anfang. Die Rezession verstärkte die Probleme nur: Massenentlassungen, Sparmaßnahmen. Doch schon bald wurde klar, dass große Veränderungen bevorstanden.

In den Nachrichten war der Klimawandel jetzt keine Randnotiz mehr, sondern dominierte tagelang das gesamte Geschehen, als ein Bericht nach dem anderen über die Bildschirme flimmerte. Mit der Zeit setzte sich die Ansicht durch, dass der Klimawandel das verbindende Thema war, das alles erklärte, was in der Gesellschaft falsch lief. Im Mittelpunkt standen jetzt die Menschen. Die verlorenen Träume.

Inmitten des ganzen Wirtschafts- und Klimachaos brachte die abrupt steigende Unzufriedenheit der Bevölkerung die Regierungen an den Rand des Abgrunds. Aus gefühlt allen Richtungen zugleich wurde ein unmittelbarer und radikaler Kurswechsel gefordert. Der Kapitalismus brach in sich zusammen. Eine Revolution begann – ein fundamentales Umdenken darüber, was nötig war, und ein ehrgeiziges Bestreben, zu ermitteln, was angesichts der globalen Ungewissheit möglich war.

»Denken Sie zurück an das Apollo-Programm«, sagte Titley 2014 zu mir. »Präsident Kennedy hat uns dazu motiviert, einen Mann auf den Mond zu bringen. Wenn wir über das Klima reden, müssen wir alles tun, was wir können, um die Bühne vorzubereiten, bevor die Darsteller sie betreten. Und vielleicht haben sie nur einen Versuch, um erfolgreich zu sein. Daher sollten wir uns Gedanken darüber machen, wie wir diese Chance auf Erfolg maximieren können.«

Vor diesem Hintergrund nahm die Klimabewegung eine neue Gestalt an und verbündete sich mit bestehenden Protestbewegungen in Chile, Indien, Hongkong, Haiti, Ecuador, im Libanon, in Katalonien, Bolivien und Papua. Obwohl diese Bewegungen ganz unterschiedliche Ziele verfolgten – mehr Demokratie, weniger Sparmaßnahmen, keine Kriege oder das Ende des Kapitalismus –, erkannten die Demonstranten auf der ganzen Welt, dass es nicht mehr möglich oder auch nötig war, die Klimakrise von der erlebten Realität zu trennen. Die Klimastreiks der jungen Leute wuchsen zu einem weltweiten

Generalstreik an. Hunderte Millionen Menschen gingen jede Woche auf die Straße und protestierten gegen die Kriege im Nahen Osten, Polizeigewalt, erdrückende Studienkredite, den Zusammenbruch der Wirtschaft, die mangelhafte Gesundheitsversorgung und unzählige andere Dinge, die ihnen die Zukunft raubten. Doch am meisten Aufmerksamkeit erhielt die Klimakrise.

Wenn der Nahrungsmittelengpass der Funke war, der in den Köpfen eine Revolution entfachte, waren die Waldbrände die lautstarke Sirene, die jeden Zweifel an der absoluten Realität der Krise auslöschte. In Oakland, Spokane, den Bergen von Colorado, in Indonesien, Italien und Australien loderten die Feuer, und die Bilder davon und von ihren Nach- und Auswirkungen, darunter verkohlte Kleinstadt-Einkaufsstraßen, Trabantenstädte und auch einige Ballungsgebiete – Scheiterhaufen der Gesellschaft, wie wir sie kennen –, brannten sich in die Seele der Welt ein. Ganze Ökosysteme gingen in Flammen auf, weil es einfach nicht genug Feuerwehrleute gab. Das Fernsehen brachte die Geschichten von Überlebenden in Dauerschleife. Die Welt erlebte die unsäglichen Schrecken eines Planeten, der sich gegen uns gewandt hatte. Stumm vor Entsetzen sahen die Menschen zu, wie Wirbelstürme, Brände, Überschwemmungen und Dürren die Rezession noch verstärkten. Allein die direkten Verluste durch den Hurrikan in Florida betrugen mehr als eine Billion Dollar, und der Kollaps mehrerer multinationaler Versicherungskonzerne stürzte das Finanzsystem weltweit ins Chaos.

Kehren wir für einen Moment zurück in die Gegenwart. Seit der Jahrtausendwende liefert ein immer schlimmer werdender Kreislauf aus Dürren, steigenden Temperaturen und einer immer größeren Zahl von Menschen, die ihre Häuser in Waldgebieten bauen, den idealen Nährboden für riesige Flächenbrände, nicht nur in Kalifornien, sondern auch in Portugal, Griechenland, Tasmanien, Indonesien, Sibirien und zahllosen anderen Regionen rund um den Globus. Allein in Kalifornien starben zwischen 2010 und 2020 hundert Millionen Bäume durch Wassermangel und Schadinsekten, die begünstigt durch das wärmere Wetter in neue Lebensräume vordrangen. Und seit sich die Unwetter und die Blitze mit dem wärmeren Wetter immer weiter nach Norden ausbreiten, brechen selbst in Grönland regelmäßig Brände aus.

Betrachten wir nun noch einmal unser Szenario. Da alles mit allem zusammenhängt, veränderte das wärmere Wasser des Pazifiks den Verlauf des Jetstreams, der nun dringend benötigte Regenmengen von Indonesien und Australien weglenkte, was dort zu brutalen Dürren und Hitzewellen führte, was die Wahrscheinlichkeit von Bränden weiter erhöhte, wodurch mehr Kohlendioxid in die Atmosphäre gelangte, wodurch die weltweite Temperatur stieg, wodurch mehr Eis in der Arktis schmolz, wodurch sich die dunkle Fläche des Meeres vergrößerte, wodurch dort mehr Hitze von der Sonne absorbiert wurde, wodurch sich die Ozeane weiter erwärmten. Und das waren nur die Auswirkungen an der Oberfläche. Ökosysteme, die über Jahrtausende stabil gewesen waren, bevor der Mensch die Energie entdeckte, die im brennbaren, schmutzigen Gestein steckte – die gleichen Ökosysteme, von denen das Geflecht des Lebens abhängt, auf dem einzigen Planeten, von dem wir wissen, dass es dort Leben gibt –, wurden innerhalb eines einzigen Menschenlebens dezimiert. Einen Verlust dieses Ausmaßes konnte und kann unser Herz nicht erfassen.

2018 hatte das Camp Fire die Stadt Paradise in Kalifornien fast vollständig zerstört und dabei innerhalb weniger Minuten 85 Menschen das Leben gekostet – es war der tödlichste Waldbrand in der jüngeren Geschichte der USA. Nur wenige

Wochen zuvor war das Carr Fire buchstäblich wie ein Feuertornado durch die kalifornischen Bezirke Shasta und Trinity gezogen, ein Schauspiel, wie es noch kein Meteorologe je erlebt hatte. Es war das erste Mal seit dem Erdbeben und den Bränden in San Francisco im Jahr 1906, dass die Flammen so schnell so viel verschlangen. Diese Brände und Dutzende weitere dieser Art sorgten dafür, dass die Häuser und das Leben vieler Kalifornier buchstäblich in Schutt und Asche zerfielen.

Dabei waren dies keine isolierten Zwischenfälle. Seit 2003 hat Kalifornien neun der zehn größten und zerstörerischsten Brände in der Geschichte des Bundesstaates erlebt. Im Bericht des National Climate Assessment für das Jahr 2018 war zu lesen, dass mehr als fünfzig Prozent der verbrannten Fläche in Kalifornien direkt auf den Klimawandel zurückzuführen seien.

Die Menschen, die dafür zuständig waren, die Flammen zu bekämpfen, mussten erkennen, dass das Löschen in manchen Bereichen nur ein symbolischer Akt war. Angesichts von Infernos, die innerhalb von Minuten eskalierten und sich schneller ausbreiteten, als man weglaufen kann, bestand die Hauptaufgabe der Feuerwehr darin, Menschen in Sicherheit zu bringen – unter Einsatz des eigenen Lebens Flammen zu ersticken, war zweitrangig.

Für einige Regionen stellten Waldbrände weiterhin eine existenzielle Bedrohung dar. In Kalifornien hätten sie fast zum vollständigen Zusammenbruch des größten privaten Energieversorgers geführt: Da Pacific Gas and Electric (PG&E) direkt für die Entstehung der jüngsten Brände verantwortlich gemacht wurde, musste das Unternehmen Anfang 2019 Insolvenz anmelden. In einem verzweifelten Versuch, weiteren wirtschaftlichen Schaden abzuwenden, stellte PG&E Millionen Menschen inmitten der Waldbrandsaison wiederholt den Strom ab.

Noch schlimmer sind die Auswirkungen des Rauchs, der

sich bei Bränden bildet: Er forderte wahrscheinlich zehnmal mehr Todesopfer als die Flammen des Camp Fire 2018 – und das nicht nur in diesem Jahr, sondern jedes Jahr. Die Luftverschmutzung war die tödlichste Folge des Verbrennens von fossilen Energieträgern: Durch sie starben weltweit täglich mehr als 19 000 Menschen, und der Rauch der Waldbrände trieb diese Zahl weiter nach oben. Die Leute atmeten buchstäblich die Asche der Nachbarhäuser ein und starben daran. Wie ein außer Kontrolle geratenes Feuer war auch der Tod ansteckend.

Das Leben in Kalifornien geht mit einer gewissen psychologischen Spaltung einher. Ich habe mit Leuten gesprochen, die sich dazu entschlossen, den Bundesstaat ganz zu verlassen. Eine Frau, die das Valley Fire 2015 überlebt hatte, erklärte mir, sie werde nun nach Oregon ziehen. »Wir haben unser Haus verloren und es vor zehn Jahren wiederaufgebaut, aber die ganzen Brände jetzt versetzen uns ständig in Angst und Schrecken, ich kann hier einfach nicht mehr leben.«[112]

Lizzie Johnson, eine Journalistin vom *San Francisco Chronicle*, füllte ein ganzes Buch allein mit den Berichten, die in ihren ersten zwei Jahren als Brandreporterin entstanden. Was sie erlebte, war ein ewiger Kreislauf von Tragödien. »Irgendwann fragt man sich, wie lange man fesselnde Artikel darüber schreiben kann, bevor das Mitgefühl erschöpft ist und die Leute das Thema leid sind«, sagte sie mir 2018. »Manchmal spüre ich eine Hoffnungslosigkeit, dann habe ich das Gefühl, dass meine Worte nicht ausreichen, weil ich doch einfach nur will, dass es den Leuten nicht egal ist und sie begreifen, was passiert.«[113]

Die Geschehnisse in Kalifornien boten einen Ausblick auf eine schreckliche Zukunft. Jeder neue Riesenbrand löste das Gefühl aus, dass es zu unseren Lebzeiten kein weiteres Feuer dieses Ausmaßes geben würde. Doch dann kam der nächste und war noch schlimmer. Viel schlimmer.

»Ich habe das Gefühl, dass die Leute irgendwie aus ihrer Starre gerissen werden müssen«, meinte Johnson. »Sie müssen erkennen, dass der Klimawandel kein abstraktes Problem ist, das sie nicht betrifft. Diese Waldbrände sind eine der ersten sehr greifbaren, uns betreffenden Auswirkungen des Klimawandels, mit der sich die Leute identifizieren können, auf eine Weise, wie es bei den schmelzenden Polkappen oder sterbenden Eisbären nicht gelingt. Hier sind es kleine Kinder, ihre Eltern und Feuerwehrleute, die ums Leben kommen.

Die Vorstellung, dass dieses Problem so groß ist, dass niemand durch sein Handeln wirklich etwas bewegen könnte, ist falsch. Ein echter Kurswechsel ist nur möglich, wenn die Menschen sich mit dem Thema auseinandersetzen, ihre Stimme erheben und die Gesetzgeber dazu drängen, strikter vorzugehen.«

***

»Machen Sie sich auf den katastrophalen Erfolg gefasst«, sagte Titley 2014 zu mir. »Ich meine, schauen Sie sich einmal an, wie schnell sich die Diskussion über die Rechte Homosexueller in diesem Land verändert hat. Vor zehn Jahren waren Homosexuelle bestenfalls eine Randerscheinung. Heute ist Homosexualität viel akzeptierter. Wenn wir uns anstrengen, können wir Erstaunliches schaffen. Leider gelingt uns das meist erst in letzter Minute, normalerweise unter Zwang.«[114]

***

Erfolge in Bezug auf den Klimawandel, wo es sie denn geben kann, werden demokratisch erreicht werden. Eine nachhaltige und gerechte Welt für das kommende Jahrhundert lässt sich nur mit allen gemeinsam schaffen – vor allem mit denjenigen, die viel zu lange aus den politischen Prozessen ausgeschlossen waren. Eine inklusive Gesellschaft ist eine gerechte Gesellschaft, in der wir einander mit aufrichtigem Interesse zuhören.

Zu fragen, wie sich die Welt verändern muss, damit wir Ende des Jahrhunderts eine Milliarde Klimaflüchtlinge unterbringen können, ist der falsche Ansatz. Stattdessen sollten wir darüber nachdenken, was getan werden muss, damit niemand erst gezwungen ist, seine Heimat zu verlassen.

Wir sind es einander und allen anderen Lebewesen schuldig, die natürlichen Systeme auf der Erde zu stabilisieren, damit Menschen, die wir noch nie getroffen haben, und Geschöpfe, die wir noch nie gesehen haben, gesund und zufrieden aufwachsen können. Wir tun das für uns alle.

Werfen wir nun einen allerletzten, langen Blick auf unser »Wie hätte es kommen können?«-Szenario.

In den 2020er-Jahren geschah das alles viel, viel schneller, als irgendjemand für möglich gehalten hätte. Als der Generalstreik eskalierte, wurde aus dem, was mit ein paar Millionen Schülern und jungen Leuten begonnen hatte, die Greta Thunbergs Beispiel gefolgt waren, eine wöchentliche Massenveranstaltung in fast jeder Großstadt der Erde. Ende 2020 gingen regelmäßig 300 Millionen Menschen auf die Straße, also vier Prozent der Erdbevölkerung – eine Willensbekundung, die den Verlauf der menschlichen Zivilisation veränderte. In Europa demonstrierten für gewöhnlich mehr als zehn Prozent der Bevölkerung, was das normale Leben praktisch unmöglich machte – ein Wert weit oberhalb von Erica Chenoweths 3,5-Prozent-Marke. Überall auf der Welt berieten Bürgerversammlungen und Nachbarschaftsforen über neue Wege, Stadtteil für Stadtteil, Stadt für Stadt, Bundesstaat für Bundesstaat, Land für Land.

Varshini Prakashs Vision für das Sunrise Movement wurde wahr: »Dadurch, dass wir so eine erstaunliche Koalition aus

Leuten, aus Jugendlichen, Umwelt- und Klimagerechtigkeitsgruppen geschaffen haben«, sagte sie zu mir, »haben wir eine gewaltige Zahl normaler Amerikaner und Amerikanerinnen zusammengebracht, die sich im Green New Deal wiederfinden und erkennen, wie er sich direkt und zu ihrem Vorteil auf ihr Leben auswirken kann.«[115]

Das Erwachen eines neuen politischen Bewusstseins ging mit einer wachsenden Bewegung in der Popkultur einher, da immer mehr Prominente und Künstler ihre kreative Energie und ihren Einfluss darauf verwendeten, auf den Klimawandel aufmerksam zu machen und um öffentliche Unterstützung für einen radikalen Wandel zu werben. Die vielleicht wichtigste Entwicklung in den USA war die Ausstrahlung einer beliebten Reality-Show, die sich um eine einfache Frage drehte: Was werden wir tun? Das war natürlich die Frage, die alle beschäftigte, und die Produzenten der Sendung schafften es auf brillante Art und Weise, die gemeinsame Erfahrung einer existenziellen Krise in einen möglichen Weg nach vorn zu überführen. Im Mittelpunkt der Show standen hundert willkürlich ausgewählte Menschen – eine öffentliche Bürgerversammlung –, die ganz Amerika abbildeten. Gemeinsam erarbeiteten sie eine Vision, wie die Welt 2050 aussehen sollte, und gingen von dort ausgehend in der Zeit zurück. Mithilfe von Dutzenden Experten entwarfen sie einen neuen Weg, den die USA umgehend einschlagen konnten. Sie schufen eine hoffnungsvolle Vision der Zukunft, die auf das Wohlergehen aller ausgerichtet war, gemeinsam mit einem Umsetzungsplan, den jeder unterschreiben konnte. Er war deutlich radikaler, als die meisten Politiker zugeben wollten.

Ein Ziel lautete, dass der Energieverbrauch des Landes bis zum Ende des Jahrzehnts zu hundert Prozent CO_2-frei sein sollte. Außerdem sollten die Versorgungsunternehmen verstaatlicht und alle Subventionen für fossile Brennstoffe gestrichen werden.

Die Bürgerversammlung rief die Volksvertreter auf, in ländliche Regionen zu investieren und ein komplett staatlich finanziertes Institut einzurichten, das das Thema regenerative Landwirtschaft erforschte. Darüber hinaus forderte sie von den Politikern, ein landesweites Autorückkaufprogramm zu verabschieden, verbunden mit einer umfassenden Neugestaltung der Städte, die darauf abzielte, Autos bis 2040 ganz abzuschaffen.

Neben der Viertagewoche sollte es ein allgemeines Recht auf Wohnraum, Gesundheitsversorgung und einen Arbeitsplatz geben – all das würde dazu beitragen, das aktuelle Wirtschaftssystem bis 2050 vollständig in eine Kreislaufwirtschaft zu überführen.

Zu guter Letzt forderte die Versammlung die Anerkennung der Souveränität der indigenen Bevölkerung und die Einrichtung eines dauerhaften Fonds zur Behebung von Klimaschäden.

Um die Umsetzung dieser radikalen Ideen zu finanzieren, verlangte sie die Einführung einer Reichensteuer für Milliardäre. Dieses Vorhaben übertraf sogar Bernie Sanders' Green New Deal, den bis dahin mit Abstand ambitioniertesten Plan, den je ein Präsidentschaftskandidat vorgelegt hatte.[116] Doch am besten war, dass sich Wirtschaftswissenschaftler aus dem gesamten politischen Spektrum einig waren, dass sich der Plan bis 2030 selbst finanziert hätte.[117]

2022–2023: EIN NEUER GESELLSCHAFTSVERTRAG FÜR EINE SICH RASANT VERÄNDERNDE WELT

Um unsere Träume zu verwirklichen, brauchten wir eine besser funktionierende Demokratie.

In den Vereinigten Staaten gab es 2021 eine Reihe von strukturellen Veränderungen, die den Weg für einen Umbruch in allen Aspekten der Gesellschaft bereiteten. Der Kongress erließ ein Werbeverbot für die fossile Energieindustrie, erweiterte die Befugnisse des Obersten Gerichtshofs, beschränkte gleichzeitig die Amtszeit der Richter und verabschiedete sich vom Filibuster-Prinzip im Senat.

Washington, D.C., wurde endlich ein eigener Bundesstaat, ebenso wie die den USA unterstellten Außengebiete, in Anerkennung der existenziellen Bedrohung, die der Klimawandel für sie bedeutete.

Puerto Rico wurde der 52. Bundesstaat, die Amerikanischen Jungferninseln der 53. Nummer 54 und 55 waren Guam und die Nördlichen Marianen, dicht gefolgt von Amerikanisch-Samoa.

Bei einer Zeremonie zur Präsentation der neuen Flagge mit ihren nunmehr 56 Sternen erklärte der US-Präsident, sie repräsentiere die Geschlossenheit des amerikanischen Volkes und sein Streben auf ein Ziel hin: das gemeinsame Überleben und eine bessere Zukunft für jeden einzelnen Menschen.

Vielleicht noch wichtiger war, dass die Anerkennung der Pflichten gegenüber den indigenen Völkern, die auf eine viel ältere Geschichte zurückblickten als der Staat selbst, einen neuen Dialog ermöglichte, im Versuch, das Vertrauen wiederherzustellen und die Gebiete, die besetzt worden waren, gemeinsam zu bewohnen.

Kelsey Leonard, die als Stammesvertreterin der Shinnecock in der für die Mittelatlantikregion zuständigen Planungsbehörde des US-amerikanischen National Ocean Council sitzt, meinte zu mir, dieser essenzielle Schritt werde ihrer Meinung nach alles verändern, nicht nur für die indigene Bevölkerung wie ihren Stamm, sondern auch als dauerhaftes Zeichen dafür, was es bedeutet, auf ein einvernehmliches Verhältnis untereinander und zu dem Planeten, den wir alle unsere Heimat nennen, hinzuarbeiten. »Das Recht auf Selbstbestimmung und das Prinzip der freien, informierten, vorab erteilten Zustimmung sind in der UN-Deklaration über die Rechte der indigenen Völker festgeschrieben«, sagte sie. »Die Dekolonisation umfasst viel mehr, als beim Bau eines Infrastrukturprojektes um Erlaubnis zu fragen, wenn man mit der Planung schon halb durch ist, oder einem Stamm ein Stück Land zuzuerkennen. Sie bedeutet, sich wirklich und messbar zurückzunehmen.«[118]

Das traditionelle Land der Shinnecock befindet sich auf Long Island, wo in den letzten Jahren Windkraftanlagen entstanden sind, obwohl deren Erbauer sich nur minimal mit dem Stamm darüber abgestimmt hatten. Diese Vorgehensweise zerstört langfristig alle Beziehungen.

»Was ich auf dem Boden der Shinnecock erlebt habe«, sagte Leonard, »war, dass wir einen starken Ausbau der Windenergie hinnehmen mussten, ohne dass es genügend Beratungen darüber gegeben hatte.« So wiederholten sich beim Ausbau erneuerbarer Energiequellen ihrer Meinung nach die Muster der Kolonisation. »So wie der Ausbau der Windenergiegewinnung, wo es der Wind zulässt, in den USA gerade läuft, haben die indigenen Völker keinerlei Kontrolle darüber. Der Prozess wird größtenteils von den staatlichen und nationalen Behörden gesteuert. Die Anlagen entstehen genau auf der Grenze zwischen bundesstaatlichen und nationalen Gewässern und weiter draußen in der ausschließlichen Wirtschaftszone. Dabei wird so getan, als gäbe es keine indigenen Gewässer. Sie ignorieren einfach, dass wir dem Bundesstaat oder der nationalen Regierung die Wasserrechte niemals überlassen haben, und der Genehmigungsprozess läuft ohne unser Zutun ab.«

Leonard weiß, dass die Erschließung erneuerbarer Energiequellen inmitten der Klimakrise an Dringlichkeit gewonnen hat. Dennoch ist es ein wichtiger Schritt in Richtung einer gerechteren und nachhaltigeren Welt, wenn man die Verantwortlichen auffordert, Leonards Stamm von Anfang an in den Prozess einzubinden. »Ich glaube nicht, dass die Stämme gegen Windenergie sind. Problematisch ist es, wenn bei der Entscheidung über den Standort der Anlagen keine Rücksicht auf unsere Fischfanggebiete oder Kanurouten oder sonst irgendeinen Aspekt unseres politischen und kulturellen Lebens genommen wird, der mit dem Gebiet zusammenhängt, in dem die Anlagen entstehen sollen.«

Genau diese Konflikte kommen in einer Kultur, die auf Fürsorge und Konsens baut, nicht vor. Als die Welt in ein Zeitalter der radikalen Veränderungen eintrat, lernten wir zugleich auch die Kunst, behutsam Beziehungen zueinander aufzubauen.

***

Lassen Sie Ihrer Fantasie freien Lauf. Wie würde es aussehen, wenn jede Familie, jede Nachbarschaft, jeder Hof, jede Stadt, jedes Land der Erde gemeinsam auf eine bessere Welt hinarbeiten würden?

In Puerto Rico hat ein revolutionärer Wandel stattgefunden. Der Hurrikan Maria war die schlimmste Katastrophe in der Geschichte der Insel – ein Supersturm, der eine humanitäre Krise auslöste. Fünf Jahre nach dem Sturm, 2022, kam es langsam zu einem Kurswechsel. Die – durchaus kontrovers diskutierte – Entscheidung, ein Bundesstaat der USA zu werden, hatte den

Puerto Ricanern ein Mitspracherecht an ihrer eigenen Zukunft und die Ressourcen verschafft, die Insel so wiederaufzubauen, dass sogar die ausgewanderten Bürger wieder zurückkehrten.

Marisol LeBrón, Professorin an der University of Texas in Austin, erzählte mir, dass Puerto Rico sowohl politisch als auch wirtschaftlich auf eigenen Beinen stehen müsse, um wirklich aufzublühen. »Das Problem in der Karibik und in Lateinamerika besteht darin, dass politische Souveränität ohne wirtschaftliche Souveränität nur neue Formen der Unterdrückung hervorbringt«, sagte sie. »Ohne wirtschaftliche Souveränität ist die politische Souveränität im Grunde bedeutungslos. Eine echte Dekolonisation wäre es, wenn Puerto Rico Reparationszahlungen für mehr als ein Jahrhundert Kolonialismus von den USA und für mehrere Jahrhunderte von Spanien erhielte. Außerdem müsste es Entschädigungen für die jahrhundertelange Ausbeutung und den Rohstoffraub geben. Ohne diese Zahlungen wird Puerto Rico keineswegs in der Lage sein, die Insel so wiederaufzubauen, dass die Bewohner Gleichheit und Gerechtigkeit erfahren. Was man nach dem Sturm oft gesehen hat, waren kleine Kollektive, die ganz unabhängig vom Staat entstanden. Menschen, die sich um Menschen kümmerten. Und um ihre Bedürfnisse. Diese Gebilde gibt es jetzt seit zehn Jahren, und sie setzen sich immer stärker durch, weil die Menschen sehen, was los ist, und der Staat in seiner bestehenden Form sie in Zeiten einer dauerhaften Krise weder versorgt noch schützt.«[119]

Ein Schuldenschnitt sowie der längst überfällige Plan, den Neuaufbau der durch Maria zerstörten Häuser und Infrastrukturelemente zu finanzieren, ermöglichten es den Puerto Ricanern, voller Hoffnung einer echten Zukunft entgegenzublicken, in der sie die Kolonialvergangenheit endlich hinter sich ließen.

***

Währenddessen trafen sich die Staatschefs aus aller Welt 2023 erneut in Europa, um zu bewerten, was seit der Unterzeichnung des Pariser Klimaabkommens erreicht worden war. Die Konferenz war geprägt von Spannungen und offenen Konflikten über den Weg, den einzelne Länder angesichts der rasanten Veränderungen eingeschlagen hatten.

Trotz der offenkundigen Fortschritte in den USA musste bei den Verpflichtungen, die man im Abkommen eingegangen war, nachgebessert werden, weil sie hoffnungslos unzulänglich gewesen waren. Jedes Land erklärte sich bereit, bis zum nächsten Weltklimagipfel 2025 eine umfassende Überprüfung vorzunehmen.

Gegen Ende der zweiwöchigen Beratungen spaltete sich die US-Delegation. Die fossilen Energieunternehmen hatten immer noch eine Menge Macht, auch wenn diese rapide bröckelte, weil das Tun der Branche mittlerweile von vielen Menschen als unmoralisch und sogar illegal angesehen wurde. Für China wurde die »Neue Seidenstraße« – der Versuch, Macht und Einfluss des Landes weltweit auszubauen – zum wichtigsten Verhandlungspunkt. Zwischen der Afrikanischen und der Europäischen Union gab es einen Gesprächsmarathon über Entschädigungen für den Kolonialismus.

Es stimmte, dass die USA seit Ende der 2010er-Jahre weit gekommen waren, aber im Ausland war man zu Recht skeptisch. Doch dann kam es zu einem Durchbruch: Dank des Einsatzes der Marshall-Inseln wurde ein »Globaler Marshallplan« ausgehandelt, unter der Leitung der Entwicklungsländer und finanziert von allen Staaten der Welt, proportional zum jeweiligen historischen Treibhausgasausstoß – ein billionenschwerer, auf ein Vierteljahrhundert ausgelegter Versuch, einen Ausgleich zu schaffen.

Der Globale Marshallplan war das ambitionierteste Vorhaben, dem sich die Menschheit je verschrieben hatte. Er zielte nicht auf wirtschaftliche Stabilität und nicht einmal auf die Reduktion der Emissionen ab, sondern war ein 25 Jahre umfassender Kraftakt, um zukünftigen Generationen einen blühenden Planeten zu hinterlassen. Die Ziele des Plans waren bewusst vage formuliert – der gesamte Text umfasste nicht mehr als acht Seiten –, doch was ihn so mächtig machte, war, dass er ein System verbindlicher Dialoge innerhalb und zwischen allen Ländern der Erde festschrieb. In jeder Stadt weltweit, egal, wie groß sie war, würden auf kommunaler Ebene Gespräche abgehalten werden, um so lokale Maßnahmen zu erarbeiten, die dem in Paris vereinbarten 1,5-Grad-Ziel entsprachen. Endlich waren wir in der Lage, eigenständig und gemeinsam über unsere Zukunft zu entscheiden.

Als die ersten Planziele bekannt wurden, war schnell klar, dass dieses Vorhaben weit mehr erreichen würde, als sich selbst die Organisatoren von den Marshall-Inseln erträumt hatten. Es wurden Billionen Dollar für Forschungen zu erneuerbaren Energien und Landwirtschaft ausgegeben, Zehntausende Kilometer Gleise für Hochgeschwindigkeitszüge verlegt und Saatgut an Freizeitgärtner und die nachhaltige Landwirtschaft verteilt. Zusätzlich wurden Lehrer, Ärzte und Künstler finanziell unterstützt. Die Menschen waren bereit für einen revolutionären Wandel.

2024–2029: EIN GREEN NEW DEAL FÜR DIE GANZE WELT

Mitte der 2020er-Jahre fasste eine weltweite Bewegung Fuß, die sich der schwierigen Notwendigkeit widmete, unsere Beziehungen zueinander und zur Welt neu zu gestalten. Eine Reihe von juristischen Siegen lieferte den nötigen Rückhalt, um auf diesem Feld etwas zu bewirken – und zwar schnell.

Wie schnell konnten sich die alten Regeln verändern? Konnte ein internationaler Gerichtshof Generationengerechtigkeit anordnen? Konnte man die Chefs von fossilen Energieunternehmen vor Gericht stellen und sie wegen Verbrechen gegen die Menschlichkeit belangen?

Ende 2019 gab es einen Durchbruch, der über Nacht eine ganz neue Ausgangssituation schuf: Das oberste Gericht der Niederlande, der Hohe Rat, gab der Umweltorganisation Urgenda recht, die vorgebracht hatte, ein staatliches Versagen im Kampf gegen den Klimawandel sei ein Verstoß gegen die Menschenrechte.[120] Überall auf der Welt, von Peru bis Kanada, kam es zu Dutzenden weiterer Fälle, die verschiedene juristische Möglichkeiten ausloteten, Klimaschutzmaßnahmen durchzusetzen.[121] Als die 2020er-Jahre zu Ende gingen, erlegten die Urteile den Staaten auf, die Wirtschaft umzustellen und wirklich dafür zu sorgen, dass die Erde bewohnbar blieb.

Insbesondere das Verfahren *Juliana v. United States* hätte aus einem Disney-Film stammen können: Eine bunt gemischte Gruppe von 21 Kindern (und ihren Anwälten) reichte 2015 in den USA Klage ein, mit der Begründung, dass die laxe Klimapolitik der Regierung ihr in der Verfassung verankertes Recht auf Freiheit und Leben verletze und die Regierung daher einen auf wissenschaftlichen Erkenntnissen basierenden Plan erarbeiten müsse, um die Emissionen zu reduzieren.[122]

Im Zentrum der Klage stand das Prinzip der Generationengerechtigkeit. Im Grunde argumentierten die 21 Kläger, dass die Weigerung der Regierung, ernsthaft gegen den Klimawandel vorzugehen, das Wohlbefinden der aktuellen Generationen auf gesetzeswidrige Weise über das Wohlbefinden zukünftiger Generationen stelle. Es sei eine furchtbare Ungerechtigkeit, dass heute aufwachsende Kinder mit der Frage konfrontiert seien, ob ihr Planet in Kürze noch in der Lage sein werde, das Leben in all seinen wunderschönen Facetten zu beherbergen.

Doch die Klage wurde 2020 von einem Berufungsgericht in San Francisco abgewiesen. In einer nachdrücklich formulierten abweichenden Stellungnahme schrieb die Richterin Josephine Staton: »In diesem Verfahren nimmt es der Staat als gegeben hin, dass die Vereinigten Staaten einen Kipppunkt erreicht haben, der nach einer abgestimmten Reaktion schreit – und trotzdem ungehindert weiter in Richtung Unheil drängen. Es ist, als würde ein Asteroid auf die Erde zurasen und der Staat entschiede sich dafür, unsere einzigen Verteidigungsvorrichtungen abzuschalten. Durch das Bestreben, dieses Verfahren abzuwenden, beharrt der Staat uneinsichtig auf seiner absoluten und unanfechtbaren Macht, die Nation zu zerstören … Zieht man in Betracht, dass das Ziel der Klage nicht weniger ist, als den Niedergang der Nation zu verhindern, würde selbst ein teilweiser und zeitlich begrenzter Aufschub schon einen spürbaren Effekt bedeuten. Ein solches Rechtsmittel würde, ähnlich wie die Urteile zur Aufhebung der Rassentrennung und zu gerichtlichen Verfügungen in Bezug auf die landesweiten Gefängnisse, die der Oberste Gerichtshof bestätigt hat, die Grundrechte der Kläger verteidigen.«[123]

2024 reichten die Jugendlichen ihre Klage erneut ein, dieses Mal mit einem leicht veränderten Ansatz: Sie wollten erreichen, dass das Verbrennen fossiler Energieträger in den USA ab dem 1. Januar 2030 für rechtswidrig erklärt werde als eine Verletzung der Grundrechte der jungen Leute. Dadurch würden die rasanten Fortschritte hin zu einem Green New Deal, die in den vergangenen vier Jahren erreicht worden waren, im wichtigsten juristischen Dokument des Landes verankert werden. Entgegen allen Erwartungen gewannen die Jugendlichen den Prozess. In seiner Urteilsbegründung nahm der Oberste Gerichtshof Bezug auf den Urgenda-Fall und sorgte so für eine dauerhafte Verknüpfung von Klimaschutz und Bürgerrechten im US-Recht. Das löste eine umgehende Welle der Dekarbonisierung in der gesamten amerikanischen Wirtschaft aus.

Diese Entwicklung sagte Michael Burger, verantwortlicher Direktor am Sabin Center for Climate Change Law an der Columbia University, in einem Gespräch 2019 voraus. »Die Vorstellung, dass der Internationale Strafgerichtshof sich einschalten könnte, wirkt natürlich ziemlich weit hergeholt. Die Vorstellung, dass einzelne Menschen persönlich und strafrechtlich dafür belangt werden, wie sich die Taten ihres Unternehmens ... auf die industrielle und postindustrielle Zivilisation auswirken, ist, wie es aussieht, unwahrscheinlich. Doch vielleicht lässt sich über bestimmte Gesetze etwas erreichen – etwa wenn es gesetzeswidrig wird, Treibhausgase auszustoßen. Bei einer strafrechtlichen Verfolgung muss das Verbrechen, das mutmaßlich begangen wurde, klar und deutlich schriftlich festgelegt sein. Also müsste man diese Verbrechen als solche definieren.«[124]

Wahrscheinlicher ist es seiner Meinung nach, dass die USA ein neues Amt in der Exekutive schaffen könnten, deren Aufgabe es wäre, sich ausdrücklich für zukünftige Generationen einzusetzen. Genau das hatte die ursprüngliche *Juliana*-Klage erreichen wollen, doch die Jugendlichen bekamen sogar mehr als das. Das Urteil des Obersten Gerichtshofs 2024 löste eine Welle von legislativen und gesetzgeberischen Änderungen aus, die Amerika fest in die Verantwortung nahmen, für die Klimaschäden aufzukommen, die das Land über Jahrhunderte in der ganzen Welt verursacht hatte.

»Zum jetzigen Zeitpunkt erleben wir gerade, wie einige dieser Fälle, etwa ... der Urgenda-Fall in den Niederlanden und möglicherweise auch einige andere, unterstreichen, dass die Verfassungen der jeweiligen Länder oder die regionalen Menschenrechtsvorgaben den Einzelnen vor dem Klimawandel schützen und die Staaten verpflichten, mehr zu tun als das, was sie bisher tun. Also könnte man überall auf der Welt vor Gericht ziehen und argumentieren: ›Euer Versagen, einen Plan zum Klimaschutz vorzulegen, mit dem das 1,5-Grad-Ziel erreichbar ist, bedeutet eine Verletzung unseres in der Verfassung verankerten Rechts auf Leben.‹ Und die Gerichte sagen: ›Ja, das stimmt. Es muss mehr getan werden.‹ Das scheint mir eine gute Möglichkeit zu sein.«

Als die Gerichte auf der ganzen Welt anfingen, sich auf die Seite der Jugendlichen und zukünftiger Generationen zu schlagen, war in Bezug auf die Frage, wie schnell sich Klimaschutzmaßnahmen umsetzen ließen, kein Halten mehr.

In Indien wurden Tiere, Vögel und Flüsse zu juristischen Personen erklärt, und ein Gericht befand, dass die Schäden, die sie durch den Klimawandel erleiden, beschränkt werden müssten.[125] Auf den Cook-Inseln entschieden Gerichte, dass der Pazifik den gleichen Anspruch auf Schutz habe wie Menschen.[126] Endlich verfügte die Erde über den rechtlichen Schutz, der in Anbetracht ihres unersetzlichen Wertes angemessen war.

***

Im Jahr 2030 werden wir möglicherweise Schwierigkeiten haben, uns daran zu erinnern, wie das Leben in den 2010er-Jahren war.

Das Jahrzehnt zwischen 2020 und 2030 wird ein sowohl schreckliches als auch goldenes Zeitalter der Menschheitsgeschichte sein. So etwas hat es noch nie zuvor gegeben. Mit etwas Glück wird so etwas auch nie wieder nötig sein. Wir werden zusammenfinden – manche Menschen willentlich, andere, weil ihnen die Alternativen oder Ausreden ausgehen –, um die besten Entscheidungen im Sinne des Planeten zu treffen. Wir werden erkennen, dass es möglich ist, zukünftigen Generationen eine Welt zu überlassen, die nicht kurz vor dem endgültigen Zusammenbruch steht, indem wir Menschen, die verzweifelt nach einer Lösung suchen, zeigen, was möglich ist, was wir schaffen können.

Wenn wir in den USA das tun, was nötig ist, könnten die Netto-Emissionen bis 2030 auf ganze zehn Prozent des Werts von 2020 gesunken sein. Weltweit könnte der Ausstoß um vierzig Prozent zurückgehen. Wir werden aus dem Zwischenort der Klimakatastrophe in eine weiterhin ungewisse Welt hinaustreten, die aber doch wieder in Richtung Leben strebt.

2030 – 2040:

RADIKALE VERANTWORTUNG

Wir leben im Kapitalismus. Seine Macht scheint unentrinnbar. Doch andererseits galt das auch für das Gottesgnadentum. Der Mensch kann sich gegen jegliche menschliche Macht auflehnen und sie verändern. … Der wunderschöne Lohn dafür heißt nicht Gewinn. Er heißt Freiheit.

– Ursula K. LeGuin

Die öffentliche Debatte über Klimaschutzmaßnahmen reicht meist nur bis zur Erarbeitung und Umsetzung eines Plans, wie die Emissionen radikal reduziert werden könnten. Doch im Grunde fängt die Arbeit da erst an.

Wir brauchen mehr als nur erneuerbare Energien. Wir brauchen mehr als nur das Ende der fossilen Energieunternehmen und des Kapitalismus. Wir brauchen eine ganz neue Art der Gesellschaft.

Wenn wir unsere Aufmerksamkeit nur darauf richten, benzinbetriebene Autos durch elektrisch betriebene zu ersetzen, haben wir das Problem nicht verstanden und landen bei einer Neuauflage des gleichen Systems, das uns die Situation überhaupt eingebrockt hat. In diesem Augenblick des tiefgreifenden Wandels müssen wir uns zuallererst grundlegende Fragen stellen, etwa: Was macht ein gutes Leben aus, und wie können wir es jedem ermöglichen? Wir wissen, dass sich fast alle Aspekte der heutigen Gesellschaft verändern müssen: das Bauwesen, das Verkehrssystem und die Energieversorgung in den Städten, aber auch die Demokratie, das Justizwesen und die Art und Weise, wie wir miteinander und uns selbst umgehen.

Ich habe keine Ahnung, wie das aussehen wird, aber ich weiß, wie ich es herausfinden kann: einfach durch Zuhören. So wird eine neue Politik, ein neuer Umgang miteinander entstehen. Das ist der Unterschied zwischen erneuerbaren *Energien* und einer erneuerbaren *Wirtschaft*.

Die 2030er-Jahre – der Anbruch eines neuen Zeitalters, nachdem wir den Höhepunkt des CO_2-Ausstoßes überschritten haben – werden für das Schicksal der Menschheit genauso entscheidend sein wie die heutigen Bemühungen, einen radikalen und dringend erforderlichen Kurswechsel herbeizuführen. Schon lange bevor Teersand, Zersiedelung und industrielle Landwirtschaft zu Relikten der Vergangenheit werden, müssen wir die Rahmenbedingungen für das festlegen, was danach kommt.

Revolutionäre Betrachtungsweisen der Welt – etwa der Ansatz der Biomimikry, der genau beobachtet, wie die Natur funktioniert – werden uns von unseren aktuellen Strukturen zu Systemen führen, die wirklich allen zugutekommen. Für die große Mehrheit der Weltbevölkerung wird das Leben in einer nachhaltigen Wirtschaft wahrscheinlich viel erfüllender, angenehmer und befriedigender sein als das Leben im Kapitalismus.

Für viele Leute ist das ein radikales Konzept. Das Leben in den 2030er-Jahren wird anders aussehen und anders sein als jetzt im Spätkapitalismus, wo empörende Ungleichheit, Rassismus und Armut ganz offensichtlich zeigen, dass das System auf das Wohlergehen einiger weniger ausgelegt ist – zu denen Sie wahrscheinlich nicht zählen. Das aktuelle System zu ersetzen wird ein zäher Kampf. Unsere Gegner sind die reichsten und mächtigsten Branchen der Weltgeschichte, aber wir haben das Leben auf unserer Seite.

Nach dem radikalen Umdenken in den 2020er-Jahren sind wir bereit, uns an die schwere Aufgabe heranzuwagen, fossile Brennstoffe überflüssig zu machen und Lebensweisen, die die Erde schädigen, abzuschaffen, zugunsten von Systemen, die unserer eigenen Gesundheit und der des Planeten Vorrang einräumen.

Mit den Vereinigten Staaten an der Spitze – und geleitet von einem ausgeprägten Gerechtigkeitsempfinden – ist es möglich, in relativ kurzer Zeit fast komplett auf fossile Brennstoffe zu verzichten. Amerika erreichte den höchsten CO_2-Ausstoß im Jahr 2005, in der zweiten Amtszeit von George W. Bush, was vor allem daran lag, dass danach Erdgas an die Stelle von Kohle trat. 2035 könnten die Vereinigten Staaten vollständig CO_2-neutral sein, wenn sie von Gas auf erneuerbare Energien umsteigen. In China, dem Land mit dem größten Treibhausgasausstoß, deuten die Entwicklungen darauf hin, dass der Höhepunkt der Emissionen um das Jahr 2030 erreicht sein und es danach zu einem starken Rückgang kommen könnte. So – oder so ähnlich – sieht der Zeitplan aus, der laut der Wissenschaft eingehalten werden müsste, um ein Klimasystem zu verhindern, das sich unkontrolliert erwärmt.

Dieser Zeitplan beinhaltet nicht nur einen vollständigen Umstieg auf eine CO_2-freie Energiegewinnung durch einen Energiemix aus Geothermie, Wind-, Solar- und Wasserkraft. Es reicht auch nicht aus, Stück für Stück die mit Erdölprodukten betriebenen Motoren aller Autos, Lkw, Züge, Schiffe und Flugzeuge abzuschaffen. In diesem Plan enthalten sind auch die schwierigen Aufgaben, die bisher selten zur Sprache kommen: Wir brauchen Alternativen zu den auf fossilen Brennstoffen basierenden chemischen Düngemitteln in der Landwirtschaft und neue Wege bei der Zementherstellung. Unsere ganze Wirtschaft muss von Grund auf neu erschaffen werden – im Krisentempo.

Dieser Übergang ist nicht zu schaffen, ohne den Kapitalismus aufzugeben. Das Ewiges-Wachstum-Modell ist einfach nicht für ein Zeitalter gemacht, in dem sich die Erde rapide verändert. In einer Welt, in der die reichsten 85 Menschen so viel besitzen wie die unteren 3,5 Milliarden und in der die wohlhabendsten zehn Prozent für 49 Prozent des Treibhausgasausstoßes verantwortlich sind, sind es nicht die individuellen Entscheidungen, die den Klimawandel vorantreiben. Wenn uns erst einmal klar wird, dass reiche Leute aus selbstsüchtigen Gründen die Bewohnbarkeit des Planeten geopfert haben, werden wir einen revolutionären Wandel fordern. Systematisch die Nutzung fossiler Brennstoffe herunterzufahren und gleichzeitig eine dezentrale Energieversorgung aufzubauen, ist zutiefst antikapitalistisch, aber es ist nur ein erster Schritt. Um eine gesellschaftliche und wirtschaftliche Befreiung in Zeiten der Klimakatastrophe zu erreichen, müssen wir noch viel weiter gehen.

DAS LEBEN NACH DEM KAPITALISMUS

Wenn das, was wir seit Jahrhunderten praktizieren, uns an den Rand eines Massenaussterbens gebracht hat, ist es vielleicht an der Zeit, etwas Neues auszuprobieren.

Um die Zukunft herbeizuführen, die wir uns wünschen, müssen wir Optionen jenseits unseres aktuellen Systems in Erwägung ziehen. Kate Raworth glaubt, dass sie einer Lösung auf der Spur ist. In ihrem 2017 erschienenen Buch *Die Donut-Ökonomie* präsentiert sie einen Neuentwurf für die Weltwirtschaft im 21. Jahrhundert. Eine Kreislaufwirtschaft, wie sie sie beschreibt, würde gleichzeitig das Wohlbefinden der Menschheit in den Vordergrund stellen und die Beschränkungen unseres Planeten respektieren.

Raworths Donut-Bild führt uns vor Augen, in welchem Bereich sich eine Gesellschaft auf einem Planeten mit begrenzten Ressourcen bewegen muss, wenn sie florieren soll. Der innere Kreis steht für Gleichheit, Gerechtigkeit und andere Grundbedürfnisse – unverhandelbare Eckpfeiler einer gesunden Zivilisation. Der äußere Rand umfasst Umweltfaktoren, die unsere Existenz bedrohen, wenn wir uns keinerlei Beschränkungen auferlegen. Raworths Idee ist schlicht und revolutionär: Wir müssen die Gesellschaft zwischen diesen beiden Begrenzungen halten, im Donut selbst, um eine blühende Welt zu erhalten.

»In einer Kreislaufwirtschaft, einer zyklischen Wirtschaft, gibt es keinen Müll«, erklärte die Autorin mir. »Es gibt nur Ressourcen am falschen Ort. Das gilt für Kohlendioxid genauso wie für weggeworfenes Plastik. Der Abfall eines Prozesses ist das Material des nächsten.«[127]

Man kann es sich wie eine Extremform des Recyclings vorstellen. Wir werden nicht nur alles wiederverwenden, sondern auch die Herstellungs- und Industrieprozesse so umstellen, dass das Konzept des Abfalls an sich überflüssig ist. Um dorthin zu gelangen, wo wir hinwollen, müssen wir uns als Gesellschaft auf eine Kultur der Reparatur und Wartung hin ausrichten statt auf kurzfristig ausgelegte Innovation und Effizienz.[128]

»Das heutige lineare und degenerative Industriesystem basiert auf der ›Nehmen-herstellen-nutzen-wegwerfen-Praxis‹: Wir nehmen Materialien, stellen daraus das gewünschte Produkt her, benutzen es für eine gewisse Zeit und werfen es dann weg.«[129] Eine Gesellschaft, die mit dem Konzept des Abfalls abgeschlossen hat, wird ihre Mitglieder nicht länger als Wegwerfwaren betrachten, sagte mir Raworth.

Obwohl Raworth diese Überlegungen frisch und unterhaltsam aufbereitet, ist die Vorstellung, mit dem auszukommen, was zur Verfügung steht, ganz und gar nicht neu. Die Kreislaufwirtschaft trägt viele Namen – »regenerative Wirtschaft«, »Postwachstum« – und beschreibt eine bestimmte Form der Nachhaltigkeit, deren Fokus darauf liegt, Bedürfnisse zu erfüllen, statt mit Wünschen mitzuhalten. Im Gegensatz zu den Wirtschaftstheorien und -philosophien des *post-scarcity*-Ansatzes (»nach der Knappheit«) – etwa dem Transhumanismus, dem Ökomodernismus oder dem »vollautomatisierten Luxuskommunismus«, die davon ausgehen, dass wir verstärkt auf Technik setzen, um die Vorteile der extrem gesteigerten Arbeitsproduktivität zu nutzen – stellt sich die Kreislaufwirtschaft gegen ein Wachstum um des Wachstums willen. Da Knappheit ein existierendes Problem ist, vor allem in Bezug auf die Zeit, die uns bleibt, um die Gesellschaft in Reaktion auf den Klimawandel zu transformieren, muss die Bewegung hin zu einer besseren Welt die Prinzipien Gleichheit und Gerechtigkeit in den Mittelpunkt stellen. Raworths Wirtschaftsmodell, das anerkennt, dass jedes Lebewesen zählt und das Leben selbst im Augenblick in Gefahr schwebt, minimiert den Abfall, um so für das maximale Wohlergehen aller sorgen zu können.

Die Wüste mit Sonnenkollektoren zu überziehen oder die Straßen mit Elektroautos zu füllen ist genauso wenig eine nachhaltige Lösung, wie eine auf Monokultur ausgelegte Landwirtschaft gegen den Hunger in der Welt hilft. Und die CO_2-Steuer an sich ist nicht in der Lage, den Kapitalismus zu reformieren. Derartige marktbasierte Mechanismen festigen bloß den Status quo, der uns die ganze Sache überhaupt eingebrockt hat, und setzen weiter auf die irrige Überzeugung, mehr sei besser. Postwachstum heißt nicht Mangel und Verzicht. Es heißt, darauf zu vertrauen, dass der einzige Planet im bekannten Universum, der Leben beherbergt, mehr als genug für uns alle hervorbringen wird, wenn wir uns nur gut um ihn kümmern.

Raworth zufolge kann ihr Donut-Konzept dazu beitragen, die Art von Lösungen zu entwerfen, die wir brauchen. Und mehr noch: Es könnte eine praktische Anwendung eines Umdenkprozesses in unserer Zivilisation liefern. Wir würden uns von der Vorstellung der Natur als Verbrauchsressource verabschieden und auf ein Konzept zusteuern, das besser zum ökologischen Verständnis des Menschen als Teil eines ineinander verflochtenen Systems passt. Eine Kreislaufwirtschaft, die auf den Ideen der Gerechtigkeit und Gleichheit aufbaut, könnte alles wieder ins Gleichgewicht bringen.

Das Wirtschaftssystem, das in den 2030er-Jahren entstehen wird, beginnt mit dem Donut, doch es könnte letztendlich ganz anders aussehen als alles, was wir uns momentan vorstellen. Einige Schlüsselideen, die jetzt schon diskutiert werden, könnten zu Dreh- und Angelpunkten einer solchen Gesellschaft werden. Unsere Arbeit, alles, was wir entwickeln und erschaffen, und unsere Beziehungen werden Teil einer ganz neuen Realität sein.

Da der Begriff »Kapitalismus« zu vorbelastet ist, glaubt Raworth, dass wir nicht daran herumdoktern, sondern ihn ganz über Bord werfen sollten. Statt »Kapitalismus« durch »Sozialismus« oder »Kommunismus« oder eine andere ideologisch aufgeladene Bezeichnung zu ersetzen, meinte sie: »Lassen Sie uns doch einfach noch einmal über das Wort ›florieren‹ nachdenken und schauen, was für eine Wirtschaftsform dabei herauskommt. Wir würden uns dafür entscheiden, die alten ›-ismen‹ der Vergangenheit fallenzulassen.«[130]

Egal, wie wir es nennen oder welche politischen Vorstellungen dahinterstehen – wie unser Wirtschaftssystem in Zukunft aussehen, ja sein wird, rückt bereits jetzt in den Fokus.

WIE WÜRDE SICH DER ÜBERGANG ZU EINER POSTWACHSTUMSWIRTSCHAFT ANFÜHLEN?

Radikale Ideen wie diese in die Realität umzusetzen, kann aus heutiger Sicht beängstigend wirken. Damit sie schnell angenommen werden, müssen sie sowohl unmissverständlich formuliert als auch ambitioniert sein. Wenn sich die Gesellschaft gemeinschaftlich zum Ziel setzt, das Leben aller zu verbessern, statt die Reichen noch reicher zu machen, verschafft uns das die moralische Klarheit, die wir für diese neue Phase der Geschichte brauchen.

Uganda könnte ein Versuchslabor für die Entwicklung neuer landwirtschaftlicher Methoden werden, die auf Artenvielfalt und mehrjährige Nutzpflanzen setzen. Fabriken dort könnten Plastikalternativen auf Pflanzenbasis herstellen, die mittels eines neu angelegten Schienennetzes für Hochgeschwindigkeitszüge im ganzen afrikanischen Kontinent vertrieben würden.

Der Iran könnte von dem Geschäft mit fossilen Brennstoffen auf die Herstellung von CO_2-bindendem Zement umsteigen, mit Universitäten, die neue Architekturstile entwickeln und so eine Revolution der Bautechniken auf der ganzen Welt auslösen.

Die karibischen Inseln könnten sich von der höchst unbeständigen und ausbeuterischen Tourismuswirtschaft ab- und einer breiter gefassten Philosophie des Lebens an der Küste zuwenden, mit starken innergemeinschaftlichen Bindungen und viel Widerstandsgeist. Sie könnten Pionierarbeit bei der Erforschung neuer Formen der Wellenenergie leisten, dank der sich jede Küstenstadt der Erde ohne große Auswirkungen auf die Umwelt mit Strom versorgen ließe.

In den USA könnte man die alten Fabriken in Detroit wieder in Betrieb nehmen, als Zentren der grünen Wirtschaft. Fast alles, was den Übergang zu einer emissionsfreien Wirtschaft vorantreibt, könnte hier produziert werden, zumindest in kleinen Mengen, von Bahnwaggons für Uganda über elektrische Wasserkocher für die andere Seite der Stadt. Die Einwohnerzahl von Detroit würde sich möglicherweise verdoppeln, vielleicht sogar über den bisherigen Höchststand hinaus, der erreicht wurde, als ihre Wirtschaft sich noch rund um die Benzinfresser drehte.

In Ortschaften und Städten überall auf der Welt, von Indien über Peru bis nach Ägypten, wäre eine gewisse freudige Erwartung zu verspüren, weil die Menschheit hinter einem gemeinsamen Ziel vereint ist: die Katastrophe abzuwenden durch den Aufbau einer Gesellschaft, die wir immer schon verdient hatten.

***

So sehen Raworths Vorstellungen darüber aus, was nötig wäre, damit diese Visionen wahr werden können:

Bis 2040 befinden wir uns auf dem Weg zurück in die Donut-Zone. Wir werden es bis dahin nicht geschafft haben, dass kein Mensch mehr an Entbehrungen leidet oder dass wir wieder unter 350 ppm liegen. Aber wir bewegen uns eindeutig in die richtige Richtung. Dann lautet die Frage: Welche wirtschaftlichen Dynamiken wirken nun?

Wichtig ist, dass wir jetzt in einer Welt leben, in der die Regierungen nicht mehr regelmäßig mit großem Pathos berichten, wie hoch genau das Bruttoinlandsprodukt liegt und welche minimalen Veränderungen sich dort abzeichnen. ... Sind es dieses Quartal 2,0 oder 2,3 Prozent? Das ist vorbei. Die Regierungen haben jetzt die Pflicht, uns darüber zu informieren, wie weit wir mit unseren Bemühungen gekommen sind, die Bedürfnisse der gesamten Bevölkerung zu erfüllen. Die Gesetze, die wir auf den Weg gebracht haben, sorgen dafür, dass wir uns langsam wieder innerhalb der Grenzen bewegen, die von der Erde vorgegeben sind. Es geht also nicht nur um den Klimawandel. Wir reden über eine florierende Welt, und da die Öffentlichkeit, die Regierung und die Wirtschaft besser informiert sind, kennen sie sich mit diesen verschiedenen Beschränkungen der Erde aus.

Wir sind in den vergangenen Jahren Experten im Bereich CO_2-Bilanz geworden. Aber bis 2040 werden wir Experten für die ganze Bandbreite unseres Fußabdrucks in der Natur sein. ... Erfolge werden anhand des Donut-Bildes oder etwas ganz Ähnlichem gemessen.

Wir werden in der Lage sein, die politischen Entscheidungen von heute und die Zukunft deutlich besser miteinander in Verbindung zu bringen. Die Regierungen werden deutlich stärker für die sozialen und ökologischen Auswirkungen ihres Tuns zur Rechenschaft gezogen. ... Wir werden nicht mehr über Wachstum reden. Wir werden über das Florieren im neuen Sinne sprechen. Unsere grundlegende Vorstellung davon, was wirtschaftlichen Erfolg ausmacht, wird sich verschoben haben.[131]

Um einen schnellen Übergang zu einer Gesellschaft zu schaffen, die inmitten der immer schlimmer werdenden Klimakatastrophe das Wohlergehen aller im Blick hat, müssen wir die

Alternative so gestalten, dass sie – selbst für die Kapitalisten! – verlockender ist als unser aktuelles System.

Das Ziel der Überwindung des Klimawandels ist schließlich nicht nur das Überleben, sondern ein gutes Leben. Der Globale Marshallplan könnte dazu beitragen, einen Ausgleich in der Weltwirtschaft zu schaffen, sodass sich die Lücke zwischen armen und reichen Ländern schnell schließt, was die allgemeine Debatte um Milliarden neue Stimmen, Hoffnungen und Träume erweitern würde. So träfen aus allen Richtungen gleichzeitig Vorschläge und Hinweise dazu ein, wie die Transformation ablaufen könnte, und eine Fülle von Meinungen, Speisen, Kleidungsgewohnheiten, Memes und kulturellen Elementen würde unser Leben bereichern wie noch nie zuvor in der Geschichte der Menschheit. So fühlt sich Befreiung an.

Laut Raworth wird dieser Austausch von kreativen Visionen zum Teil durch die radikale Demokratisierung der Produktionsmittel angetrieben werden:

> *Wir haben es mit einer noch nie da gewesenen Chance zu tun, Technologien zu vertiefen und zu sagen: Wir wollen das Einkommen nicht einfach umverteilen. Wir wollen die Quellen der Vermögensbildung vorab aufteilen, ebenso wie die Möglichkeiten, Wissen zu schaffen, zu vermitteln und zu vergrößern.*
>
> *So lassen wir den Ertrag der gesamten Wirtschaft zufließen, statt ihn bei dem einen Prozent zu belassen, was für mehr Gesundheit und Ausgleich bei den kleineren Unternehmen und für Reinvestitionen in die lokale Wirtschaft sorgt. Globaler Ideenaustausch, aber lokale Produktion.*[132]

Raworth nennt das eine »Ökonomie des Verwaltens«, eine veränderte Denkweise, die nicht mehr auf Produzenten und

Konsumenten setzt, sondern auf gemeinsames Erschaffen und Teilen. Das ist der innewohnende Optimismus einer Postwachstums-Ökonomie. Die radikalen Veränderungen verlangen von uns, Beziehungen zueinander zu knüpfen und zu pflegen wie noch nie zuvor. Wir werden auf Kooperation statt Wettbewerb setzen, weil wir sehen, wie viel besser es uns in einer Welt geht, die als System zusammenarbeitet.

In Ländern wie Puerto Rico, Indien und Uganda werden sich die über Jahrhunderte reichenden Auswirkungen des Kolonialismus proaktiv in ihr Gegenteil verkehren, durch politische und wirtschaftliche Selbstbestimmung, Entschädigungszahlungen und aggressive Klimaschutzmaßnahmen.

***

Beim Blick auf das Leben jenseits des Kapitalismus erkennen wir, dass es derzeitig zugleich von Zerstörung und Schöpfung geprägt ist, und das ist auch nötig, um die verdorbenen Kernvorstellungen und -konzepte des alten Paradigmas auszumachen, welches unser Tun über Jahrhunderte bestimmt hat: die kolonialistische, ausbeuterische, von weißen Männern dominierte Gesellschaft, die auf das Wohlergehen eines bestimmten Typus Mensch ausgelegt ist, auf Kosten praktisch aller anderen und der Ökosysteme des Planeten. Wir sollten uns schon jetzt darum bemühen, dieses Paradigma aktiv aufzubrechen und ein ganz neues System aufzubauen.

Eine am Mitmenschen orientierte Gesellschaft, die auf Vertrauen und Konsens baut statt auf Herrschaft, entsteht nicht einfach von selbst; sie muss gefördert werden. Wenn Raworth über die Ökonomen des 21. Jahrhunderts spricht, klingen sie eher wie Gärtner als wie Zahlenoptimierer. Nicht nur die Mächtigsten, sondern wir alle sollten ein Mitspracherecht dabei haben, welches die Schlüsselthemen in der neuen Gesellschaft sind, und dazu braucht es eine auf Dialog basierende Welt, die regenerativ angelegt ist und grundsätzlich jegliches Leben schützt. Malen wir uns einmal aus, wie das aussehen könnte.

2030–2032: DIREKTE DEMOKRATIE FÜR DAS KLIMAZEITALTER

Anfang der 2030er-Jahre standen große Entscheidungen an, die die Bewohner der Erde schnell zu fällen hatten. Das Zusammenspiel aus der Dringlichkeit des Augenblicks und dem Ausmaß unserer früheren Taten verlangte von uns, neue Wege zu ersinnen, wie sich in einer global verknüpften Welt Demokratie ausüben ließe.

Dezentralisierte Entscheidungen und die direkte Demokratie wurden zur neuen Realität, in einem Umfang, den wir nie für möglich gehalten hätten. Der Triumph der auf kommunaler Ebene getroffenen Entscheidungen des Globalen Marshallplans Ende der 2020er hatte einen ganz neuen Optimismus in der Welt ausgelöst. Überall begann man, das zu tun, was nötig war, nicht nur das, was möglich war. Zusammen überwanden wir die Gefahren des kurzfristigen Denkens, das der Kapitalismus im zwanzigsten Jahrhundert gefördert und das für einen Zusammenbruch unserer Fähigkeit, richtungsweisende Entscheidungen in Bezug auf den Klimawandel zu treffen, gesorgt hatte.

Nun betrachteten wir die Demokratie nicht länger als ein Werkzeug, um die Wünsche der Reichen und Mächtigen abzunicken, sondern als Motor der Selbstbestimmung bis hinab auf die lokale Ebene, durch eine florierende Kultur der Bürgerversammlungen. Anfang der 2030er-Jahre fanden einige der erfolgreichsten Bürgerversammlungen in Indien statt, dem Land, das sich zunehmend zum Epizentrum der Klimakatastrophe und der Klimalösungen gleichermaßen entwickelte. Für Indien, die größte Demokratie der Welt, war dies die Zeit, in der das Land einen nötigen, wenn auch komplizierten ersten Schritt hin zu einer Gesellschaft machte, in der jede Stimme gehört wird.

Auch in den USA kamen in Tausenden Hallen Menschen zusammen, um sich in direktem Austausch miteinander über die Einzelheiten der laufenden Umstellungen abzustimmen. Langsam, aber immer selbstbewusster lösten wir uns von den etablierten Inseln der Macht und des Profits, sodass wir die Produktionsmittel dezentralisieren und umverteilen konnten, um eine gerechtere Repräsentation im Land und schließlich auch in den Wirtschaftssystemen auf der ganzen Welt zu erreichen. Die Umstellung auf eine regenerative Wirtschaft erlaubte uns, die Macht über das Klima zurückzuerobern und dabei auch die Gerechtigkeit wiederherzustellen.

In diesem Jahrzehnt, in dem die USA, China und viele Länder Europas ihren CO_2-Ausstoß reduzierten, wurde Indien – jetzt die bevölkerungsreichste Nation der Welt – zum größten Verursacher von Treibhausgasemissionen. Dabei litt das Land schwerer unter den immer katastrophaleren Wetterereignissen als je zuvor.

Im Verlauf der 2030er-Jahre wurden die anhaltenden Hitzewellen in Indien immer schlimmer, sie zählten zu den tödlichsten Extremwetterereignissen der Erde. In Kolkata (Kalkutta) traten sie mittlerweile jährlich auf, doch auch die Bewohner von Mumbai (Bombay), Delhi und Chennai (Madras) erlebten immer wieder unerträglich heiße Phasen. Insgesamt waren mehr als 800 Millionen Menschen in Indien in ihrem Alltag regelmäßig potenziell tödlichen Temperaturen ausgesetzt.

Während es in Indien immer wahrscheinlicher wurde, dass man bis zum Ende des Jahrhunderts Hitzeindexwerte von bis zu 77 Grad erreichen würde – Temperaturen, bei denen der menschliche Körper nicht überleben kann und die höher sind als alles, was die Erde in den letzten fünfzig Millionen Jahren erlebt hat –, organisierten sich die Bürger des Landes und erklärten gemeinschaftlich, dass Klimaanlagen ein grundlegendes Menschenrecht seien, sodass die 300 Millionen Inder, die bislang ohne eine Anlage hatten auskommen müssen, nun ein Recht darauf hatten, ebenso wie auf Elektrizität, Gesundheitsversorgung, Wohnraum und ein Grundeinkommen.

Durch diese Verschiebung hin zu einer direkten Demokratie und einer umfassenden sozialen Absicherung entwickelte sich Indien zum moralischen Zentrum der globalen Geopolitik und diente Ländern auf der ganzen Welt als Modell dafür, wie man eine Politik betreibt, die ehemals marginalisierte Gruppen in den Mittelpunkt rückt und in der Folge eine regenerativere Wirtschaft und eine egalitärere Gesellschaft schafft. Jede Entscheidung bringt Gewinner und Verlierer hervor, und endlich zählte die gewaltige Zahl von Menschen, denen über Jahrhunderte systematisch ein gutes Leben verweigert worden war, zu den Gewinnern.

Viele Länder Afrikas folgten Indiens Vorbild und setzten ähnliche politische Maßnahmen durch, damit die 600 Millionen Menschen, die immer noch keine Stromversorgung hatten, endlich an den Rest der Welt angeschlossen wurden. Der lange vom Kolonialismus und dessen ausbeuterischen Praktiken gebeutelte Kontinent stieg in den 2030er-Jahren zum Vorbild in Sachen Frieden, Wohlstand und Erfolgsaussichten auf. Gegen

Ende des Jahrzehnts galten die meisten Länder in Afrika als Nationen mit mittlerem Einkommen.

Ähnlich erging es Puerto Rico: Zwanzig Jahre nach dem Hurrikan Maria begann die Insel, von eben dem Wohlstand und den Ressourcen zu profitieren, die ihr geraubt worden waren. Die Arbeit, die die Klimagerechtigkeitsbewegung in den 2020er-Jahren nach dem Wirbelsturm geleistet hatte, indem sie Straßenküchen betrieb und verlassene Gebäude sanierte und für die Öffentlichkeit öffnete, machte sich in Form einer blühenden lokalen Wirtschaft bezahlt.

»Nach dem Sturm«, erklärte Professorin Marisol LeBrón, »organisierten sich die Menschen. Und sie sagten: ›Egal ob die Regierung etwas unternimmt, sei es auf Bundes- oder auf lokaler Ebene, wir werden versuchen, das zu tun, was nötig ist, um uns zu schützen und unsere Gemeinschaft widerstandsfähig und sicher zu machen.‹ Die Menschen dachten über neue Wege nach, das zu erreichen.«[133]

Überall in Puerto Rico machten sich Graswurzelbewegungen an die Lösung der Probleme, die typischerweise mit dem Klimawandel einhergingen, die sozialen und umweltbezogenen Risiken, die der Wirbelsturm nur noch verschärft hatte. »Die Leute fingen an, diese Dinge kommunal selbst in die Hand zu nehmen«, erzählte mir LeBrón. »Sie kümmerten sich um die Arbeit im Kleinen, um die langwierige und schwere Aufgabe, den Menschen mehr Wissen über die Umwelt und ihren Einfluss auf sie zu vermitteln.« Die Bewohner Puerto Ricos verstanden, dass es in ihrer Hand lag, ihr Land wieder für sich zu beanspruchen und für eine unabhängige Energieversorgung zu kämpfen, weil jederzeit die nächste klimawandelbedingte Katastrophe über sie hereinbrechen konnte. Gleichzeitig wehrten sie sich gegen den Neoliberalismus und seine Annahme, dass Bürger mit weniger Unterstützung durch die Regierung zurechtkommen könnten und sollten. Sie verlangten geschlossen, dass der Staat weiterhin für die Ressourcen und Dienstleistungen aufkommen solle, die die Gemeinden benötigten, um sich zu erholen und dann zu florieren. Diese Forderung nach einer wechselseitigen Partnerschaft bildete den Kernaspekt der lange verschleppten tatsächlichen Dekolonisation, die sich in den 2030er-Jahren auf der ganzen Welt durchsetzte, von Puerto Rico über Indien bis nach Afrika. In ehemaligen Kolonien wie Kanada, den USA und Mexiko wurde damit begonnen, der indigenen Bevölkerung das Land zurückzugeben, das die Kolonialmächte und frühere Regierungen ihnen geraubt hatten.

2033–2038: DER AUFBAU EINER NEUEN WELT

Sowohl in den Industrie- als auch in den Entwicklungsländern kam es in den 2030er-Jahren zu raschen und dauerhaften Veränderungen in allen Aspekten der Gesellschaft. Da der Weltklimarat 2018 erklärt hatte, dass genau das nötig sei, taten wir es auch.

In den Vereinigten Staaten erkannten wir, dass es uns wichtiger war, Zeit miteinander zu verbringen, als Dinge zu besitzen, also verabschiedeten wir uns vom Standardmodell eines Einfamilienhauses in einem Wohnviertel, in dem man auf ein Auto angewiesen ist. In einer Million städtischen und regionalen Beratungstreffen im ganzen Land stimmte die Bevölkerung für eine Neugestaltung der Wohnviertel. Plötzlich waren Zwei- und Dreifamilienhäuser angesagt, und immer mehr Menschen lebten ganz in der Nähe ihrer Freunde und Verwandten statt auf der anderen Seite der Stadt oder des Landes. Massive Investitionen in den öffentlichen Nahverkehr und die Fahrradinfrastruktur machten das Reisen günstig, sicher und effizient. Kleine Geschäfte und Firmen erlebten einen neuen Boom.

Überall in den Entwicklungsländern brachten die zunehmend schlimmeren Auswirkungen des Klimawandels und die fortdauernde Luft-, Wasser-, Boden- und Lärmverschmutzung durch die auf fossilen Brennstoffen basierende Wirtschaft die Regierungen dazu, die massiven Entschädigungszahlungen, die sie von Unternehmen und Ländern erhielten, die die Krise verschuldet hatten, vor allem in das öffentliche Gesundheitswesen und das Wohlbefinden der Bevölkerung zu investieren. Das Geld war eingetroffen, nachdem einige Klagen erfolgreich die Erfüllung und Durchsetzung der Abkommen eingefordert hatten, die in den 2020er-Jahren auf UN-Gipfeln geschlossen worden waren. Der Bau neuer Krankenhäuser, Schulen, Bibliotheken, Parks und Kulturzentren – der Grundlage dessen, was das Leben lebenswert macht – verschaffte den Leuten, die in der Weltwirtschaft seit Jahrhunderten den Kürzeren gezogen hatten, endlich die gleichen Voraussetzungen. An vielen Orten der Welt bedeutete die Anpassung des Alltagslebens an den Klimawandel, dass mehr Menschen überlebten und ein gutes Leben genießen konnten, wie es zu Zeiten des Kapitalismus nie möglich gewesen war. Neben der Entstehung einer Milliarde neuer Jobs auf der Welt wurden Dutzende Billionen Dollar in lokale Gemeinschaften investiert, mit nur einem Ziel: die menschliche Zivilisation so umzubauen, dass sie das Wohlergehen aller anstrebt.

***

2030 lebten zwei Drittel der Weltbevölkerung in Städten. Das machte einen neuen Ansatz erforderlich.

Meine Stadt, Saint Paul im US-Bundesstaat Minnesota, hatte in den 2010er-Jahren einen Plan entwickelt, der eine große

Transformation bis 2040 vorsah. Ich erlebte die Veränderungen überall in meiner Umgebung. Saint Paul bezeichnet sich selbst als »die lebenswerteste Stadt in Amerika«, aber auch hier wurde das Wetter immer extremer, wie überall. Wenn sich nichts änderte, würde sich die Anzahl der übermäßig heißen Tage bis zum Ende des Jahrhunderts verdreifachen und die Unwetter fünfzig Prozent mehr Niederschlag bringen.

Um den radikalen Kurswechsel in die Tat umzusetzen, fing meine Stadt nun an,

- jedes Gebäude so umzubauen, dass es nur noch erneuerbare Energien nutzte;
- öffentlich finanzierte Solaranlagen zu installieren;
- das Autofahren um vierzig Prozent zu reduzieren, indem man Parkplätze abschaffte, eine Innenstadtmaut einführte und Autobahnen zurückbaute;
- selbstfahrende E-Autos, E-Fahrräder und Roller für die »letzte Meile« zuzulassen;
- Hunderte Kilometer neuer Fahrrad- und Gehwege an jeder Straße anzulegen und
- die Abfallmenge um achtzig Prozent zu reduzieren.

Die Initiative in Saint Paul, die ähnlich umfassend und ambitioniert war wie die Pläne von New York und der kalifornischen Städte, bewies dem Rest des Landes, dass CO_2-neutrale Städte möglich waren – auch im Mittleren Westen. Der Erfolg zog ähnliche Initiativen im In- und Ausland nach sich. Auf der anderen Seite des Mississippi traute sich Minneapolis, kurzfristig eine radikale Vision umzusetzen – die Großstadt beschloss als erste im Land die Abschaffung aller Einfamilienhaussiedlungen.

2033, als meine Söhne die Highschool besuchten, wurde eine neue Straßenbahnlinie durch unser Wohnviertel Highland Park eröffnet. Am Ende unserer Straße entstand aus einem alten Firmengelände von Ford ein ganz neues, fußgänger- und fahrradfreundliches, klimaneutrales Wohnviertel, ein Bauprojekt, das in den 2040er-Jahren fertiggestellt wurde.

Als die Vision einer autofreien Stadt in Saint Paul Realität wurde, wohnte niemand dort mehr als einige Hundert Meter von der nächsten Nahverkehrshaltestelle entfernt, wo man den E-Roller aufladen und in den Bus steigen konnte. Nie wieder Stau – ein Verkehrsparadies.

Anfang der 2030er-Jahre, als die USA damit begannen, einen ausgeweiteten Green New Deal umzusetzen, richteten wir unsere Aufmerksamkeit darauf, wie man strukturell mehr Mitgefühl und Nähe erzeugen könnte, um Gemeinschaften angesichts der ständigen Veränderungen widerstandsfähiger zu machen.

In seiner Antrittsrede sprach der erste afroamerikanische Bürgermeister von Saint Paul, Melvin Carter, 2018 darüber, dass er überraschenderweise so etwas wie ein Verbindungsglied zwischen der Vergangenheit und der Zukunft der Stadt sei. Rondo, das Stadtviertel, in dem Carter aufgewachsen war – und in dem das Haus seiner Großeltern gestanden hatte –, war in den 1950er-Jahren teilweise abgerissen worden, um Platz für den Bau des Interstate 94 zu schaffen. Davon erholte sich das Viertel nie so richtig, aber Carter malte sich eine bessere Zukunft aus: »Wir haben Angst, dass Gleichheit bedeutet, denjenigen den Rücken zu kehren, denen es gut geht«, sagte er in der Rede, »dass Fahrräder, Verdichtung und Nahverkehr unser Viertel verändern werden. … Wir haben Angst, wählen zu müssen – zwischen dem Fortbestand der Traditionen, die unseren Eltern am Herzen lagen, und dem Bau der Stadt, die unsere Kinder verdienen. Ich verstehe diese Ängste. Die Schnellstraße hat meiner Familie alles genommen, daher bin ich der Erste, der zugibt, dass Veränderungen beängstigend sein können.«[134]

Rondo galt mehr als hundert Jahre lang als Zentrum der

schwarzen Kultur. Das im Jahr 1934 eingeführte Hauskaufprogramm der Federal Housing Administration ging mit diskriminierenden Vorgaben einher, die bestimmte Bezirke in Städten überall im ganzen Land benachteiligten. Dazu zählten vor allem von Schwarzen und Menschen mit geringem Einkommen bewohnte Viertel, von denen die Banken glaubten, dass das Kreditausfallrisiko dort höher sei – auch Rondo. Die Auswirkungen dieses »Redlining« machten sich in Saint Paul wie in vielen anderen Städten über Jahrzehnte bemerkbar; es vermittelte den Eindruck, bestimmte Viertel seien entbehrlich – sie wurden für Infrastrukturprojekte geopfert, die fast ausschließlich der weißen Mehrheit zugutekamen. Über einen zu langen Zeitraum hinweg mangelte es in diesen Vierteln an Gehwegen und fußgängerfreundlicher Infrastruktur, zum Teil, weil die Städte sie in Durchfahrtsstraßen für wohlhabendere Menschen umwandelten, die auf dem Weg aus den Vororten in die Innenstadt waren. Aus diesem Grund standen die People of Color groß angelegten Infrastrukturvorhaben, die sich weiße Umweltschützer ausgedacht hatten, eher skeptisch gegenüber. Doch als die Projekte in den 2030er-Jahren positive Auswirkungen für alle hatten, unabhängig von der Hautfarbe und dem sozioökonomischen Hintergrund, wandelte sich das öffentliche Meinungsbild.

Der Green New Deal beinhaltete proaktive Maßnahmen zugunsten von Gleichheit und Gerechtigkeit, um nach Jahrhunderten der Diskriminierung und des Rassismus einen Ausgleich zu schaffen – nicht nur in Saint Paul, sondern in Städten und Gemeinden im gesamten Mittleren Westen und entlang der Ost- und Westküste.

2033 trug der Rückbau einer Autobahn, der in Carters Klimaplan vorgesehen war, dazu bei, einen Teil der Ausgrenzungs- und Autokultur des späten zwanzigsten Jahrhunderts wiedergutzumachen. So entstand ein neues Rondo, eine handfeste Erinnerung daran, dass es niemals zu spät ist, unsere früheren Fehler zu korrigieren und gemeinsam nach vorn zu schauen. Carter beließ es nicht dabei, die Autoinfrastruktur zu entfernen, er beschaffte auch staatliche Mittel, um die Wohngebiete wiederaufzubauen, die Jahrzehnte zuvor plattgemacht worden waren, und erklärte eine neue universelle Wohnraumgarantie. Für den Bau und zahllose andere Aufgaben beauftragte man Arbeiter aus Saint Paul. Alle Jobs gingen mit dem vollen Satz an Sozialleistungen einher – kostenlose Gesundheitsversorgung, kostenloses Studium und ein Grundeinkommen, mit dem jeder Mensch in den USA die lebensnotwendigen Kosten decken konnte, um Zeit zu haben, seine Träume zu verwirklichen. Wir machten uns daran, nicht nur die den Schwarzen geraubten Wohnviertel wiederzubeschaffen, sondern auch den indigenen Stämmen das vor Jahrhunderten geraubte Land zurückzugeben. 2040 diente Saint Paul überall als Vorbild für eine Stadt, die auf das Wohlergehen aller ausgelegt war.

»Wir alle schauen auf eine lange Reihe von Vorfahren zurück, die als Immigranten und Flüchtlinge unvorstellbare Hindernisse überwunden haben, um in Saint Paul Hoffnung zu finden«, sagte Carter damals im Jahr 2018. »Diese wunderschöne, mannigfaltige Stadt, die sie für uns gebaut haben, ist unser Ticket in die Zukunft.«[135]

So sahen Dekolonisation und transformativer Wandel in den 2030er-Jahren in der Praxis aus.

***

An der Westküste, wo das Zeitalter der gewaltigen Brände weiterging, standen die Menschen vor einer schweren Entscheidung: Sollten sie bleiben oder gehen? Die neuen Niederschlags- und Hitzemuster verschoben die dortigen Ökosysteme erschreckend schnell weiter nach Norden – Dutzende Male schneller, als die Forscher berechnet hatten. Hätten die Kalifornier nicht schnell grundlegend etwas daran geändert, wie und wo sie ihre Häuser bauten, hätten sie mehr und mehr Städte und Wohnviertel an den Waldrändern an die unkontrollierbaren Flammen verloren.

Was hatte dafür gesorgt, dass der Bundesstaat nicht an den Bränden scheiterte, sondern eine Erfolgsgeschichte wurde?

Damit Kalifornien nicht im lodernden Chaos unterging, waren dauerhafte Einschnitte in das Privatleben der Bewohner und ebenso ein dauerhafter Gesinnungswandel der Einwohner in Bezug auf ihren Staat nötig. Das Umdenken in der Frage, wie wir bauen und wo wir bauen, erwies sich als eine der größten Herausforderungen der 2030er-Jahre.

»In einem Wald mit Brandvergangenheit zu bauen war wahrscheinlich nicht die beste Idee«, erklärte mir Lizzie Johnson, die Brandreporterin des *San Francisco Chronicle*, Jahre bevor Kalifornien sich neu besann. »Wir müssen aufhören zu glauben, dass der Mensch die Natur zurückdrängen kann, denn ab einem gewissen Punkt geht das nicht. Man muss sich seine eigenen Schwächen eingestehen.«[136]

Laut Johnson war der Schlüssel zum Umdenken wie immer die tiefgreifende Erkenntnis, dass wir uns verändern können. »Vielleicht ist das wirklich der Augenblick, über den später in den Geschichtsbüchern steht: ›Fast wäre es richtig schlimm geworden, denn es gab mal eine Zeit, da wurde Kalifornien von diesen gewaltigen Feuersbrünsten heimgesucht.‹ Möglicherweise schaut man später auf das Jahr 2018 zurück und analysiert es, weil keine weiteren vergleichbaren Jahre mehr folgten.«

Die Kalifornier setzten sich mit ihren lokalen und bundesstaatlichen Abgeordneten zusammen und nahmen weitreichende Veränderungen daran vor, wie das Land bewirtschaftet und Ortschaften gebaut und instand gehalten wurden. Außerdem erhöhte die kalifornische Regierung die bundesstaatlichen Mittel für Brandprävention – ohne an der Verpflichtung zu kratzen, den Strom zu hundert Prozent aus erneuerbaren Energien zu gewinnen und die Wirtschaft bis 2045 CO_2-neutral zu machen. Zugleich ergriffen die Bewohner von Hochrisikogebieten zwischen Pasadena und Paradise proaktivere Maßnahmen; sie stutzten die Vegetation rund um ihre Häuser zurück und bauten mit feuerbeständigen Materialien, etwa lokal verfügbaren Ziegelsteinen und CO_2-negativem Beton. Diese gemeinsamen und individuellen Bemühungen trugen dazu bei, zukünftige Brände besser unter Kontrolle zu halten, und verringerten den CO_2-Ausstoß – ein Dauerthema in den 2030er-Jahren.

***

Da die Städte der Welt in diesem Jahrzehnt immer weiter anwuchsen, waren wir in der Lage, Bau- und Planungsmethoden anzuwenden, die die fortdauernde Klimakrise und ihre dringlichsten Auswirkungen berücksichtigten. Die Bemühungen, den städtischen Raum umzugestalten, konzentrierten sich von Atlanta bis nach Seattle darauf, Beton aus der bestehenden Infrastruktur herauszureißen, was, wie sich herausstellte, sowohl kurz- als auch langfristig zu weniger Überschwemmungen und Hitzewellen führte.

Zement – der Hauptbestandteil von Beton – ist das am meisten verwendete Material in unserer Zivilisation. Für seine Herstellung erhitzt man Kalkstein extrem hoch, was gleich doppelt Kohlendioxid freisetzt: als Nebenprodukt einer chemischen Reaktion und beim Verbrennen fossiler Energieträger, um die hohen Temperaturen zu erzeugen.

Die bestehenden Beton- und Asphaltflächen von Parkplätzen, Straßen und Häusern verstärkten die Effekte extremer Hitze und schwerer Überschwemmungen. Weniger Beton bedeutete mehr Grünflächen, also öffentliche Parks, und weniger Tote durch Extremwetterereignisse. Größere Haushalte unter begrünten Dächern machten die Städte fußgängerfreundlicher und autofrei.

Der schnellste Weg zu einer kohlendioxidneutralen Lebensweise bestand darin, wie wir jetzt erkannten, Energie nicht mehr durch die Verbrennung toter Dinosaurier zu gewinnen und alle Transportmittel, Heizungen und Kühlanlagen umgehend auf Elektrizität umzustellen. Je mehr Strom wir aus CO_2-freien Quellen erzeugten, desto billiger und effizienter wurde es, was dazu beitrug, dass sich die Luft- und Wasserqualität verbesserte und sich die Besitzanteile an den Energieunternehmen auf eine breite Masse verteilten. Diese Bestrebungen schufen neue Arbeitsplätze und förderten die Entstehung neuer grüner Industriezweige, was zuvor marginalisierten Bevölkerungsgruppen bezahlbaren und nachhaltigen Wohnraum und eine zunehmend CO_2-freie Infrastruktur verschaffte.

Obwohl es einzelnen Branchen wie der Stahl- und Eisenindustrie nur mit Mühe gelang, ihren CO_2-Ausstoß zu reduzieren, setzte in den 2030er-Jahren das Bestreben ein, auch diese Bereiche, die 2020 für fast 25 Prozent aller Emissionen verantwortlich waren, landesweit zu dekarbonisieren. Ganz im Geiste des Zeitalters investierten wir in alternative Produkte, um die Emissionen auszugleichen, trotz aller technischen Schwierigkeiten und steigenden Kosten. Der Kampf gegen das Kohlendioxid, das bei der Gewinnung und Verarbeitung von Eisenerz entstand, war entscheidend. Wir konnten uns nicht länger den Luxus erlauben, nichts zu tun.

Ein Kernstück der aufkommenden Kreislaufwirtschaft waren die Lichtbogenöfen, die in den Stahlwerken nun vermehrt an die Stelle der veralteten Hochöfen traten. Dank ihnen konnte ein Großteil des Stahlbedarfs der Welt durch die Wiederverwendung alten Stahls gedeckt werden, wie es schon immer der Fall gewesen war, doch jetzt mit hundert Prozent CO_2-neutralem Strom. Parallel dazu erlebten Holzhochhäuser aus Brettsperrholz einen Boom, was den Stahlbedarf stark absinken ließ, bis wir auf der Welt nicht mehr davon benötigten, als wir produzieren konnten, ohne das Klima weiter in Gefahr zu bringen. Brettsperrholz, das aus dünnen, über Kreuz miteinander verleimten Holzlagen besteht, ist ähnlich stabil wie Stahl und Beton, wiegt aber nur einen Bruchteil davon. Durch das Holz verwandeln sich Gebäude in Kohlendioxidspeicher, was die Klimaauswirkungen des Bauprozesses ins Gegenteil verkehrt. Eine Studie ergab, dass die Verwendung von Holz beim Bau eines 120 Meter hohen Wolkenkratzers den ökologischen Fußabdruck des Gebäudes um 75 Prozent reduzieren könnte.[137]

Die 2030er-Jahre waren ein Jahrzehnt der radikalen Neuerfindung und ganz vom Geist der Experimentierfreude und der Kreativität durchdrungen. Alte Paradigmen und Vorgehensweisen, die den Status quo gestützt hatten, wichen transformativen Praktiken, die ständig neue Überlegungen hervorbrachten, wie die Welt funktionieren könnte, wenn wir alle zusammenarbeiteten. Dieser Geist, der das Herz und das Denken der Öffentlichkeit erfasste, entsprang einem kollektiven Gefühl der Sinnhaftigkeit angesichts der existenziellen Krise, einer internationalen Kultur des Mitgefühls.

Als die 2030er-Jahre zu Ende gingen, hatten wir gelernt, dass eine bessere Welt möglich war, weil wir sahen, wie sie überall um uns herum entstand.

***

Ob in Bezug auf die Demokratie oder die Wirtschaft – wir fingen an, darüber nachzudenken, was eine Klimakrise für unsere Nachbarn bedeutete, ganz egal, wo sie lebten. Wir trafen Entscheidungen, die auch zu ihrem Besten waren, nicht nur zu unserem eigenen: ein selbstloser Prozess, der nur ein Jahrzehnt zuvor noch unmöglich erschienen war. Im Rückblick zählte unser Umdenken beim Thema Reisen zu einer unserer größten Leistungen.

Mit dem Abschied von erdöl- und erdgasbasierten Transportmitteln ging auch der grundsätzliche Abschied vom Fliegen einher. Oder zumindest vom Fliegen, wie wir es kannten. Abgesehen von der Raumfahrt war der Luftverkehr diejenige Aktivität, die am meisten fossile Brennstoffe verbrauchte. Das Fliegen war weltweit die am schnellsten zunehmende Emissionsquelle, und ohne einschneidende Veränderungen sah es so aus, als würde die Branche bis 2050 um weitere 700 Prozent wachsen – allein das hätte ausgereicht, um das 1,5-Grad-Ziel zu verfehlen. In den 2010er-Jahren setzte ein Hin- und Rückflug quer durch die USA so viel Kohlendioxid frei wie ein einzelner Inder durchschnittlich im ganzen Jahr. Da das Fliegen relativ bequem, effizient und bezahlbar war, entschieden wir uns immer häufiger für diese Art des Reisens. Ein spontaner Kurztrip ans andere Ende des Kontinents ließ sich meist so leicht organisieren wie ein Uber oder eine Mahlzeit per Lieferdienst. Und dennoch handelte es sich um einen Luxus, der sich immer schwerer rechtfertigen ließ, auch wenn unsere Verwandten und Freunde über die ganze Welt verstreut waren.

Der erste Schritt bestand darin, die Erste Klasse und die Business Class abzuschaffen, die dreißig bis vierzig Prozent des Platzes im Flugzeug einnahmen. Kurz darauf folgten höhere Steuern auf Privatjets. Irgendwann erkannten wir, dass wir in Ermangelung leichterer Akkus, die die Emissionen durch das Kerosin ausgleichen könnten, schrittweise ein Moratorium auf die Luftfahrt erlassen mussten, bis es einen Durchbruch in der Akkutechnologie gab. Doch als es dann dazu kam, standen in fast jeder Stadt der Welt komfortable und bezahlbare CO_2-freie Transportoptionen zur Verfügung. Selbst vermeintliche Lösungsansätze, wie das Pflanzen von Bäumen als CO_2-Ausgleich, erwiesen sich inmitten der Klimakrise als problematisch und wenig nachhaltig. Die Bäume nahmen den Platz ein, der für die landwirtschaftliche Selbstversorgung der Entwicklungsländer benötigt wurde, und mussten über Jahrzehnte wachsen, bis sie den Kohlendioxidausstoß eines zweistündigen Fluges in der Atmosphäre ausgeglichen hatten. Schnell wurde klar, dass es vom Standpunkt der Gerechtigkeit her am besten war, das Fliegen aus Solidarität ganz zu unterlassen, so wie die amerikanische Bevölkerung während des Zweiten Weltkriegs auf Zucker verzichtet hatte.

Natürlich lösten diese Beschränkungen einen Bedarf an schnellen, zuverlässigen und bequemen Langstreckenverbindungen aus. Zum Glück verfügten die USA über genügend Geld, um das zu bezahlen.

Nach zehn Jahren und Hunderten Milliarden Dollar waren die Bauarbeiten am hochwertigen Hochgeschwindigkeitsnetz und einem neuartigen Hyperloop-System zu Beginn des Jahrzehnts so gut wie abgeschlossen. Außerdem feierte die Passagierschifffahrt über den Atlantik ein kurzes Comeback: das schnellste Schiff, die *Greta Thunberg*, schaffte die Überfahrt von New York nach London in gut zwei Tagen. Das Reisen machte wieder Spaß, es war ein Abenteuer voller Entdeckungen und Erlebnisse, es war effizient, und wir konnten es alle stolz und ohne Gewissensbisse genießen. In der Zwischenzeit wurden persönliche Treffen im beruflichen Kontext durch immersive virtuelle Meetings ersetzt, und sogar beim Thema

Urlaub machte die Technologie der echten Welt Konkurrenz. Warum sollte man Zeit und Energie darauf verschwenden, den Körper über einen Ozean hinwegzubewegen, wenn man internationale Städte wie Paris, London und Tokio – und interplanetare Ziele wie den Mars – an einem Nachmittag besuchen konnte? Natürlich verreisen wir trotzdem noch. Aber wenn wir es tun, sorgen die Effizienz und die Automatisierung der Kreislaufwirtschaft in Kombination mit einem bedingungslosen Grundeinkommen und der Viertagewoche dafür, dass nun fast jeder die Zeit hat, langsam zu reisen. Die Alternativen zum Fliegen wurden so begeistert aufgenommen, dass wir es kaum vermissen. Wir entspannen uns in Zügen und an Bord von Schiffen und kommen in angenehmeren und viel weitläufigeren Umgebungen mit Menschen in Kontakt. Die Reise ist jetzt wichtiger als das Ziel. In der Zukunft ist es überall möglich, die Welt zu sehen und Leute zu treffen, was das Zusammengehörigkeitsgefühl und das Gemeinschaftsleben auf eine Art und Weise fördert, die wir früher für unmöglich oder unangenehm gehalten hätten. Durch unser Umdenken in Hinsicht auf die Gründe und Verkehrsmittel für Langstreckenreisen haben wir die Transportsysteme revolutioniert, ausgehend von der – zum ersten Mal seit der Erfindung des modernen Düsenfliegers gestellten – Frage, wie wir unseren Körper am besten frei durch Raum und Zeit bewegen können.

Die Welt ist kleiner geworden, und wir sind innerhalb unserer Gemeinschaften enger zusammengewachsen. Wir tauschen uns ganz offen über Ideen aus und teilen uns den Raum, auf eine neue Art und Weise, die ein ausgeprägtes Heimatgefühl und eine gemeinsame Vision für die Zukunft der Erde fördert und respektiert.

***

2035 kam es endlich zu einem deutlichen Rückgang der globalen Emissionen – um mehr als fünfzig Prozent gegenüber den Werten von 2020. Obwohl sich die Erde immer noch weiter erwärmte, schafften wir es, einen Anstieg um 1,5 Grad zu verhindern. Wir befanden uns mitten im »Großen Drawdown«, einer Phase des Neuanfangs, die uns ermöglichte, den Ausstoß von Treibhausgasen durch individuelle und kollektive Maßnahmen zu senken. Nirgends waren die Bemühungen sichtbarer – oder notwendiger – als im Bereich der Landwirtschaft.

Die größten Auswirkungen auf den Planeten haben – noch vor dem Fahren und Fliegen, dem Heizen und Beleuchten unserer Häuser, sogar vor der Stahl- und Zementproduktion – unsere Essgewohnheiten. Die Grundlage unseres 10 000 Jahre andauernden Experiments mit dem Ackerbau bilden – eng miteinander verknüpft – Erde, Wasser, Nährstoffe und Kohlenstoff. Überall auf der Welt waren gemeinschaftlich betriebene, auf Biodiversität ausgerichtete Nahrungsmittelsysteme die Norm, bis die verstärkte Nutzung der fossilen Brennstoffe im zwanzigsten Jahrhundert einen Mechanisierungswettbewerb und eine zunehmende Industrialisierung der Landwirtschaft auslöste. Sobald Hedgefonds anfingen, Äcker als Investitionsobjekte zu betrachten, ging es nur noch um die Quartalsgewinne, nicht um die Gesundheit der Böden oder die Qualität der angebauten Nahrungsmittel. Trotz erstaunlicher technischer Fortschritte in der ersten Hälfte des 21. Jahrhunderts – auf manchen Feldern in Arizona werden Lasergeräte mit GPS-Funktion eingesetzt, um zu verhindern, dass auch nur ein Tropfen Wasser verschwendet wird – war die Landwirtschaft über einen langen Zeitraum hinweg völlig einfallslos gewesen. Sie hatte sich im Grunde auf die ewig gleichen Nutzpflanzen konzentriert, die in ewig gleichen Monokulturen angebaut wurden, was die lokalen Ökosysteme zerstörte und der Natur großen Schaden zufügte.

Die Landwirtschaft, insbesondere die Viehwirtschaft, hat die Erdoberfläche umfassend verändert. Sie bleibt einer der Hauptschuldigen, wenn es darum geht, warum wir uns am Rande eines Massenaussterbens befinden, da sie die Hälfte der urbaren Flächen der Welt in Beschlag nimmt und achtzig Prozent der Frischwasservorräte verbraucht. Anfang der 2020er-Jahre, als es in Indien große Probleme mit einem niedrigen Grundwasserspiegel gab, näherte sich die Zahl der Inder, die keinen regelmäßigen Zugang zu Trinkwasser hatten, einer halben Milliarde. Währenddessen bedrohten Überschwemmungen, Dürren und Hitzewellen weltweit die Ernte, und da die Verdunstungsrate durch die höheren Temperaturen exponentiell anstieg, verbrauchten die Landwirte einen immer größeren Teil des Frischwasservorkommens, um die gleiche Menge an Nahrung zu produzieren. In den USA erreichte der Wasserbedarf ein untragbares Ausmaß, und als das Wetter immer unberechenbarer wurde, mussten die Bauern, die an vorhersagbare Niederschlagsmengen gewöhnt waren, das Grundwasser anzapfen, um so etwas wie eine stabile Versorgung zu gewährleisten. Die Ungewissheiten der Landwirtschaft trieben sowohl in den USA als auch in Indien Tausende Bauern in den Selbstmord.

Der Mensch hatte dafür gesorgt, dass die Boden-, Wasser-, Kohlenstoff- und Nährstoffkreisläufe der Erde zu Beginn des 21. Jahrhunderts fast nicht wiederzuerkennen waren. Die Biogeochemie, die Wissenschaft, die sich mit diesen Kreisläufen befasst, stieß auf Hinweise, dass sich die lebensspendenden Systeme des Planeten in der Frühphase eines vollständigen Zusammenbruchs befanden, eine Parallelentwicklung zum Massenaussterben. Den Forschern zufolge ließ sich der Zustand der Anbauflächen mit dem der Ozeane vor 252 Millionen Jahren vergleichen, weshalb sie vor einem erneuten großen

Aussterben warnten: ein Schreckensszenario, das die Welt endlich ernst nahm.

Also begann man nun vom Herzen Amerikas bis auf die Felder Ugandas überall zu lernen, wie man trotz der beschränkten Ressourcen der Erde überleben konnte, indem man eine Form der Landwirtschaft praktizierte, die nicht extraktiv, sondern regenerativ war.

Ein rapider Kurswechsel weg von der industriellen Viehwirtschaft, einschließlich eines Booms qualitativ hochwertiger pflanzlicher Fleischalternativen, bereitete dem Umdenken in der Landwirtschaft die Bühne. So wie Feuer ein wichtiger Bestandteil eines funktionierenden Ökosystems Wald ist, sind die grasenden Tiere für gesunde Weiden nötig. Doch unser Verhalten der vergangenen hundert Jahre war grundfalsch gewesen.

In Kansas nennt man die Jahreszeiten nach den landwirtschaftlichen Aktivitäten, die zu der Zeit stattfinden: Heusaison, Kalbsaison, Erntesaison – Überbleibsel aus der Zeit, als wir mit der Natur zusammenarbeiteten, statt zu versuchen, ihre Abläufe zu manipulieren. Auch wenn es weiterhin akzeptiert war, für den Eigenverbrauch zu jagen und eine kleine Anzahl größerer Tiere zu halten, warfen die Bauern die gescheiterten Modelle der Vergangenheit nun über Bord, um an einer besseren Zukunft mitzuwirken. Menschen, die einander vertrauten, tauschten sich auf den Feldern und in Pick-ups über das Wetter aus – da alle in der gleichen Lage waren, beriet und unterstützte man sich. Diese Unterhaltungen waren nötig, um den Bauern den Übergang von der industriellen Landwirtschaft zu einer beständigen, langfristigen Beziehung zum Land zu erleichtern, die auf Dauer auch zu einer dem neuen Erdzeitalter des Lebens entsprechenden Viehzucht und Pflanzenökologie führte.

Auf der ganzen Welt entstanden Bauernrechtsbewegungen, die dafür kämpften, Konzernen das Land abzunehmen und es an die Menschen zurückzugeben, die dort lebten und arbeiteten. Kleinbauern, die mit der Landwirtschaft ihren eigenen Bedarf deckten – insgesamt zwei Milliarden Menschen –, machten ihren Anspruch auf ein eigenes Stück Land geltend und stellten auf Methoden um, die für sie und ihre Gemeinschaft am sinnvollsten waren.

Dazu passte, dass Wissenschaftler in Kansas eine komplett neue Form der Landwirtschaft anstrebten. Das Land Institute in Salina forschte bereits seit Jahrzehnten an mehrjährigen Nutzpflanzen, um ökologische und soziale Modelle zu schaffen, in denen die Leistung von Menschen, Tieren und Pflanzen möglichst gut genutzt würde. Das Institut betrachtete die Landwirtschaft weniger als Industriezweig denn als Fürsorgearbeit und züchtete mehrjährige Alternativsorten der verbreiteten Getreidepflanzen wie Weizen und Mais, um herauszufinden, wie sie sich in eine zukünftige Landwirtschaft von Kansas einfügen würden, die einen ganzheitlicheren Umgang mit der Natur pflegte.

Auf den High Plains breitete sich gegen Ende der 2030er-Jahre wieder das ursprüngliche Grasland aus, und weil Gras Kohlendioxid schneller und für längere Zeit bindet als Wälder, verdienten die Landbesitzer ihr Einkommen bald damit, CO_2 im Wurzelwerk auf ihren Feldern zu speichern. Das löste einen Wirtschaftsboom aus. Die Bauern investierten ihre Überschüsse in Wind- und Solaranlagen. Kleine Dörfer von Kansas bis Kanada, die lange im Niedergang begriffen gewesen waren, erlebten nun reihenweise einen Aufschwung.

Wir waren also auf gutem Wege, den ausgeweiteten Green New Deal für das ländliche Amerika umzusetzen – eine Art Neuinterpretation dessen, wie gesunde Ökosysteme und gesunde Gemeinschaften aussehen, wenn sie zusammenarbeiten. Schließlich bedeutet Landwirtschaft immer, auf die Zukunft zu setzen – ein pragmatischer Weg, den Nachfahren ein Geschenk zukommen zu lassen. Selbst Nicht-Bauern übernahmen dieses Modell. Überall im Land, von El Paso bis nach Sherman Oaks, fingen die Menschen an, ihre städtischen Rasenflächen umzugestalten. Noch im Jahr 2020 war Gras die Pflanzenart gewesen, für die mehr Wasser aufgewendet wurde als für Mais, Weizen und alle Obstplantagen zusammen. Über die Rasenflächen gelangten jährlich Tausende Tonnen von Düngemitteln und Pestiziden in die Umwelt, und sie schluckten mehr als die Hälfte des städtischen Wasserverbrauchs. Die Umgestaltung wirkte sich sofort vorteilhaft auf die Verfügbarkeit und die Qualität des Wassers, die CO_2-Speicherung und die Nahrungsmittelproduktion aus und steigerte gleichzeitig unsere Freude an unserer Umgebung. Eine einfache Handlung wie das Pflanzen eines Esskastanienbaums im Garten brachte fast zehn Kilogramm Essen pro Jahr hervor, was über fünfzig Jahre einen Wert von 10 000 Dollar ergab. Und Flächen, auf denen Frühblühender Thymian gepflanzt wurde, verwandelten sich in wunderschöne begehbare Landschaften, die nicht künstlich bewässert werden mussten.

Ein größeres Projekt war der neueste Nationalpark Amerikas, der sich über Tausende Kilometer auf den Ebenen zwischen Texas und den Dakotas erstreckte und der von wilden Buffalo-Herden bevölkert war. Er band knapp hundert Millionen Tonnen Kohlendioxid pro Jahr und schützte den versiegenden Ogallala-Aquifer für kommende Generationen.

Die Ära der regenerativen Landwirtschaft, die auf die Umgestaltung der Städte folgte, spiegelte die auf Kooperation und gegenseitigen Nutzen ausgelegte Struktur der lokalen Ökosysteme wider und zog generationenübergreifende Bemühungen nach sich, die Auswirkungen des Klimawandels zurückzudrehen, hier und im Ausland, im Großen und Kleinen.

Im Jahr 2018 beschrieb mir Aubrey Streit Krug, die Leiterin des Ökosphären-Projekts am Land Institute, wie die Bemühungen aussehen könnten, die Landwirtschaft auf mehrjährige Pflanzen umzustellen: »Es gäbe Veränderungen bei der Landnutzung und der Landbedeckung. Außerdem würden wir wohl kollektive Bewegungen erleben … Leben und Lernen in divers geprägten Gemeinschaften, die über viele Jahre hinweg Bestand haben könnten. Genau wie die Prärie … Ich glaube: Wenn die Umstellung auf Mehrjährigkeit irgendwo möglich ist, warum dann nicht hier?«[138]

2039: LEBEN OHNE EIS

Und trotzdem verschlechterte sich der Zustand des Planeten immer weiter.

Im Verlauf der 2020er- und 2030er-Jahre, in denen wir darauf hinarbeiteten, unsere Gesellschaft gleichberechtigter und gerechter zu gestalten, litten wir immer noch unter dem Klimawandel, den wir durch die rücksichtslosen und ausbeuterischen Verhaltensweisen der Vergangenheit verursacht hatten. Wir waren weiterhin mit dem Versuch beschäftigt, möglichst vorauszusehen, was schiefgehen konnte, und ersannen Resilienzpläne, die Platz ließen für das Undenkbare, beispielsweise das Verschwinden der großen Eisschilde in der Arktis und Antarktis.

Der Temperaturanstieg in Alaska und in der gesamten Arktis beschleunigte sich, da das Schmelzen der Eis- und Schneedecke einen Rückkopplungseffekt hatte, der zu noch mehr Erwärmung führte. Seit Beginn des neuen Jahrhunderts waren die arktischen Wintertemperaturen um mehr als vier Grad angestiegen. Weltweit überschritten die Temperaturen kurz die 1,5-Grad-Marke, obwohl der CO_2-Ausstoß durch den Menschen drastisch zurückgegangen war. Der Verzögerungseffekt des Klimasystems hatte uns schließlich eingeholt, und er wurde noch dadurch verschärft, dass der tauende Permafrostboden in der Arktis zusätzliche Treibhausgase freisetzte. Im Sommer 2039 war das Nordpolarmeer zum ersten Mal seit 100 000 Jahren eisfrei.

An der arktischen Küste Nordamerikas, in Utqiaġvik (ehemals Barrow) in Alaska, war das Klima quasi über Nacht umgeschlagen. In der Tundra traten jetzt regelmäßig Gewitter auf. 2016, im wärmsten Jahr, das Utqiaġvik je erlebt hatte, lag die Stadt volle einhundert Tage in Folge über den normalen Temperaturen – eine unglaubliche Spanne. Als sich das Eis von den Küsten zurückzog, strömte die Feuchtigkeit des offenen Meeres herein und in der Tundra entstand spontan ein ganz neues Ökosystem aus Pflanzen und Tieren.

Überall in der Arktis trugen die wärmeren Ozeane dazu bei, dass das Meereis schmolz, und durch diese Temperaturveränderung verschob sich der Jetstream. In der Folge veränderte sich das Wetter auf der gesamten nördlichen Halbkugel. Es gibt Hinweise darauf, dass der Hurrikan Sandy, der für beispiellose Überschwemmungen in New York sorgte, in dieser Form nur aufgrund der Klimaveränderungen in der Arktis möglich gewesen war.

Als sich die wärmeren Wetterlagen über den Polarregionen festsetzten, schmolzen die wichtigsten Gletscher in der Antarktis und in Grönland immer schneller. Man ging jetzt davon aus, dass sie in Jahrzehnten verschwunden wären statt in Jahrhunderten, wie es die Wissenschaft zuvor vorausgesagt hatte. Der zunehmende Frischwasserzufluss in Grönland und in der Antarktis löste Störungen im globalen »Förderband« aus, das

Wärme aus den Tropen in die gemäßigteren mittleren Breiten transportiert, was zu einer Reihe von Wirbelstürmen wie Sandy führte, weil die Atmosphäre versuchte, diese Entwicklung zu kompensieren.

In einer entlegenen Region der Antarktis, die unter dem Namen Pine Island Bay bekannt ist, 4000 Kilometer von der Südspitze Südamerikas entfernt, hielten zwei Gletscher – Pine Island und Thwaites – unsere Zivilisation als Geisel. Die beiden erstrecken sich fast 250 Kilometer weit auf einer gefrorenen Ebene und zählen zu den größten und am schnellsten schmelzenden Gletschern in der Antarktis, die sich seit Jahrtausenden stetig auf die Amundsensee – einen Teil des riesigen Südpolarmeeres – zubewegen. Weiter im Inland weiten sich die Gletscher zu einer drei Kilometer dicken Eisschicht aus, die eine Fläche von der Größe von Frankreich bedeckt. Zusammen wirken sie wie ein Bremsklotz, der Eismassen aufhält, die den Meeresspiegel aller Ozeane um mehr als drei Meter ansteigen lassen könnten – dann würden alle Küstenstädte der Welt unter Wasser stehen.

Herauszufinden, wie schnell diese Gletscher schmolzen, stellte sich als eine der wichtigsten wissenschaftlichen Aufgaben überhaupt heraus. Überall auf der Welt bereiteten sich Forscher auf die wahrscheinlichsten Worst-Case-Szenarien vor. Sie blickten zurück auf das Ende der jüngsten Eiszeit, als sich die Erde zum letzten Mal stark erwärmte. Die schlechte Nachricht war: Damals waren die Gletscher in der Pine Island Bay sehr schnell abgetaut, wie die Wissenschaftler herausfanden, was zu einer Überschwemmung der Küsten weltweit geführt hatte. Das lag zum Teil an einem Phänomen, das als »marine ice-cliff instability« bezeichnet wird. Da der Meeresboden unter den Gletschern in diesem Teil der Westantarktis tiefer liegt, ragen die Eiswände mit jedem Eisberg, der sich löst, höher auf.

Das Eis wird so schwer, dass die Klippen das Gewicht nicht mehr tragen können, was unweigerlich zum Kollaps führt.

Im Jahr 2020 hatte jeder Meeresgletscher, der auf solidem Gestein ruht, noch einen schwimmenden Eisschelf um sich herum. Das Schelfeis ist eines der besten Hilfsmittel, um den Zustand des dazugehörigen Gletschers zu untersuchen. Wenn das Tempo, in dem das Schelfeis aufbricht und Eisberge bildet – ein normaler Vorgang im Leben jedes Meeresgletschers –, plötzlich zunimmt, verliert der Gletscher höchstwahrscheinlich gerade an Stabilität. Zwischen 2005 und 2015 brach das Thwaites-Schelfeis dreimal schneller auf als zuvor – mit Sicherheit ein beunruhigendes Zeichen.

2039 löste es sich komplett auf, sodass der Gletscher ungeschützt dem Wellengang des Südpolarmeeres ausgesetzt war, eines der rauesten Gewässer auf der Erde. Die Warmwasserströmung, die rund um die Antarktis verläuft, drang nun in die Lücke ein, die das Schelfeis hinterlassen hatte, und ein vollständiges Auftauen des Thwaites-Gletschers stand kurz bevor.

Die Wissenschaftler befürchteten, dass sich das besorgniserregendste Szenario, das sich vielleicht schon am Ende der letzten Eiszeit abgespielt hatte, wiederholen könnte, wenn das wärmere Wasser die dem Ozean zugewandte Abbruchkante so sehr unterspülte, dass am laufenden Band hochhausgroße Eisbrocken abbrachen. Eis ist nicht das stabilste Baumaterial, und Bauingenieure, die Gletscher wie riesige Gebäude betrachten, haben herausgefunden, dass Abbruchkanten, die mehr als hundert Meter in die Höhe ragen, unweigerlich in sich zusammenstürzen – temperaturunabhängig. In seinem Inneren ragt Thwaites mehr als zwei Kilometer hoch auf. Sobald der Zusammenbruch richtig begonnen hatte, zog sich der Gletscher innerhalb von rund einem Jahrzehnt – geologisch betrachtet nicht mehr als ein Augenblick – um mehrere Dutzende Kilometer zurück. Irgendwann türmte sich am neuen Rand des Thwaites eine Masse gewaltiger Eisberge auf, die einen temporären Damm bildeten und so das Verschwinden des Gletschers aufhielten. Es war einfach nicht genügend Platz im Meer, um das ganze Eis aufzunehmen, das der Gletscher beim Zusammenbrechen abstieß.

Das pure Spektakel dieses Schauspiels sprengte die Grenzen der menschlichen Vorstellungskraft. Die Kalbungsfronten der Meeresgletscher, die man heute mit dem Boot in Alaska besichtigen kann, sind üblicherweise nur wenige hundert Meter lang. Der Jakobshavn-Gletscher in Grönland, der in den 2000er-Jahren der sich am schnellsten zurückbildende Gletscher der Welt war, ist etwa drei Kilometer lang. Die Abbruchkante ragt rund hundert Meter in die Höhe – exakt die von den Wissenschaftlern vorhergesagte Maximalhöhe auf der Erde. Gelegentlich sorgt das Abbrechen eines Eisbergs am Jakobshavn-Gletscher dafür, dass die nahe gelegenen Seismografen auslösen – einzelne der Eisbrocken sind so groß und schwer wie ein ganzer Hochhausblock; sie wiegen Millionen Tonnen. 2040 ist die Kalbungsfront des Thwaites-Gletschers 160 Kilometer lang, sie erstreckt sich so weit das Auge reicht. Die einzigen Menschen, die sie überblicken können, schweben in der Internationalen Raumstation über sie hinweg.

In New York, London, Mumbai, Manila und zahllosen anderen Küstenstädten auf der ganzen Welt wirkte sich der teilweise Kollaps des Thwaites-Gletschers in Form einer Reihe unmerklich höherer Hochwasser aus, eins nach dem anderen, über mehrere Jahre. Die Flut kam und ging, doch ein kleiner Teil des Wassers blieb. Milliarden Tonnen Eis, die in Form riesiger Schollen in der Westantarktis ins Meer gelangten, trieben nach Norden in wärmere Gewässer, wo sie nach einer jahrtausendelangen Wartezeit wieder schmolzen.

Wo es Sperrwerke gab, wurden sie geschlossen. Wer noch keine Schutzvorrichtungen gebaut hatte, war jetzt zu spät dran, um das planvoll und gezielt nachzuholen – die politischen Auseinandersetzungen darüber, wessen Häuser und Geschäfte sich auf der »falschen« Seite der Deiche befanden, verliefen hitzig. Manche Gegenden, wie Südflorida, wo die porösen Bodenbeschaffenheiten den Bau von Schutzvorrichtungen unmöglich machten, wurden teilweise aufgegeben. Für die Niederlande, ein Land, das sich seit Jahrhunderten gegen das Meer gestemmt hatte, wurde die Herausforderung zu groß. Nach dem Schmelzen des Thwaites-Gletschers musste man das Wasser aus Ems, Maas, Rhein und Schelde bergauf pumpen, um es ins Meer zu leiten.[139] Auf den Marshall-Inseln nagten die Wellen mit neuem Nachdruck an den Küsten. Insgesamt mussten hundert Millionen Menschen auf der Welt sich ein neues Zuhause suchen.

Da das teilweise Verschwinden des Gletschers den Meeresspiegel weltweit ansteigen ließ, trug es auch zur Destabilisierung anderer Meeresgletscher bei – ironischerweise in Grönland. Riesige Eisberge schwärmten wie ein Heer gefrorener Soldaten aus der Antarktis aus, um eine globale Katastrophe auszulösen, wie wir sie noch nie erlebt hatten. In der Westantarktis ging durch den Abgang des Eises allerdings so viel Gewicht verloren, dass der Meeresspiegel dort sank, weil die Massenanziehung nachließ. Das Wasser verteilte sich auf die Meere und Küsten der Welt.

Statt eines Anstiegs des Meeresspiegels um einen Meter bis zum Ende des Jahrhunderts[140] schienen nun eher zwei Meter realistisch, wie es die Klimatologen Rob DeConto von der University of Massachusetts Amherst und David Pollard von der Penn State University bereits in den 2010er-Jahren vorausgesagt hatten.[141]

DeConto und Pollard hatten in ihrer bahnbrechenden Arbeit die historischen Pegelstände an den Küsten in aller Welt mit dem aktuellen Verhalten der Eisschilde abgeglichen. Vor etwa drei Millionen Jahren, als die Temperaturen auf der Erde ungefähr so hoch waren, wie wir es für das Ende des Jahrhunderts erwarten, lag der Meeresspiegel mehrere Meter über dem Stand von heute. Vorherige Modelle hatten ergeben, dass es Hunderte oder Tausende Jahre dauern würde, bis ein solcher Anstieg erreicht wäre. Doch als DeConto und Pollard die Instabilität der Abbruchkanten miteinbezogen, zeichnete sich eine Katastrophe ab, wenn die Welt so weitermachte wie bisher oder wenn die Rückkopplungseffekte früher einsetzten als erwartet.

Neben einem Meteoriteneinschlag zählt der rasche Anstieg des Meeresspiegels durch den Kollaps der Abbruchkanten zu den schnellsten Methoden, um die Erde ins Chaos zu stürzen. Viel schneller kann der Klimawandel nicht ablaufen.

»Jede neue Erkenntnis besagt, dass die Eisschilde sich noch schneller verändern, als wir dachten«, erklärte mir Jeremy Bassis, ein Eisschildforscher an der University of Michigan.[142] »Wir haben nicht vorhergesehen, dass sich Pine Island zurückzieht, wir haben nicht vorhergesehen, dass Larsen B sich auflöst [innerhalb weniger Monate im Jahr 2002]. Wir neigen dazu, diese Dinge erst zu sehen, wenn sie schon passiert sind.«[143]

Das war ein Motiv, das sich in den Forschungen über die Antarktis immer wieder fand: Was wir heute unternehmen, bestimmt darüber, wie weit der Zusammenbruch von Pine Island und Thwaites in der Zukunft fortschreitet. Noch können wir dieses unheilvolle Szenario verhindern.

***

Bis 2040 hatte die Welt die Emissionen im Vergleich zu den heutigen Werten um mehr als zwei Drittel reduziert, doch selbst so stiegen die Temperaturen weiter an. Schon ein teilweiser Kollaps der Gletscher in der Antarktis und in Grönland löste dramatisch hohe Wasserstände aus. Führende Politiker aus aller Welt begannen Gespräche darüber, wie sich die Temperaturen und das extreme Wetter stabilisieren ließen. Dabei zogen sie alles in Betracht, auch das eigentlich Undenkbare: Geoengineering.

2040 – 2050:

NEUE TECHNOLOGIEN UND EINE NEUE SPIRITUALITÄT

Alles, was du berührst, veränderst du.
Alles, was du änderst, verändert dich.
Die einzige ewige Wahrheit ist der Wandel.

– Octavia E. Butler, *Die Parabel vom Sämann*[144]

Ein beliebter Handlungsstrang in Science-Fiction-Filmen der letzten Jahre, ob *Snowpiercer* oder *Geostorm*, besteht darin, dass unser Versagen, den Klimawandel zu verhindern, uns dazu zwingt, eine Reihe noch nie getesteter Technologien anzuwenden, um die Erde abzukühlen, etwa Spiegel im All, die die Sonnenstrahlen reflektieren, oder chemisch veränderte Wolken. Und weil wir es mit Science-Fiction zu tun haben, gehen diese groß angelegten Geoengineering-Experimente natürlich fürchterlich schief.

Doch aktuelle Studien legen nahe, dass die Fiktion der Wahrheit näherkommt, als wir gedacht hätten.

Die meisten Leute denken beim Wort »Klimawandel« an Treibhausgase, die für eine Überhitzung der Erde sorgen. Doch es gibt noch ein weiteres Nebenprodukt der Industrie, das auf das Klima einwirkt und bisher kaum öffentliche Beachtung gefunden hat: Aerosole. Aerosole sind mikroskopisch kleine Schwebeteilchen (man könnte sie auch »Schmutzteilchen« nennen), die in der Summe Sonnenlicht zurück ins All werfen und die Erde somit abkühlen – ein entscheidendes Gegengewicht zur Erderwärmung durch Treibhausgase.

Der Versuch, die natürliche Kühlfunktion der Aerosole auszunutzen, galt lange als mögliches letztes Mittel, um die Erderwärmung abzubremsen. Die Verheißungen der kühlenden Aerosol-Methode sind auch von Technik-Optimisten, Silicon-Valley-Vertretern und solchen Politikern angepriesen worden, die nicht sonderlich erpicht darauf sind, die Emissionen zu senken. »Geoengineering birgt die Möglichkeit, die Probleme der Erderwärmung für nur wenige Milliarden Dollar pro Jahr in den Griff zu bekommen«, schrieb der republikanische Politiker Newt Gingrich 2008 in einem Text gegen einen Gesetzesvorschlag zum Emissionshandel.[145]

Doch die Sache hat einen Haken.

Die zusätzliche Menge an Aerosolen bringt ein großes Problem mit sich. In hoher Konzentration zählen diese kleinen Teilchen zu den tödlichsten Substanzen, die es gibt, weil sie tief in unseren Körper eindringen und Herz und Lungen schädigen können.

Die Luftverschmutzung durch das Verbrennen von Kohle, Autofahren, kontrollierte Brandrodung und aus anderen vom Menschen verursachten Quellen ist die vierthäufigste Todesursache weltweit. Jährlich sterben etwa 5,5 Millionen Menschen daran. Fast jeder ist davon bedroht, da rund 92 Prozent von uns an Orten mit gefährlich belasteter Luft leben. Das allein macht die Verringerung der Luftverschmutzung zu einem notwendigen Ziel.

Natürliche Aerosole – Staubpartikel, Meersalz, Rauch und von Pflanzen abgegebene organische Verbindungen – sind ein fester Bestandteil der Erdatmosphäre. Ohne diese Aerosole wären Wolken wahrscheinlich nicht in der Lage, Regen zu erzeugen. Doch wie bei den Treibhausgasen gilt auch hier, dass der Mensch übermäßig viele Aerosole produziert, was zu einer starken Luftverschmutzung geführt hat. Der Großteil von ihnen schwebt in der unteren Schicht der Atmosphäre, was die Auswirkungen auf unsere Gesundheit noch verschärft. Das Ergebnis ist ein Pakt mit dem Teufel: Wir brauchen die Aerosole, weil sie für Niederschlag sorgen und den Temperaturanstieg abbremsen, aber gleichzeitig bringen sie uns um.

Diese Zwangslage könnte länger anhalten, als uns lieb ist. Der Kühleffekt der Aerosole ist so groß, dass er sage und schreibe die Hälfte der Erwärmung durch die Treibhausgase verschleiert. Es führt kein Weg daran vorbei: Ohne dramatische Auswirkungen werden wir die Aerosole nicht los. Wenn sie verschwinden, würden die Temperaturen quasi über Nacht in die Höhe schießen.[146] In den 2030er-Jahren, nach fast zwei Jahrzehnten voller Bemühungen, die Emissionen überall auf der Welt radikal zu reduzieren und die Luft zu reinigen, trieben die Auswirkungen der fehlenden Aerosole die Temperaturen auf der Erde weiterhin in die Höhe, vielleicht sogar auf ein gefährliches Niveau.

Die Auswirkungen der Aerosole sind seit Jahrhunderten bekannt. Im 13. Jahrhundert klagten die Londoner über die Rußschwaden durch die Kohleverbrennung. 1783 beobachtete Benjamin Franklin, dass kleine Partikel aus Vulkanausbrüchen tendenziell für kühleres Wetter sorgten. Ende des 19. und Anfang des 20. Jahrhunderts schluckten die dichten Rußschwaden Teile des Tageslichts in Chicago, Pittsburgh, Saint Louis und vielen anderen amerikanischen Städten. Als 1991 der Pinatubo auf den Philippinen ausbrach, bot das ein natürliches Labor, um den Effekt der Aerosole zu untersuchen. Die darauffolgenden

Forschungen lieferten stichhaltige Beweise dafür, dass feine Partikel in der Atmosphäre die Erde tendenziell abkühlten; sie belegten also im Grunde das, was Benjamin Franklin zweihundert Jahr zuvor geahnt hatte. In den ersten Jahrzehnten des 21. Jahrhunderts rätselten die Wissenschaftler immer noch, wie genau die Aerosole aus Auspuffrohren und Schornsteinen das Wetter veränderten, auch weil die Partikel unheimlich schwer zu untersuchen sind. Um sie zu erforschen, zogen sich die Wissenschaftler in entlegene Ecken der Erde fernab der industriellen Verschmutzungsquellen zurück, etwa auf die Meere rund um die Antarktis.

Aerosole sind viel größer als Luftmoleküle, also wiegen sie mehr und neigen dazu, Tage oder Wochen nach ihrer Freisetzung zu Boden zu sinken. Es gibt sie in zehntausend verschiedenen Größen und sie stammen aus ganz unterschiedlichen Quellen, was ihr Verhalten ziemlich unvorhersehbar macht. Rußpartikel aus Waldbränden beispielsweise wirken der Wolkenbildung entgegen, weil sie die Luft aufheizen, was winzige Wassertröpfchen verdunsten lässt. Sulfat-Aerosole, die beim Verbrennen von Kohle entstehen, lassen die Wolken hingegen wachsen und sorgen für stärkere Niederschläge. In China lassen die Unwetter einen Wochenrhythmus erkennen, entsprechend der Arbeitspläne der örtlichen Fabriken.[147]

Ganz klar ist, dass die Aerosole unter dem Strich für eine Abkühlung sorgen. Wenn wir die Weltwirtschaft auf magische Weise über Nacht komplett umstellen würden und die Luftverschmutzung im Grunde auf null zurückginge, würde sich die Erde umgehend um 0,5 bis 1,1 Grad erwärmen. (Zum Vergleich: Im Jahr 2020 hat sich das Klima seit dem Beginn der industriellen Revolution im 19. Jahrhundert um 1,2 Grad erwärmt.) Der Temperaturanstieg würde sich auf die Großstädte in der nördlichen Hemisphäre konzentrieren, wo die meisten

Aerosole ausgestoßen werden. In den am schlimmsten betroffenen Regionen im stark städtisch geprägten Ostasien würde das vollständige Verschwinden der Aerosole wahrscheinlich stärkere Auswirkungen haben als alle anderen Ursachen des Klimawandels zusammen. Die Temperaturen in der Arktis könnten um ganze vier Grad ansteigen – eine Katastrophe, die einen großen Schritt hin zu einer dauerhaften Eisfreiheit bedeuten könnte. Studien aus dem Jahr 2019 ergaben, dass dieser Effekt wohl nur fünf bis zehn Jahre anhielte[148], doch das könnte ausreichen, um bereits angeschlagenen Gletschern den Rest zu geben – mit dramatischen Folgen.

Was also sollen wir tun?

***

Vorherige Versuche, schädliche Aerosole zu beseitigen, sind größtenteils erfolgreich verlaufen, vor allem in Europa und den USA. Der US Clean Air Act, eine der größten Errungenschaften der Umweltbewegung der 1970er-Jahre, führte zu einem deutlichen und fast sofortigen Rückgang der Luftverschmutzung und hat wahrscheinlich Millionen Leben gerettet. »Das ist vertrautes Terrain für uns, zumindest im Vergleich zum Versuch, massenweise Kohlendioxid einzusparen«, erklärte mir Bjørn Samset, Forschungsdirektor am norwegischen Center for International Climate Research.[149] Ebenso gut müsste es funktionieren, künstliche Aerosole in die oberen Schichten der Atmosphäre zu pumpen, zumindest in der Theorie. Ballons und Flugzeuge könnten unschädliche Aerosole wie Calciumcarbonat (im Grunde zerstoßener Sandstein) versprühen, die dann vom Wind in der oberen Atmosphäre verteilt würden. Eine kürzlich veröffentlichte Studie kam zu dem Schluss, dass 6700 Flüge mit Sprayfunktion täglich die Konzentration der Aerosole in der Stratosphäre hoch genug halten könnten, um die Erde um ein Grad abzukühlen.[150] Die Kosten: zwanzig Milliarden Dollar pro Jahr, das entspricht etwa dem Betrag, den Gingrich vor über zehn Jahren ins Spiel gebracht hat, rechnet man die Inflation mit ein.

Doch ein Unterfangen dieser Größenordnung wurde noch nie in Angriff genommen. Es gibt sogar Hinweise darauf, dass Eingriffe in den Aerosolgehalt bereits in der Vergangenheit zu einer abrupten Erwärmung geführt haben. Nachdem der Clean Air Act verabschiedet worden war, stiegen die Temperaturen Ende der 1970er-Jahre an und beendeten so eine seit dreißig Jahren andauernde, relativ stabile Phase. Ein ähnliches Muster lässt sich jetzt in Asien erkennen. In den vergangenen Jahrzehnten haben der rasche wirtschaftliche Aufstieg der kohlekraftgetriebenen Länder China und Indien und der damit einhergehende Aerosolausstoß für dunkle Wolken über Shanghai, Delhi und anderen Metropolen gesorgt. Das hat beinahe mit Sicherheit dazu beigetragen, dass die weltweite Erwärmung langsamer fortgeschritten ist. In den 2010er-Jahren reagierte China auf die öffentlichen Proteste gegen die extreme Luftverschmutzung und ergriff Gegenmaßnahmen. Und es gibt erste Anzeichen dafür, dass sie wirken. Indien hingegen nimmt den zweifelhaften Titel für sich in Anspruch, die schlechteste Luftqualität auf der Welt zu haben; auch dort wird die Bevölkerung langsam wütend.

Bjørn Samset geht davon aus, dass China die Bemühungen um eine geringere Luftverschmutzung wegen des direkten gesundheitlichen Nutzens wahrscheinlich fortsetzen wird, trotz der dadurch drohenden Erwärmung. »Es ist ziemlich plausibel, dass die Aerosolbereinigung in Asien – die aufgrund der daraus resultierenden geringeren Luftverschmutzung ganz konkret Leben rettet – Vorrang vor einer deutlichen Reduzierung des Treibhausgasausstoßes erhält«, meinte er.[151] Dinge, die einst nur in gruseligen Science-Fiction-Szenarios und Verschwörungstheorien zu finden waren, gehören heute zum Alltag der Atmosphärenforschung – nur dass sich diejenigen, die die Experimente durchführen, über die Risiken im Klaren sind.

»Geoengineering wirkt wie ein Schmerzmittel«, erklärte Frank Keutsch, der sich als Chemiker in Harvard mit dem Problem befasst. »Wenn es wirklich schlimm ist, helfen Schmerzmittel, aber sie ändern nichts an der Ursache des Leidens und können manchmal mehr schaden als nützen. Wir wissen wirklich nicht, was für Auswirkungen Geoengineering hat, aber deshalb erforschen wir es.«[152]

Und was, wenn das Geoengineering mit den Aerosolen klappt und die Erderwärmung rückgängig macht? Auch das könnte katastrophale Nebenwirkungen haben.

Samset sagte mir, dass ein weltumspannendes Geoengineering-Projekt mit Aerosolen »eine große Bandbreite an unbeabsichtigten regionalen Folgen« hätte. Eine der größten Gefahren wäre laut einer Studie, die in der Fachzeitschrift *Nature Ecology and Evolution* veröffentlicht wurde, dass die Abkühlung zu gut funktionieren könnte, was zu »beispiellos schnellen« Veränderungen in den Ökosystemen führen würde[153] – ein Szenario wie im Film *Snowpiercer*. Das könnte sich als fatal für die Tiere und Pflanzen erweisen, denen die jahrzehntelange Erwärmung ohnehin schon zusetzt.

»Ich halte es für denkbar, dass solche Aktionen globale Konflikte auslösen«, meinte Susanne Bauer vom Goddard Institute for Space Studies der NASA. »Andererseits bin ich davon überzeugt, dass das Geoengineering erforscht werden muss, einfach um sich der Möglichkeiten bewusst zu sein und sich damit auszukennen.«[154]

Die dreißig Jahre zwischen 2020 und 2050 werden von so vielen Veränderungen geprägt sein, wie wir es nur selten zuvor erlebt haben. Das Schmelzen der Eisschilde, die Aerosolkrise und der ansteigende Meeresspiegel werden mehr Menschen aus ihrer Heimat vertreiben als je zuvor. An manchen Orten wird es unvermeidlich zu Konflikten kommen.

Eine Studie der University of California in Berkeley ergab, dass höhere Temperaturen und Verschiebungen im Extremwettergeschehen einen Anstieg aller Formen der Gewalt nach sich ziehen können, von häuslichen Misshandlungen bis hin zum Bürgerkrieg. Im Extremfall könnte in manchen Ländern gar nichts mehr funktionieren und die Gesellschaft zusammenbrechen.[155]

Dieser unheilvolle Aspekt des Klimawandels ist jedoch kein unausweichliches Schicksal. Eine sich schnell verändernde Umgebung macht Konflikte nur wahrscheinlicher, nicht unvermeidbar. Letztendlich liegt das immer noch in der Hand der Menschen. Unsere Entscheidungen bestimmen darüber, ob es zu diesen Konflikten kommt. In einer Welt, in der wir zügig beschlossen haben, den Aufbau einer ökologischen Gesellschaft in Angriff zu nehmen, werden wir über zahllose Instrumente zur Konfliktvermeidung verfügen. Sie werden Teil unserer Anpassungsstrategien an den Klimawandel sein.

Dennoch wird es Menschen geben, die bewusst außerhalb des Mainstreams leben und eine existenzielle Bedrohung für den Rest von uns darstellen. Manche Gruppierungen und ein paar Schurkenstaaten werden verhindern wollen, dass der Rest der Welt sich der ökologischen und sozialen Gerechtigkeit verschreibt, entweder weil sie noch unter dem Einfluss der schwindenden fossilen Energiebranche stehen oder weil sie in Reaktion auf den Klimawandel eine faschistische, die Menschenrechte ignorierende Ideologie entwickelt haben oder weil sie einfach verzweifelt sind.

Für Mary Annaïse Heglar, Klimaessayistin und Verfechterin eines intersektionalen Ansatzes der Umweltgerechtigkeit, ist Octavia Butlers *Die Parabel vom Sämann* ein hervorragendes Beispiel dafür, wie es so richtig schieflaufen könnte. Darin entstehen nach einem sehr schnellen Klimawandel von Feuer besessene Sekten, die sich inmitten der Zerstörung und des Chaos in ihrer Umgebung auf Sinnsuche begeben. Heglar meint, das könnte nur der Anfang sein.

»Die Zukunft, die ich sehe, ist ziemlich hässlich, wenn es bis dahin keine sehr, sehr drastischen Veränderungen gibt«, sagte sie zu mir. »Es ist eine Welt, in der die Menschen ganz verschiedene Wege, sehr kreative Wege, finden, einander Schlimmes anzutun. Wenn man nicht aufpasst, bringt Ungewissheit die Grausamkeit der Menschen hervor. Und die meisten Menschen passen nicht auf.«[156]

Als Beispiel dafür hat Heglar vor allem das Massaker vor Augen, das sich 1917 in East Saint Louis ereignete. Dort hatte ein wütender weißer Mob Dutzende Schwarze ermordet, nachdem diese im Ersten Weltkrieg anstelle von streikenden Arbeitern in Fabriken eingesetzt worden waren. Wenn lebensrettende Technologien nicht gerecht verteilt werden, wenn sich Staaten zu sehr auf Sparmaßnahmen zuungunsten einer ethnischen Bevölkerungsgruppe versteifen oder wenn die Klimakatastrophen ohnehin benachteiligte Bevölkerungen spalten, könnte das wirklich hässliche Folgen haben.

»Unheimlich vieles von dem, was wir heute für unmöglich halten, könnte in zwanzig Jahren völlig normal sein«, meinte Heglar. »Ich höre jetzt ständig Leute sagen: ›Wenn es richtig übel wird, ziehe ich einfach nach Neuseeland oder nach

Schweden, wo die Auswirkungen des Klimawandels nicht so schlimm sind.‹ Aber dort wird es dann auch nicht gerade gemütlich sein. Vor allem wird an solchen Orten schon größtenteils das eine Prozent leben. Wer also glaubt, dass er sich als ganz normaler Mensch ein Grundstück in Neuseeland leisten können wird – viel Glück dabei!«

Eskapismus ist heute wahrscheinlich die gefährlichste Reaktion auf den Klimawandel. Er führt uns vor Augen, wie der Klimawandel überhaupt entstanden ist: Wenn wir uns als Individuen sehen, die irgendwo außerhalb der Zusammenhänge eines miteinander verbundenen, lebendigen Ökosystems stehen, auf einem Planeten, auf dem unsere Taten immer starke Auswirkungen auf unsere Umwelt haben, verkennen wir, dass alle anderen auch Menschen sind und schlicht ein Recht darauf haben, zu existieren. Diese Einstellung treibt die Reichsten der Welt gerade dazu, sich private Raumfahrtunternehmen zuzulegen. Wir können und werden diejenigen, die bereits von der Klimakrise betroffen sind, nicht einfach sich selbst überlassen, während die Privilegierten an ihren Fluchtplänen feilen – in höher gelegene Regionen in der Nähe, in die Berge, zum Mars.

Bis wir eine Welt verwirklicht haben, die auf das Wohlergehen aller ausgelegt ist, wird es weiter Menschen geben, deren Überleben systematisch von den Mächtigen behindert wird. Der Albtraum der Reichen und Einflussreichen ist eine Welt, in der der Rest von uns endlich erkennt, über welche Macht wir verfügen, um für eine Gesellschaft, die sich an Gerechtigkeit orientiert, zu kämpfen.

Wir werden uns aktiv und bewusst darum bemühen müssen, die Spannungen zu entschärfen, die in einer wärmer werdenden Welt aufkommen. Uns den koordinierten Selbstrettungsbemühungen der fossilen Energiebranche zu widersetzen, wird nicht leicht werden, aber wir sind darauf vorbereitet. Diese Anstrengungen laufen bereits, seit die fossile Energiebranche existiert, und sie wird in den 2040er-Jahren nicht einfach verschwinden, selbst nach zwei Jahrzehnten radikaler und verheißungsvoller Veränderungen. Unsere größte Hoffnung wird weiterhin sein, dass wir uns damit auseinandersetzen können, wenn es so weit ist, um die Chancen auf einen friedlichen Übergang in eine Welt ohne fossile Brennstoffe zu erhöhen.

Wir wissen, dass das Wetter in den 2040ern extremer sein wird als heute. Eine plötzlich auftretende massive Veränderung, etwa das Schmelzen eines Eisschilds oder ein schneller Anstieg der Erdtemperatur nach dem Verschwinden der Aerosole, würde dafür sorgen, dass es sogar noch dramatischer wird als vorhergesagt, selbst wenn wir in der Lage sind, den Treibhausgasausstoß radikal zu senken. Doch eines liegt natürlich in unserer Hand: unsere Reaktion auf die zunehmenden Wetterkapriolen.

Seit meiner Unterhaltung mit Konteradmiral Titley vor einigen Jahren führe ich mir sein Konzept des »katastrophalen Erfolgs« immer und immer wieder vor Augen, wenn ich glaube, schlimmer könne es nicht werden, und es hat meinen Blick dahingehend geprägt, dass sich die Welt schnell stärker verändern könnte, als wir es uns in unseren wildesten Träumen ausmalen – zum Besseren. Titley betrachtet die immer wärmere Welt sowohl aus der Perspektive eines Wissenschaftlers (er ist ausgebildeter Meteorologe) als auch aus der eines ehemaligen Militärs. Ihm ist klar, dass eine potenziell massiv ansteigende Zahl von Geflüchteten eine dramatische humanitäre Krise bedeutet, die aufgrund der immer schwerer ausfallenden Dürren, Überschwemmungen und Extremwetterereignisse, die wir schon in den vergangenen Jahren erlebt haben, und der historischen Tendenz, in Krisenzeiten die Grenzen zu schließen, fast unausweichlich ist. Eine Verschärfung dieses Trends könnte die Welt noch zu unseren Lebzeiten praktisch unregierbar machen.

Das US-Militär zählte zu den ersten großen Institutionen, die das erkannt haben. Das ergibt Sinn, wenn man in Betracht zieht, dass die Aufgabe des Militärs darin besteht, das Wohlergehen und den Wohlstand der Vereinigten Staaten auf möglichst lange Sicht zu sichern. Ohne eine stabile Erde gibt es keine Stabilität für die USA. Auch deshalb haben einige Militärstrategen im Pentagon angefangen, den Klimawandel als »Bedrohungsmultiplikator« zu bezeichnen.

Doch wenn Titley über Migration spricht, fällt es selbst ihm schwer, das Ausmaß richtig darzustellen. Wenn der Meeresspiegel in den 2040er-Jahren um einen Meter angestiegen ist und es immer schwerere Dürren, Brände, Hitzewellen und Überschwemmungen gibt, könnten etwa 250 Millionen Menschen aus ihrer Heimat vertrieben worden sein. Das sind etwa viermal mehr Menschen, als heute durch die Welt ziehen, und ungefähr fünfzigmal so viele, wie der Bürgerkrieg in Syrien entwurzelt hat. Kurz gesagt: eine gewaltige Herausforderung für unser Verständnis von Nationalität, Grenzen und üblichen politischen Handlungsweisen.

»Nach dem Zweiten Weltkrieg gab es in Europa Dutzende Millionen Heimatlose«, meinte Titley. »Diesen Teil der Geschichte kehren wir gern unter den Teppich. Ich meine, Europa ging es wirklich dreckig nach dem Krieg. Das war einer der Gründe für den Marshallplan. Ich glaube, dass uns das echt Angst gemacht hat: Hey, da bricht alles zusammen, also mussten wir irgendetwas tun.«[157]

Eine unerwartete und unkontrollierte klimabezogene Migrationskrise könnte noch schlimmer ausfallen als die Flüchtlingskrise nach dem Zweiten Weltkrieg, bei der trotz aller Schrecken weniger als ein Prozent der Weltbevölkerung unterwegs war. Der Klimawandel könnte allein in den kommenden zwei bis drei Jahrzehnten dreimal so viele Menschen aus ihrer

Heimat vertreiben. Auch wenn die Flucht vor extremen Wetterbedingungen schon heute immer häufiger vorkommt, ist der direkte Auslöser für den Aufbruch normalerweise ein gewalttätiger Konflikt. Wie bereiten wir uns auf eine Welt vor, in der ständig neue Krisenherde entstehen können, und wie schaffen wir es, gewalttätige Auseinandersetzungen rasch einzudämmen, bevor es zu spät ist?

Eine solche Krise verlangt proaktive Gegenmaßnahmen über alle Grenzen hinweg. Wir werden Regelungen finden müssen, die die Bewegungsfreiheit fördern, statt sie zu beschränken. Und wir müssen stabile soziale Absicherungen schaffen, damit weniger Familien ihre Heimat verlassen auf der Suche nach einem Ort, an dem sie einfach nur leben können. Außerdem müssen wir, noch bevor wir den CO_2-Ausstoß weltweit auf null gesenkt haben, begreifen, dass es nötig ist, aggressiv an einer Senkung des Kohlendioxidgehalts in der Atmosphäre zu arbeiten. Das alles wird in den 2040er-Jahren immer noch genauso wichtig sein wie 2020.

»Wahrscheinlich liege ich falsch«, sagte Titley, »aber ich bin heute so zuversichtlich wie schon lange nicht mehr, dass wir jetzt tatsächlich etwas unternehmen. Ich glaube, es gibt wirklich Anlass zum Optimismus.«[158]

Als konkretes Beispiel dafür, dass aus Ansichten Taten folgen können, auch wenn sie kümmerlich ausfallen, nennt Titley den fortschreitenden Sinneswandel bei hochrangigen Mitgliedern der Republikanischen Partei, die den Klimawandel jetzt nicht mehr unverhohlen abstreiten. Denn sobald diese Mauer im Denken fällt, könnte eine Lawine des Handelns folgen. »Vielleicht sind wir dem katastrophalen Erfolg heute schon deutlich näher. Dinge können sich verändern, und nicht immer nur zum Schlechten. Sie können besser werden. Das kann sehr, sehr schnell gehen.«

In den 2040ern war es so weit, dass wir den CO_2-Ausstoß in den USA, Europa und vielen anderen Regionen der Welt auf null reduziert hatten. Wir holten mithilfe der Meere, Böden, Wälder und Graslandschaften große Mengen Kohlendioxid aus der Atmosphäre zurück. Wir schafften den Kurswechsel hin zu einer ökologischen Gesellschaft, weil wir Gerechtigkeit und die Würde jedes einzelnen Lebewesens auf der Erde zur Priorität erklärten. Eine Revolution unserer Geisteshaltung und unserer Beziehung zur Erde machte uns klar, dass wir alle wertvoll sind – dass jeder Mensch und jede Spezies ein Existenzrecht hat.

Nach einem drei Jahrzehnte andauernden Kampf hatten wir erkannt, dass uns eine schöne und auf Gerechtigkeit ausgerichtete Welt zusteht, in der man sich wohlfühlt, und wir begannen, einander und uns selbst zu befreien. Um es mit den Worten der Autorin und Frauenrechtlerin adrienne maree brown zu sagen: Wir gestalteten die Zukunft, nach der wir uns gesehnt und die wir noch nicht erlebt hatten.

Das alles taten wir, weil unsere Welt im Sterben lag. Die dreißig Jahre zwischen 2020 und 2050 waren für viele von uns eine Zeit der Trauer und des Verlusts, die uns aber dazu bewegte, diesem Leid mit Mut, Hoffnung und Fantasie zu begegnen, weil katastrophale Rückschläge zur Norm geworden waren. Zusammen nahmen wir uns der schweren Aufgabe an, eine neue Welt zu verwirklichen, und wir gaben nicht auf, weil es sein musste: für die indigenen Völker nach Jahrhunderten der Auslöschung und Unterdrückung, für die Bewohner der Pazifikinseln, die alles dafür gaben, ihre Heimat vor dem Untergang zu bewahren, für die simple Erkenntnis, dass es keine Zukunft gab, für die es sich zu kämpfen lohnte, wenn diese nicht in Gerechtigkeit wurzelte.

Farhana Sultana, eine Politökologin, deren Schwerpunktthema Wasserrechte sind, erzählte mir, dass die Stimmung in ihrem Geburtsland Bangladesch »unverbesserlich optimistisch« sei, obwohl es in den 2010er-Jahren als sicheres Katastrophengebiet abgetan wurde, denn: »Wenn wir überleben wollen, haben wir keine andere Wahl.«[159]

Unverbesserlich optimistisch. Diese weit verbreitete Einstellung erlaubte uns, die schlimmsten Auswirkungen des Klimawandels zu ertragen, bis weit in die 2040er-Jahre hinein, als Technologien und Innovationen Türen öffneten, die bisher verschlossen gewesen waren. Wie wir diese Technologien anwendeten – und bestimmten, wer davon profitierte –, entschied über unser Schicksal als Zivilisation.

Eine Zukunft, in der das Klima durch Technologien gerettet wurde, wäre ähnlich unterdrückerisch wie die heutige kapitalistische Utopie, wenn sie nicht mit einer radikalen Dekolonisation und proaktiven Bemühungen einherginge, den Milliarden von Menschen, die am schlimmsten unter den Auswirkungen des Klimawandels gelitten hatten, Entschädigungen zu zahlen. Die Mechanismen, mit deren Hilfe sich Gerechtigkeit herstellen lässt, erwiesen sich als die wichtigsten »technischen« Revolutionen des Jahrhunderts.

Sie wurden – gemeinsam mit allen unseren Errungenschaften der vergangenen Jahrzehnte – auf die Probe gestellt, als der Thwaites-Gletscher 2039 teilweise kollabierte. Seine abrupte Auflösung ließ den Meeresspiegel innerhalb von zehn Jahren um einen Meter ansteigen, schneller, als es die meisten Wissenschaftler für möglich gehalten hatten. Durch eine Laune der Erdanziehungskraft fiel der Anstieg an der Ostküste der USA am stärksten aus, sodass Teile von Miami, Charleston, Norfolk, Philadelphia, New York und Boston nun dauerhaft unter Wasser standen.

Seit den 2020er-Jahren, als die Welt endlich angefangen hatte, kollektiv gegen die Bedrohung des Klimawandels vorzugehen, hatten wir uns beständig für den Pfad der Ökologie und der Gerechtigkeit entschieden. Die überschwemmten Städte waren so gut auf die Situation vorbereitet, wie es eben ging. Im Fall von Miami bedeutete das eine Kombination aus Anpassung und Rückzug. Mit der Zeit glich das Leben in Miami irgendwann dem auf anderen Archipelen: eine eng vernetzte und blühende Gemeinschaft, die das Leben inmitten von Wasser zelebrierte, ähnlich wie die Florida Keys.

Im Kern geht es beim Klimawandel um das Überleben. Konkret geht es im Verlauf dieses Jahrhunderts darum, wer überleben darf und wer nicht. Während der Jahrzehnte des radikalen Wandels musste jede Entscheidung so getroffen werden, als ginge es um Leben oder Tod. Denn genauso war es. Diese wilden unaufhörlichen existenziellen und emotionalen Anstrengungen hätten die meisten Menschen überfordert, wenn wir nicht bereits Jahrzehnte damit zugebracht hätten, ein neues Verantwortungsgefühl füreinander zu entwickeln.

2040 unterschrieben die Regierungschefs der Welt ein globales Abkommen zur Klimamigration, in dem sich jedes Land auf der Erde verpflichtete, proportional zur Menge an Emissionen, die es im Verlauf der Zeit ausgestoßen hatte, Geflüchtete aufzunehmen. Die darin vorgesehenen dauerhaften Aufenthaltsgenehmigungen für die hundert Millionen Menschen, die direkt von den Klimakatastrophen betroffen waren, schafften die Staatsgrenzen praktisch ab. Fast ein Viertel der Geflüchteten ließ sich in den Vereinigten Staaten nieder.

Anfang der 2040er-Jahre löste ein zeitgleicher Durchbruch in der Entsalzungstechnologie und in den diplomatischen Gesprächen im Nahen Osten eine Kettenreaktion aus, was zur Entschärfung der Migrationskrise führte, die die Welt seit dem partiellen Zusammenbruch der antarktischen Gletscher und dem plötzlichen Temperaturanstieg durch den Rückgang der Aerosole in Atem gehalten hatte.

Wir erkannten, dass die kapitalistische Konsumkultur die erdölreichen Volkswirtschaften aufrechterhalten hatte, und als diese in sich zusammenfielen, kam der Rest der Welt überein, die ehemaligen Erdölstaaten beim Übergang zur Kreislaufwirtschaft zu unterstützen. Diese Staaten waren bereits auf gutem Wege, zu Weltmarktführern im Bau von Solaranlagen, Hochgeschwindigkeitszügen und Entsalzungssystemen zu werden, doch bei einem Dringlichkeitsgipfel in Dubai einigten sich die Regierungschefs der Welt darauf, die Zusammenarbeit beim Kampf gegen das Kohlendioxid in der Atmosphäre weiter zu intensivieren, und starteten erste Gespräche über Geoengineering-Maßnahmen, die vorübergehend angewendet werden sollten, bis der CO_2-Wert wieder auf unter 350 ppm gesunken war. So ließe sich eine langfristige Stabilisierung des Klimas erreichen, auf einem Niveau, auf dem kein großflächiger Kollaps der Zivilisation mehr drohte.

Das weltweite Bestreben, auf Katastrophen vorbereitet zu sein und sie zu verhindern, trug die Vorteile der neu geschaffenen resilienten Kreislaufwirtschaft von Europa und Nordamerika in die ganze Welt. Auch wenn das eigentlich schon viel früher hätte erfolgen müssen, traf die Welt jetzt, zu dieser späten Stunde, einen Entschluss: Es spielte keine Rolle, wer von den negativen Auswirkungen des Geoengineerings betroffen sein würde – alle Länder würden gemeinsam handeln und für Gerechtigkeit sorgen. Die Staatschefs erklärten einstimmig, dass die Deckung der Grundbedürfnisse aller Menschen unverhandelbar sei. Gemeinsam dämmten wir die Konfliktursachen ein und verwirklichten endlich eine Gesellschaft, in der jeder Erdenbewohner sich in der für ihn besten Weise entwickeln konnte.

Obwohl der Meeresspiegel weiter anstieg, lag es immer noch in unserer Macht, den vollständigen Zusammenbruch der massiven Eisschilde in Grönland und der Antarktis zu verhindern. Durch sorgfältige Planung und eine genaue Abstimmung zwischen den Gemeinschaften, die am meisten unter den Auswirkungen des Klimawandels zu leiden hätten, schafften es die Staaten der Welt, dass ein weiteres Einbrechen der Wirtschaft ausblieb. Zwischen 2020 und 2050 lernten wir, miteinander und füreinander zu arbeiten. Wir entwickelten unsere demokratischen Regierungssysteme so weiter, dass es möglich war, schwere Entscheidungen schnell zu treffen. Und wir gewöhnten uns daran, Veränderungen zu begrüßen, weil jeder und jede Einzelne von uns wusste, dass wir eine bessere Welt schufen.

Trotz dieser Herausforderungen waren die 2040er-Jahre ein Jahrzehnt des neuen Wachstums – doch jetzt war es natürlich nicht die rohstoffintensive fossile Energiewirtschaft, die aufblühte, sondern es waren die Pflanzen, Tiere, Ökosysteme und Bevölkerungsgruppen, die so lange zu kurz gekommen waren.

Als sicher war, dass irgendeine Form des Geoengineerings unvermeidlich sein würde, legten wir klar fest, wer von einem solchen Programm profitieren sollte. Woran würde sich der Erfolg der Maßnahmen bemessen? Wenn der Wert der Immobilien an den Küsten stieg, weil die Eisschilde in Grönland und der Antarktis langsamer schmolzen, würde der daraus resultierende Wirtschaftsaufschwung auch gerecht an die Bauern im Senegal und in Paraguay weitergereicht werden, deren Ernte durch ein Extremwetterereignis vernichtet wurde, das es ohne das Geoengineering wahrscheinlich nicht gegeben hätte? Wie würden wir diese Auswirkungen berechnen – und skrupellose Profiteure zur Verantwortung ziehen?

Gleichzeitig sorgte die in den Weltmeeren gespeicherte Wärme, die nach jahrelangen schlechten Entscheidungen nun mit zeitlicher Verzögerung freigesetzt wurde, auch in den 2040er-Jahren immer noch für eine Zunahme der Wetterkapriolen, was die radikale Transformation unserer Gesellschaft und Millionen Menschen in kleinen Inselstaaten, in sozial schwachen Stadtvierteln, an Flussufern und in Agrarregionen auf der ganzen Welt gefährdete. Um die Heimat dieser Menschen zu bewahren, fuhren wir die Geoengineering-Maßnahmen hoch und beschlossen nach einer erneuten weltweiten, gewaltfreien Protestwelle, dass die Patente aller Technologien für CO_2-freie Energielösungen generell kostenlos zugänglich sein mussten.

***

Die Emissionen auf null herunterzufahren ist der beste Weg, um den Klimawandel auszubremsen. Das wussten wir 2020 schon genauso gut wie 2045. Die entscheidende Frage blieb: Was, wenn die Klimakipppunkte, die wir zuvor überschritten hatten, selbst dann nicht aufzuhalten waren, wenn wir den CO_2-Ausstoß enorm reduzierten?

Technologien sind nichts anderes als die praktische Umsetzung wissenschaftlicher Erkenntnisse – und diese Erkenntnisse besagen, dass der realistischste Ausweg aus einer Krise wie dieser wirklich tiefgreifende Maßnahmen sind. Da die technologischen Lösungen, für die der Kapitalismus öffentliche Mittel eingefordert hatte, versagt hatten, glaubten nur wenige daran, dass ein solcher Ansatz nun in diesem Jahrzehnt funktionieren würde, während die Auswirkungen des Klimawandels für immer mehr Ungerechtigkeit auf der Welt sorgten. Natürlich machten wir uns die technischen Fortschritte weiterhin dafür zunutze, die Menschen mit Nahrung, Energie, Wasser und einem Dach über dem Kopf zu versorgen, aber wir behandelten die Technik mit Vorsicht, weil wir endlich verstanden hatten, dass es ein gefährlicher Irrweg war, sie als Ziel an und für sich zu feiern.

Die beste Chance, zu unseren Lebzeiten eine bewohnbare Welt zu schaffen, bestand darin, alle Aspekte der Gesellschaft revolutionär zu erneuern – das war deutlich effektiver als jede Technologie zur Erschließung erneuerbarer Energien oder das Pflanzen von Bäumen.

Wenn die Umbrüche der 2020er- und 2030er-Jahre uns eines gelehrt hatten, dann die Tatsache, dass gesellschaftliche Bewegungen die beste »Technologie« darstellten, um eine schnelle und umfassende Dekarbonisierung aller Lebensbereiche zu bewirken. Durch die Verwirklichung einer stärker auf Fairness und Gerechtigkeit ausgerichteten Welt und einer Wirtschaft, deren Hauptaugenmerk Gleichheit und die Gesundheit des Planeten sind, gelang uns ein »technologischer« Durchbruch, der im zwanzigsten Jahrhundert selbst mit unerschöpflichen Forschungs- und Entwicklungsmitteln undenkbar gewesen wäre.

Mitte des Jahrhunderts hatte sich die Welt grundlegend verändert. Manche Regionen waren unbewohnbar geworden, weil Dürren, Überschwemmungen und enorme Hitze für raue, unbarmherzige Wetterbedingungen sorgten. Anderenorts waren ganze Länder mittlerweile CO_2-neutral, und eine umfassende Transformation zielte darauf ab, auf einem Drittel der urbaren Flächen der Erde Bäume und andere mehrjährige Pflanzen wachsen zu lassen, die Nahrungsmittel und Brennstoff lieferten und der Atmosphäre so schnell wie möglich Kohlendioxid entzogen. Trotzdem waren weitere, noch kühnere Methoden nötig, um das Klima zu stabilisieren.

Auch nachdem die weltweite Revolution in den 2020er- und 2030er-Jahren den Weg hin zu einer vollständig dekarbonisierten Kreislaufwirtschaft bereitet hatte, stand uns noch eine Reihe schwieriger Entscheidungen bevor. Für eine wirklich nachhaltige Welt waren Einfallsreichtum, Kreativität und Geduld gefragt, und so wagten wir einen völlig neuen Ansatz für den Planeten, für den wir verantwortlich waren.

2043–2045: NEGATIVE EMISSIONEN

In den 2040er-Jahren waren wir nicht nur auf eine komplett CO_2-freie Stromversorgung umgestiegen, sondern entwickelten auch in großem Stile Technologien, die der Atmosphäre gewaltige Mengen Kohlendioxid entzogen. 2045 näherte sich der CO_2-Gehalt der 500-ppm-Marke, aber wir waren auf gutem Wege, es zurück in die sichere Zone zu schaffen, in der die Erde stabil war.

Die Notwendigkeit, Kohlendioxid aus der Atmosphäre zu ziehen, war eine teure, aber unvermeidliche Folge unseres Zögerns bei der Senkung der Emissionen. Jedes »ppm« Kohlendioxid – jedes CO_2-Molekül pro Million anderer Moleküle – entspricht etwa 1,8 Milliarden Tonnen des Gases. Die Entnahme von mehr als hundert ppm – ungefähr die Menge, die nötig war, um uns wieder zurück in den sicheren Bereich zu bringen – erforderte einen Gewaltakt: ein Ingenieursprojekt, das alles in den Schatten stellte, was der Mensch je versucht hatte.

Das Kohlendioxid aus der Atmosphäre zu holen – was im Grunde bedeutete, die Verbrennung aller fossilen Energieträger rückgängig zu machen – brachte unvorstellbare wirtschaftliche und soziale Kosten mit sich, da es bis zum Ende des Jahrhunderts möglicherweise zwischen zehn und fünfzig Prozent der weltweiten Wirtschaftsleistung verschlingen würde. Die meisten Technologien setzten auf Pflanzen. Die Photosynthese ist der billigste, effektivste und allgegenwärtigste uns bekannte Vorgang, um Kohlendioxid aus der Atmosphäre zu entnehmen: Bäume, Langgrassteppen, Algen – die Wiederherstellung der natürlichen Ökosysteme. Der Boden ist immer noch der am wenigsten erforschte Teil des Kohlenstoffkreislaufs, und es ist schwer, zutreffende Einschätzungen darüber zu erhalten, wie viel mehr Kohlenstoff er aufnehmen könnte. Aber die Grundidee des »carbon farming«, bei dem man Pflanzen dazu bringt, mehr Kohlenstoff im Boden zu binden, indem man das Verhältnis von Pilzen zu Bakterien anpasst, Mischkulturen aus verschiedenen mehrjährigen Pflanzen anbaut oder eine von Dutzenden anderen Methoden anwendet, war so vielversprechend, dass wir viel Geld in sie investierten.

Das führte dazu, dass Hunderte Millionen Bauern auf der ganzen Welt ihren Lebensunterhalt mit Kohlenstoffsequestrierung verdienten. Die Staaten bezahlten ihre Bürger dafür, Nahrungsmittel zu produzieren, aber nur, wenn der Anbau zum Kampf gegen den Klimawandel beitrug.

Im Bemühen, den rückständigen Formen der Luftfahrt eine Zukunft zu ermöglichen, pumpten Milliardäre (die wenigen, die es noch gab) Unsummen in kontinentgroße Flächen voller CO_2-bindender Biokraftstoffe. Ein anderer Ansatz sah vor, große Teile der Wüsten zu fluten, gentechnisch veränderte Algen im Wasser auszusäen und die Pflanzen so stark wie möglich wachsen zu lassen. Eine umstrittene Möglichkeit – die Methanoxidation – bestand darin, durch chemische Reaktionen gezielt enorme Mengen Kohlendioxid mittels riesiger Ventilatoren in die Atmosphäre zu blasen und so praktisch das gesamte vom Menschen verschuldete Methan verschwinden zu lassen. Methan ist ein Treibhausgas, dessen Erwärmungseffekt 84-mal stärker ist als der von Kohlendioxid.

Doch vor allem eine Idee, wie sich negative Emissionen erreichen ließen, bestimmte in den 2040ern die Debatte: die BECCS-Technik (*bioenergy with carbon capture and storage*, »Bioenergie mit CO_2-Abscheidung und -Speicherung«). Dabei werden Pflanzen angebaut und zur Energiegewinnung verbrannt, wobei man die Emissionen auffängt. Wenn BECCS sein volles Potenzial entfalten soll, wären dafür derart riesige Ackerflächen voller Ölsaaten nötig, dass es letztendlich die Nahrungsmittelversorgung der Erdbevölkerung gefährden könnte.

Auf einem Gipfeltreffen, das 2045 in Paris stattfand, dreißig Jahre nachdem man sich dort auf das Klimaabkommen geeinigt hatte, wurden diese Vorschläge entschieden abgelehnt. Es entstand ein Zeitfenster für das, was die Geoengineering-Forscherin Holly Jean Buck von der University of California in Los Angeles als »eine radikal utopische Art und Weise, Kohlendioxid aus der Atmosphäre zu entfernen«[160] bezeichnete. Die Staaten kamen auf die Idee, das beschlagnahmte Eigentum schon lange insolventer fossiler Energieunternehmen für die großangelegte, koordinierte CO_2-Einlagerung in riesigen Ölfeldern, in Fracking-Schächten und verlassenen Kohleminen zu nutzen. Durch die Konzentration und Abscheidung von großen Mengen atmosphärischen Kohlendioxids, das in geologisch stabile Flüssigkeiten und Feststoffe umgewandelt wurde – im Grunde nichts anderes als künstliches Öl und Kohle –, drehten wir die Zeit zurück.

Der psychologische Effekt der Kohlendioxidentnahme – des Auslöschens der Sünden der vorherigen Generationen – reicht tief. Doch einen einfachen Weg, den aktuellen Zustand der Erde zu beheben, gibt es einfach nicht. Zumindest in den kommenden Jahrzehnten werden wir mit einem Planeten leben müssen, der sich gefährlicherweise jedes Jahr stärker erwärmt.

Diese grausame Wahrheit anzuerkennen – und nicht vor ihr davonzulaufen – dürfte der beste Weg sein, um sicherzustellen, dass wir die Ära des tiefgreifenden Übergangs nicht nur überleben, sondern auch ganz vielen Menschen ein gutes Leben ermöglichen.

2046–2049: HUMANITÄRES GEOENGINEERING

Selbst als die Emissionen insgesamt schon negativ waren, blieben die Temperaturen auf der Erde weiterhin bedrohlich hoch, und daran würde sich ohne weiteres Handeln auch in den folgenden Jahrzehnten oder sogar Jahrhunderten nichts ändern. So langsam fragten wir uns: Was würde passieren, wenn wir nicht genügend Kohlendioxid abscheiden könnten, um das Schmelzen der Eisschilde aufzuhalten? Könnten wir das Wetter – bewusst – so beeinflussen, dass es uns zugutekam? Könnten wir ein weltweites Thermostat entwickeln und die Temperatur herunterdrehen? Plötzlich rückten die komplizierten ethischen Fragen des Geoengineerings in den Mittelpunkt.

Im Jahr 2017 hatte das Internationale Rote Kreuz zur weltweit ersten Konferenz zum Thema »Humanitäres Geoengineering« eingeladen. Das Konzept erscheint all denjenigen, die auch nur ein bisschen Ahnung von der Jahrtausende umfassenden Geschichte der Beziehung zwischen Mensch und Macht haben, sicherlich lächerlich naiv. Die Annahme, dass es eine erdumspannende Klimaanlage geben könnte, die von allen Ländern gemeinsam gerecht eingesetzt würde, steht im krassen Kontrast zu unserem historischen Umgang mit dem technischen Fortschritt seit der Steinzeit.

Doch die Aufgabe des Roten Kreuzes besteht darin, für den

Notfall zu planen. Und eben das tat es 2017, wenn man in Betracht zieht, dass die Klimakrise unverhältnismäßig diejenigen trifft, die am wenigsten zu ihren Ursachen beigetragen haben. Auf der Konferenz kam man zu dem Schluss, dass der ethisch gebotene und verantwortungsbewussteste Ansatz darin bestehen könnte, begrenzte Geoengineering-Maßnahmen durchzuführen, die vor allem auf das Wohlergehen derjenigen abzielten, die ganz vorn an der Front stehen. Gegen Ende der 2040er-Jahre hatten wir unter Beweis gestellt, dass wir in der Lage waren, existenzielle Bedrohungen durch gemeinschaftliches Handeln zu überwinden; also beschlossen wir, uns als Nächstes die Abkühlung unseres Planeten vorzunehmen.

Bewusste, groß angelegte Eingriffe in das Klimasystem der Erde haben potenziell schlimme Folgen auf die Schwächsten. Das frühzeitige Engagement von Hilfsorganisationen könnte einen großen Einfluss darauf haben, wie (und ob) Geoengineering-Maßnahmen durchgeführt werden. Diejenigen, die am meisten unter diesen Projekten zu leiden hätten, müssen die Diskussionen bestimmen, vor allem angesichts der Gefahr eines »Raubtier-Geoengineerings«, also skrupelloser, eigennütziger Aktionen, die bewusst schädigende Auswirkungen für andere haben.

Pablo Suarez, der das Rote Kreuz beim Treffen 2017 vertrat, wetterte gegen die »potenziell wahnhafte Annahme von Rationalität«, die die Debatten über das Geoengineering bis dahin geprägt hatte. Derartige Maßnahmen seien vor allem deshalb so beliebt, sagte er, weil sie eine billige, schnelle Lösung darstellten, um die schwere Arbeit einer Neustrukturierung der Gesellschaft zu umgehen, die nötig sei, damit so etwas wie der Klimawandel gar nicht erst eintrete. »Der Klimawandel ist die ungewollte Nebenwirkung der Entwicklung«, sagte Suarez. »Niemand ist gern das Versuchstier im Labor eines anderen.«[161]

Suarez beschrieb die ethischen Entscheidungen, denen eine Welt auf der Schwelle zum Geoengineering gegenüberstehe: »Wenn hundert Länder dadurch gewinnen, aber Gabun verliert, was passiert dann mit Gabun? Es wird trotzdem noch Extremwetterereignisse geben, nur anders. Wer zahlt für die humanitären Bemühungen in einer bewusst veränderten Welt?« Es gibt keinen Rechtsrahmen für derartige Entscheidungen. »Wir als humanitäre Gemeinschaft haben den Auftrag, vorauszusehen, was schiefgehen könnte. Und es könnten Dinge schiefgehen.«[162]

Die Risiken des Geoengineerings waren 2017, als das Rote Kreuz über die langfristigen Auswirkungen nachdachte, bereits klar. Was auch dreißig Jahre später noch umstritten war, war der Nutzen. Eine dünne Schicht aus Sulfat-Aerosolen in der oberen Atmosphäre erbrachte eine leichte Abkühlung, weil sie die Menge an Hitze und Licht verringerte, die bis zur Erdoberfläche durchdrang. Modellierungen dieses Szenarios ergaben weiterhin, dass es dadurch zu mehr Trockenheit und verkümmertem Pflanzenwachstum kommen könnte. Gleichzeitig würden sich die verfügbare Energie für starke Stürme und die Intensität der Regenfälle verringern. Eine weitere Folge wäre möglicherweise, dass der endgültige Zusammenbruch der restlichen Gletscher in Grönland und in der Antarktis um Jahrhunderte hinausgezögert würde.

Geoengineering-Maßnahmen, warnte Suarez 2017, glichen einer Art Chemotherapie für die Erde: Man spritzt eine schädliche Substanz in die Atmosphäre, um früheres Fehlverhalten zu korrigieren, im Wissen, dass es schwerwiegende Nebenwirkungen geben könnte. »In Extremfällen«, so Suarez, »könnten diese Nebenwirkungen den Patienten umbringen. Ist dieser Tod anders als der Tod durch Krebs? Vielleicht, vielleicht aber auch nicht. Ist das Leiden anders? Vielleicht, vielleicht aber auch nicht. Wir wissen, dass wir vor schwierigen Entscheidungen stehen.«

Dennoch war es eine der Entscheidungen, die wir treffen mussten, trotz aller Anstrengungen in den vergangenen Jahrzehnten. Was würde passieren, wenn die Weltgemeinschaft gegen Ende der 2040er-Jahre ein klar begrenztes Geoengineering-Projekt wagte? Was würde passieren, wenn Menschen, die Gefahr liefen, praktisch einem Genozid ausgesetzt zu sein, anfingen, atmosphärische Gerechtigkeit zu fordern?

***

Das Worst-Case-Szenario ist nicht unbedingt, dass wir Geoengineering-Maßnahmen in die Wege leiten, sondern dass wir sie plötzlich einstellen.

Die dramatischen Auswirkungen eines abrupt abgebrochenen Geoengineering-Projekts wären schlimmer als die des im Vergleich langsameren, aber immer noch enorm zerstörerischen Verschwindens der Aerosole. Ein plötzlicher Anstieg der Temperaturen würde über Nacht neue Wettermuster erzeugen, mit potenziell katastrophalen Folgen für Menschen und Spezies, denen der jahrzehntelange Klimawandel ohnehin schon zugesetzt hat. Die weitreichenden ökologischen Folgen wären im Grunde unumkehrbar, was das Massenaussterben beschleunigen würde.

»Im besten Fall müssen wir uns gar nicht mit der Frage beschäftigen«, sagte Holly Jean Buck zu mir. Aber wenn wir doch zu dem Schluss gelangen, dass Geoengineering-Maßnahmen unverzichtbar seien, »geht es optimalerweise um einen sehr kurzzeitigen Eingriff auf Solarebene, in geringem Ausmaß und mit einer kleinen Menge Aerosole, der die Temperatur niedrig hält, während sich die Welt ernsthaft darum bemüht, Kohlendioxid aus der Atmosphäre zu entnehmen, und der bis zum Ende des Jahrhunderts abgeschlossen ist«.[163]

Ein langsamer, kontrollierter Ausstieg aus dem Geoengineering über viele Jahrzehnte hinweg mag wie eine gute Idee klingen, aber wann haben es die Menschen jemals geschafft, ein auf ein halbes Jahrhundert ausgelegtes Vorhaben tatsächlich so umzusetzen wie geplant?

Wahrscheinlicher sei laut Buck eine ungünstige Überschneidung zwischen Geoengineering und Autoritarismus. Sie entwirft ein albtraumhaftes Szenario: »Was, wenn es irgendwann einen autoritären Staatenlenker gibt, der sagt, er werde alles mithilfe von solarem Geoengineering regeln, und es scheint auch zu funktionieren, und dann nutzt er das als Vorwand, um an der Macht zu bleiben?«

Und noch eine weitere Aussicht beunruhigt Buck: Was, wenn die dahinsiechende Ölindustrie auf CO_2-Speicherung umsteigt, um Profit aus der eskalierenden Krisensituation zu schlagen? Diese Vorstellung allein reiche aus, um die Ölkonzerne verstaatlichen zu wollen, meint sie.

In einer Welt, in der wir bereits CO_2-neutral sind und erwägen, Geoengineering als humanitäres Hilfsmittel einzusetzen, um den Übergang zurück in eine stabile Welt zu erleichtern, und als Konservierungswerkzeug, um etwas Druck von den Ökosystemen zu nehmen und einzelne Arten vor dem Aussterben zu bewahren, wäre es vielleicht gar nicht die schlechteste Idee. »Es gibt praktisch keine Forschungen dazu [Geoengineering auf diese Weise einzusetzen]«, erklärte Buck, »dabei erscheint mir diese Begründung relativ berechtigt.« Heute liegt diese Überlegung natürlich noch in weiter Ferne. Doch wie dieses Buch hoffentlich zeigt, ist sie nicht so weit hergeholt.

Wenn die politischen und gesellschaftlichen Reaktionen auf den Klimawandel scheitern – oder wenn wir erfolgreich restlos alle Aerosole aus der Luft klären und so einen rapiden Temperaturanstieg auslösen –, hätten wir dann den Mut und den Optimismus, auf eine künstliche, erdumfassende Kühltechnologie zu vertrauen, die uns retten soll?

Oberflächlich betrachtet wirkt Geoengineering wie eine kompromisslose Eskalation der Probleme, die uns überhaupt in die jetzige Situation gebracht haben. Dennoch sollte man sich in Erinnerung rufen: Wir haben die Erdatmosphäre und die Ökosysteme bereits heute massiv beeinflusst, in einem Ausmaß, wie es in der Erdgeschichte sonst nur durch Meteoriteneinschläge geschah. Wäre es den Versuch wert, einen Teil dieser Schäden bewusst wieder rückgängig zu machen? Andererseits würde eine vorsätzliche Veränderung der Atmosphäre eine ganz neue Ebene der Komplexität in unsere im rapiden Wandel begriffene Welt bringen.

In der Zukunft werden »wir« entscheiden müssen, was »Menschheit« und »Erde« in einer Zeit bedeuten, in der das Schicksal der Menschen und des Planeten stärker miteinander verflochten sind als je zuvor und die Verantwortung für die Krise ungleich verteilt ist. Was wir der Erde antun, tun wir uns selbst an. Unsere beste Chance, Geoengineering-Maßnahmen zu vermeiden, dürften gegenseitige Unterstützung, Vertrauen und Solidarität sein.

Auf einem Gipfeltreffen im Jahr 2049, zu dem die Marshall-Inseln eingeladen hatten, diskutierten indigene Völker aus der ganzen Welt, von der Arktis über das Okavangodelta bis zum australischen Outback, sowie Vertreter von Universitäten, religiösen Gemeinschaften und der florierenden Jugendumweltbewegungen monatelang darüber, was zu tun sei. Das Ergebnis war überwältigend: Wir würden versuchen, die Atmosphäre zu dekolonisieren, ganz langsam, um den Himmel denen zurückzugeben, die noch lange lebten, und den Hunderten von

Generationen, die folgen sollten. Es handelte sich um ein auf Jahrhunderte angelegtes Projekt, das den unglaublichen Gemeinschaftssinn würdigen sollte, den die Menschheit entwickelt hatte. So wollte man den Schaden beheben, der allen nichtmenschlichen Arten zugefügt worden war und der für so viel Leid gesorgt hatte.

Bis 2050 hatten wir den Großteil der Arbeit erledigt, die wir als Zivilisation leisten mussten, um unser Klima zu stabilisieren und den zahllosen Generationen, die nach uns folgten, eine bewohnbare Welt zu hinterlassen. Diese Leistung, die nur wenige Jahrzehnte zuvor als Wunschdenken oder unmöglich abgetan worden war, erwies sich als die bedeutendste, heldenhafteste und unwahrscheinlichste Revolution in der Geschichte der Welt.

Die technischen Lösungen nahmen kein Ende: Kohlendioxidabscheidung in industriellem Ausmaß, begrenzte Geoengineering-Maßnahmen, mit künstlicher Intelligenz gesteuerte Windkraft- und Solaranlagen. Doch es gab einen generellen Kurswechsel vom unregulierten Wachstum um jeden Preis hin zu einer auf das Wohlergehen von Mensch und Natur ausgerichteten Kultur, in der die ökologische Kreislaufwirtschaft dynamische Orte für Arbeit und Vergnügen schuf, die sich in die bestehende Umgebung einfügten, statt ihr zu trotzen. Wir strebten vorwärts, indem wir auf alle möglichen Formen des Wissens setzten, nicht nur auf technologische Utopien.

Die Welt veränderte sich so sehr und so schnell, dass wir es uns nicht mehr leisten konnten, begründete Ansätze zur Stabilisierung der Erde zu ignorieren oder auszuschließen.

In den vergangenen drei Jahrzehnten war nicht jeder mit allen Neuerungen einverstanden. Es gab weiterhin abtrünnige Länder, abtrünnige Branchen und Überbleibsel der Vergangenheit, und selbst Kriege ließen sich nicht unbedingt vermeiden.

Aber die allgemeine Einstellung hatte sich so verändert, dass wir nun über Instrumente verfügten, diese Leute zur Verantwortung zu ziehen und dafür zu sorgen, dass sie dem Rest der Welt keinen Schaden zufügten.

In der ersten Hälfte des 21. Jahrhunderts fanden wir zusammen und kämpften gegen den immer akuteren Klimawandel an. Wir setzten uns damit auseinander, was es bedeutete, in einer Zeit zu leben, in der das Aussterben eine konkrete Möglichkeit war und sich die Heimatverwurzelung als deutlich weniger beständig herausstellte, als wir einst geglaubt hatten. Um damit zurechtzukommen, fanden wir zu einer neuen Spiritualität, die uns die Geduld und das Wohlwollen verlieh, um die zweite Hälfte des Jahrhunderts anzugehen, mit einer CO_2-neutralen Weltgemeinschaft und einer Kreislaufwirtschaft, die darauf abzielte, Jahrhunderte der Kolonisation und Ausbeutung wiedergutzumachen. Wir hatten ein verjüngtes neues Ethos für die Menschheit geschaffen.

Wir lernten, dass unser Leben, unser Wohlstand, unsere Kulturen und die Existenz der Tiere und Pflanzen, mit denen zusammen wir die Welt bewohnen, untrennbar mit dem Geflecht aus Regen, Schnee, Sonnenschein, Wind und Wetter verbunden sind, das unsere Atmosphäre bildet. Wenn wir dieses Gleichgewicht stören, so merkten wir, bringen wir buchstäblich alles ins Wanken, was das Leben auf der Erde möglich macht. Jetzt, da wir unsere Beziehung zueinander und zur Erde gefestigt hatten, waren unserer Vorstellungskraft keine Grenzen gesetzt.

DER SORGSAME UMGANG MIT DER ERDE ALS NEUE (ALTE) FORM DER SPIRITUALITÄT

Schon seit Anbeginn der Zeit haben die Menschen verstanden, wie wichtig die Erkenntnis ist, dass wir eins mit dem Planeten sind.

Es ist einfach unmöglich, Worte für das Gefühl zu finden, bei Sonnenuntergang auf den Klippen hoch über der kalifornischen Küste zu sitzen und die unermessliche Weite des Pazifiks zu betrachten, während man der Brandung lauscht. Es ist unmöglich, den Geschmack eines Pfirsichs zu beschreiben. Es ist unmöglich, das Kichern eines Kleinkinds einzufangen, das von einer Raupe gekitzelt wird, oder das erstaunliche Gefühl, wenn man sich mit einem Menschen unterhält, der einen ganz anderen Pfad eingeschlagen hat als man selbst, mit dem man sich in diesem einen flüchtigen Augenblick aber innerlich verbunden fühlt. Diese schlichten Freuden erden uns auf dem Planeten, der uns hervorgebracht hat. Es hat einen Grund, warum wir uns zutiefst zu Hause fühlen, wenn wir solche Erfahrungen miteinander teilen.

Was macht uns zu Menschen? Was lässt uns einander lieben? Das sind die Dinge, für die wir kämpfen, wenn wir für ein stabiles Klima kämpfen.

Bis 2050 wird sich fast alles, was wir über die Welt wissen, verändert haben. Doch diese grundlegenden, verbindenden Erlebnisse des Menschseins werden bleiben. Das größte Geschenk, das wir unserem zukünftigen Ich und unseren Mitmenschen machen können, ist radikales Handeln im Hier und Jetzt, mit der innigen und alles überragenden Liebe von Visionären.

Kyle Whytes Konzept einer auf Verbundenheit basierenden Zivilisation, das er 2019 formulierte, hat eine transformative Wirkung, wenn man bedenkt, dass es unsere Vorstellung unserer selbst und dessen, worauf wir unser Hoffen und Streben ausrichten, grundlegend auf den Kopf stellt. »Statt den Leuten Lösungen zum Thema Klimawandel aufzudrücken«, sagte er zu mir, »würde diese Art von System, das mehr auf Beziehungen und Einvernehmen setzt, eine ganz andere Form der Zukunft herbeiführen, als viele heute meiner Meinung nach erwarten.«[164]

Das gehetzte Gefühl und die Ängste, die viele Menschen verspüren, jetzt, wo die Auswirkungen des Klimawandels immer offensichtlicher werden, wurzeln in diesem Widerwillen dagegen, ein System über den Haufen zu werfen, das uns Vorteile einbringt. Doch wenn wir uns Whytes Konzept anschauen, erkennen wir schnell, dass Zeitmangel eine Illusion ist, die von einem System erzeugt wird, das auf Misstrauen, Schuldzuweisungen und Hyper-Individualismus fußt. In einer Welt, in der wir uns genügend Zeit nehmen, um Vertrauen zueinander aufzubauen – in einer auf Beziehungen ausgerichteten Zivilisation –, werden Zeitdruck und Ängste dahinschmelzen, weil wir tief in unserem Inneren spüren, dass wir alle füreinander sorgen. Dass wir versorgt sind, weil wir endlich mit der Erde zusammenarbeiten, nicht gegen sie, so wie es die indigenen Bevölkerungen seit Tausenden Jahren tun.

Mary Annaïse Heglar, deren Arbeiten ein Beispiel abgeben für die kühne, visionäre Führung, die im Moment gebraucht wird, meinte, dass es ein erster Schritt sei, die Vorstellungskraft zu gebrauchen. »Der Klimawandel ist nichts, was einfach geschieht«, sagte sie zu mir, »er wird bewusst herbeigeführt. Nichts zu tun heißt etwas zu tun. Fossile Energieträger zu verbrennen ist eine Handlung.«[165]

2050 könnte auch die Wissenschaft ganz anders aussehen als heute.

»Die Wissenschaft hat uns den Klimawandel beschert«, stellte Heglar fest. »Sie hat herausgefunden, dass man fossile

Brennstoffe zur Energiegewinnung nutzen kann. Sie hat erforscht, wo diese fossilen Brennstoffe zu finden sind. Wenn wir beschließen, die Wissenschaft für konstruktive Zwecke und in Harmonie mit der Erde einzusetzen, und wenn wir anfangen, den Bevölkerungsgruppen zuzuhören, die ihre Beziehung zur Erde nie verloren haben, ergibt sich eine wohlwollendere Wissenschaft, eine ganzheitlichere Wissenschaft. Denn was ist Wissenschaft, wenn nicht die Beschäftigung mit der Erde? Wenn es zur Zusammenarbeit zwischen Indigenen und Forschern käme, wäre das eine wunderbare Entwicklung. Wenn wir nicht ständig so viele Barrieren bei der Hand hätten, die uns trennen, wie viel innovativer könnten wir dann sein? Wie viel empathischer könnten wir sein?«

Aus indigener Perspektive könnte sich unsere Zivilisation 2050 gar nicht mehr nur um den Menschen drehen.

»Wir sollten uns ein Stück weit zurücknehmen und als Verwalter auftreten«, sagte Kelsey Leonard, der Shinnecock, der sich für die Meere einsetzt, »als Menschen, die dafür verantwortlich sind, die Beziehung zu unseren anderen, nichtmenschlichen Mitlebewesen auf der Erde zu pflegen, und diesem Leben Vorrang vor unserem eigenen einräumen. Wenn wir es wirklich schaffen, die Prinzipien der UNDRIP [UNO-Deklaration der Rechte indigener Völker] festzuschreiben und auf die Klimaschutzmaßnahmen und unsere Vorstellung eines nachhaltigen und auf Gleichheit bedachten, klimabewussten Verhaltens anzuwenden, müssen diese Schlüsselaspekte enthalten sein. Wenn wir die in der Deklaration festgehaltenen Prinzipien umsetzen würden, hätten wir eine bessere Erde, eine sicherere Erde, eine gesündere Erde, nicht nur für die indigene Bevölkerung, sondern für alle Menschen.«[166]

***

Wir schreiben das Jahr 2050. Die Welt ist CO_2-neutral. Wir haben eine Kreislaufwirtschaft. Die Gesellschaft hat sich tiefgreifend verändert. Unsere Welt hat sich geschlossen für den radikalen Wandel entschieden, weil Orte wie die Marshall-Inseln wichtig sind. Weil Sie wichtig sind. Weil wir einfach nicht mehr so weitermachen konnten wie zuvor.

Es gibt immer noch Ungleichheit auf der Welt, sie wird nie ganz verschwinden. Aber die Menschheit hat gelernt, dass wir mehr miteinander – und mit allen anderen Lebewesen auf dem Planeten – gemeinsam haben, als wir dachten.

Die Beinahe-Katastrophe hat uns eine schmerzhaft schöne Beziehung zur Erde beschert. Wir leben in wirklich bemerkenswerten Zeiten.

EPILOG

Wir haben den Klimawandel nicht alle gleichermaßen verschuldet. Ja, der Amazonas-Regenwald brennt stärker denn je. Ja, es gibt so wenig Meereis wie nie zuvor. Ja, es findet ein Völkermord statt, weil die Reichen immer reicher werden wollen.

Das ist die planetare Dystopie unserer Zeit. Der Zorn, den wir gerade angesichts des Zustands der Welt empfinden, ist wertvoll und notwendig. Er hilft uns, unser Handeln auf ein Ziel auszurichten.

Doch das ist nicht die einzige Geschichte, die wir erzählen können. Wir können auch Liebesgeschichten erzählen. Diejenigen von uns, die über Macht verfügen, müssen sich für Gerechtigkeit einsetzen, für ein neues System, das Überleben über Profit stellt und den positiven, alles umfassenden Wandel über den Status quo. Es gibt eine radikale Hoffnung: das Wissen, dass eine bessere Zukunft möglich ist und dass wir diejenigen sind, die diese Zukunft herbeiführen müssen.

Die größte Veränderung muss in unseren Köpfen und Herzen stattfinden, damit wir sehen, dass eine solche Welt überhaupt denkbar ist.

Die jetzige Zeit ist beängstigend und traumatisch. Aber wir durchleben sie gemeinsam.

Von all den unterschiedlichen Möglichkeiten, die ich in diesem Buch vorgestellt habe, halte ich eine für die wichtigste und möchte sie Ihnen ans Herz legen: dass unsere Zukunft ganz davon abhängt, wie wir über sie sprechen. So verhalten wir uns unbewusst den ganzen Tag über – wir vertrauen darauf, dass unser Tun zu bestimmten Ergebnissen führt. Wenn wir auf eine gute Zukunft hinarbeiten, ist diese gute Zukunft möglich. Und wir können nicht auf eine gute Zukunft hinarbeiten, wenn wir nicht glauben, dass sie möglich ist.

WAS IST DAS WICHTIGSTE, WAS SIE TUN KÖNNEN?

Meine Theorie, wie der Wandel gelingt, ist einfach: Milliarden Menschen bringen sich aktiv ein, voller Energie und bereit für den gemeinsamen Kampf.

Wir bekommen häufig zu hören, dass unsere wichtigste Aufgabe in einer repräsentativen Demokratie darin bestehe, wählen zu gehen. Aber was ist mit den anderen Tagen des Jahres? Wir befinden uns in einer Krise und haben keine Zeit, auf die nächste Wahl zu warten.

Um den Ausmaßen der Klimakrise etwas entgegenzusetzen, brauchen wir einen radikalen gesellschaftlichen Umbruch. So etwas wirkt immer einschüchternd, weil es unmöglich klingt, zu groß, um es richtig fassen zu können. Aber was, wenn der gesellschaftliche Umbruch darin besteht, dass eine Menge Einzelpersonen jeweils für sich ein grundlegend anderes Leben führen? Das schließt Sie mit ein. Wenn wir damit anfangen, unser eigenes Verhalten zu ändern, können wir einen Wandel bewirken. Denn wir müssen sowohl den radikalen systemischen Umbruch erreichen, nach dem wir streben, als auch radikale Veränderungen im eigenen Leben.

Das wird anfangs unangenehm sein – aber unangenehmer, als sich selbst und alle, die man liebt, zu einer Zukunft auf einem rauchenden Relikt von einem Planeten zu verurteilen?

Welche individuellen Verhaltensweisen bringen am meisten? Die ehrliche Antwort auf diese Frage lautet: diejenigen, die unsere Verbindung zur Welt und unseren Mitmenschen stärken. Wir sollten zwar so oder so einmal alle Aspekte unseres Lebens auf ihren ökologischen Fußabdruck hin untersuchen (das Ergebnis einer solchen Berechnung wird Sie wahrscheinlich überraschen), doch das Entscheidende ist, dass wir unsere Beziehung zur Welt neu gestalten, auf eine Art und Weise, die unser Leben erfüllter und gesünder macht, damit unser Ökosystem gerettet wird. Es geht nicht darum, Punkte auf einer Liste abzuhaken.

Deshalb ist das Wichtigste, was wir alle meiner Meinung nach unternehmen können, über den Klimawandel zu reden. Mit jedem, der zuhören will. Wir befinden uns in einer Krise, und in einer Krise werden manche Stimmen gern übertönt. Wenn Ihnen jemand etwas über den Klimawandel und dessen Auswirkungen auf sein Leben erzählt, hören Sie zu.

Gespräche über das Klima erzeugen gesellschaftlichen und politischen Druck, radikale Maßnahmen zu ergreifen. Außerdem bedeuten sie einen radikalen Schritt an sich, in einer Welt, die solche Diskussionen als Tabu betrachtet, selbst im Freundeskreis. Durch Gespräche über den Klimawandel verwirklichen wir eine bessere Welt. Ohne solche Gespräche ist es unmöglich, neue Entwürfe für das Leben auf unserem wunderschönen Planeten kennenzulernen, mehr über sie zu erfahren und sich auf sie zu freuen.

Was ist mit den Hunderten von Unternehmen, die für einen Großteil der Emissionen verantwortlich sind? Was ist mit der Öl- und Gasindustrie? Wir müssen diese fürchterlichen

Konzerne verstaatlichen oder sie schließen. Aber dafür müssen wir zunächst über sie sprechen.

Und das bedeutet, die Vorstellung einer Apokalypse beiseitezuschieben. Die alte Welt ist bereits verschwunden. Wir werden verloren und ziellos umhertreiben, bis wir uns an die Arbeit machen, gemeinsam die neue aufzubauen.

Einen Monat nach dem Weltuntergangserlebnis durch Hurrikan Dorian in den Bahamas Ende 2019 wurden noch mehr als tausend Menschen vermisst, 70 000 waren obdachlos – in einem Staat mit weniger als 400 000 Einwohnern. Außerdem löste der Wirbelsturm ein schweres wirtschaftliches Erdbeben aus: 58 Prozent des Bruttoinlandprodukts des Landes lösten sich über Nacht in Luft auf. Der Premierminister Hubert Minnis sprach von »einer der schwersten Krisen in der Geschichte unseres Landes«.[167]

Doch selbst diese düsteren Fakten können nicht vermitteln, wie es sich für die Menschen angefühlt haben muss, an jenem schrecklichen Tag vor dem Sturm in Deckung zu gehen. Unwirkliche Geräusche wie das Zerreißen von Blech und das Splittern von Holz; Regen, Sand und Meerwasser, die auf jede Oberfläche einprasseln. Hinterher hörte man, dass ein Mann 48 Stunden lang in seinem Rollstuhl im Hochwasser festsaß.

Es ist ein Beweis für die Kraft des menschlichen Geistes, dass überhaupt irgendjemand überlebte.

Dorian war eine unvergleichliche Urgewalt: der stärkste Wirbelsturm, der in den 150 Jahren seit Beginn der Aufzeichnungen über die Stürme im Atlantik auf Land traf. Doch seine Ursachen waren alles andere als natürlich. Der Wind und die Wellen trugen die Entscheidungen mehrerer Jahrhunderte in sich.

Direkt im Anschluss an den Wirbelsturm waren die Schlagzeilen über den Zustand des karibischen Archipels bestimmt von Wörtern wie »zerstört«, »Hölle« und »verwüstet« – bevor die internationalen Medien wie fast immer in Schweigen verfielen.

Der Klimawandel an sich ist nicht kompliziert zu verstehen. Ich kann ihn in zwei Sätzen zusammenfassen: Aufgrund einer Laune der Physik stellen fossile Brennstoffe quasi den perfekten Energiespeicher dar, und ihre Entdeckung verstärkte den Jahrhunderte andauernden Kolonialismus und verdammte uns zu einer ausbeuterischen Beziehung zu unserem Planeten und zueinander. Das daraus folgende Ungleichgewicht der Ressourcenverteilung wurde von denen, die über wirtschaftliche oder militärische Macht verfügten, ausgenutzt, sodass einige wenige Menschen auf Kosten vieler anderer reich wurden.

Doch für die Behebung gibt es leider keine einfache technische Lösung. Die allzu vertraute apokalyptische Erzählung lässt keinen Platz für Gerechtigkeit oder Erneuerung. Wir müssen uns bessern. Und wir müssen irgendwie lernen, einander besser zu behandeln.

Aber wie schaffen wir das? Genau herauszufinden, welche Schritte wir unternehmen müssen, um die Krise anzugehen, ist schwierig. Es gibt keine Computermodelle, keine Satelliten, keine Radarsysteme und keine Graphenverläufe, die uns den Weg hin zu der Art Zivilisation weisen könnten, die wir dringend schaffen müssen.

Am besten ist es sicherlich, die Bedeutung des Augenblicks auszunutzen, uns auf unsere Menschlichkeit zu besinnen und gemeinsam zu kämpfen. Um es mit John F. Kennedy zu sagen: Wir müssen es tun, »nicht weil es einfach ist, sondern weil es schwer ist«.[168] Den Zusammenbruch der Erde aufzuhalten ist vielleicht die schwerste Aufgabe, die sich uns als Spezies jemals gestellt hat, aber sie ist auch – unbestritten – die wichtigste.

In der gesamten Erdgeschichte haben nur bewaffnete Konflikte mehr Menschen aus ihrer Heimat vertrieben als der Klimawandel. Keine andere Macht könnte eine ganze Insel über Nacht zerstören, weite Teile der Welt unbewohnbar machen oder die Gräber der Vorfahren aus mehreren Jahrhunderten dauerhaft im Meer versinken lassen.

Heute gibt es mehr als siebzig Millionen gewaltsam vertriebene Menschen auf der Welt. Es gibt keine verlässlichen Angaben dazu, wie viele von ihnen aufgrund von Umweltschäden oder dem Klimawandel fliehen mussten, nicht zuletzt, weil mittlerweile fast jeder Ort auf der Erde von den Auswirkungen des Klimawandels betroffen ist. Ohne einen radikalen Kurswechsel könnte die Zahl der Zwangsmigranten zu unseren Lebzeiten auf das Zehnfache steigen.

Autoren, die über den Klimawandel schreiben, verfallen oft in Kriegsmetaphern. Doch der Klimawandel ist kein Krieg. Er ist ein Völkermord. Er bedeutet Herrschaft. Er bedeutet Aussterben. Er ist das jüngste Beispiel dafür, wie mächtige Menschen immer wieder danach streben, die weniger Mächtigen zu berauben und sie als lästig abzutun. Den Klimawandel so zu verstehen, verändert alles.

Schlimmer als unsere Art und Weise, wie wir über diesen Augenblick in der Geschichte sprechen, ist die Erkenntnis, dass die Erzählung der Klimaapokalypse uns nicht zum Handeln antreibt. Stattdessen verstärkt sie das Weiter-wie-bisher-Verhalten: Wenn wir die Bahamas ohnehin verlieren, warum sollten wir dann einen neuen Kurs einschlagen?

Für die Nachkommen der Sklaven in den Bahamas, die für die Flucht erneut auf die Boote gezwungen werden, für die indigene Bevölkerung im Amazonasgebiet, deren Heimat abbrennt, damit Platz für Viehzucht und Sojaanbau entsteht, und für die Syrer, die vor einem Konflikt flüchten, der durch eine jahrelange Dürre und die daraus folgenden Missernten mitverursacht wurde, fühlt sich die Klimakrise wie Gewalt an.

In den Bahamas muss niemand erst davon überzeugt werden, dass jetzt alles anders ist. Da das Land nur 0,01 Prozent zum weltweiten Treibhausgasausstoß beigetragen hat, aber zu denen zählt, die den schlimmsten Auswirkungen des Klimawandels ausgesetzt ist, weiß dort jeder, dass Ungleichheit ein Teil des Problems ist.

Was man dort ebenfalls mit Sicherheit weiß, ist, dass die Bewohner von Abaco und Grand Bahama Jahre – oder sogar Jahrzehnte – brauchen werden, um sich aus dem Nichts wieder ein Leben aufzubauen. Der bahamaische Schriftsteller Bernard Ferguson schrieb dazu im *New Yorker*: »Die Zahl der Todesopfer, wenn sie irgendwann feststeht, wird vielleicht niemals vollständig und akkurat erfassen, wie viele Leben der Sturm gekostet hat.«[169]

Die Menschen, die den Klimawandel an vorderster Front erleben, haben keine Möglichkeit, sich dieser Art der unnatürlichen, menschengemachten Gewalt zu entziehen. »Unsere wirksamste Verteidigung«, meinte Ferguson, »besteht darin, eine gemeinsame Strategie zu finden und uns zu organisieren, über Landesgrenzen hinweg, um so eine Kehrtwende zu erreichen.«

So sieht die Klimakrise in der Realität aus – nicht wie die schönen Bilder von Solartechnologie und Regierungschefs, die ein halbherziges Abkommen unterzeichnen, um sich auf den kleinsten gemeinsamen Nenner zu einigen, und definitiv nicht wie ein einfacher, altbekannter naturwissenschaftlicher Grundsatz.

Die Realität sind die vielen kleinen Revolutionen, die sich in fast jedem Haushalt und jeder Nachbarschaft auf der ganzen Welt ereignen, wo die Menschen einfach auf ihr Recht zu leben bestehen. Sie ist nicht nur das heute verbreitete Bild einer

Familie inmitten von Inseltrümmern; die Klimakrise trägt auch das Gesicht der fünfhundert Jahre langen Geschichte des Kolonialismus in Nord- und Südamerika und anderswo. Die Anfänge liegen weit in der Vergangenheit, denn der Klimawandel ist eine Krise unserer Beziehung zueinander und zur Natur.

Was wir in diesem Augenblick mehr als alles andere brauchen, ist moralische Klarheit, von der Art, wie sie eine schwedische Jugendliche vor den Vereinten Nationen und zahllose andere jungen Leute in der ganzen Welt unter Beweis gestellt haben.

Wir müssen verinnerlichen, dass wir unsere Nachbarn in ihrer größten Not nicht länger allein lassen dürfen. Wir müssen wieder lernen, dass wir aufeinander angewiesen sind. Wir müssen einen Weg finden, diese Geschichte so umzuschreiben, dass sie nicht in der Apokalypse endet.

***

In der Zwischenzeit besteht mein konkreter Rat darin, vor die Tür zu gehen und sich an der Erde in ihrer jetzigen Form zu erfreuen. Draußen zu sein wirkt sich positiv auf Körper und Seele aus. Machen Sie eine Reihe dieser Dinge (oder zumindest ein paar davon):

- Gehen Sie im Wald spazieren.
- Malen Sie ein Bild (draußen).
- Gehen Sie schnorcheln.
- Treffen Sie sich mit jemandem, der die gleichen Interessen hat wie Sie.
- Schauen Sie sich das Treiben der Insekten an.
- Beobachten Sie die Vögel.
- Besuchen Sie ein Treffen von Sternenbeobachtern und sinnieren Sie über Ihren Platz im Universum.

- Machen Sie eine Kajak-Tour.
- Wandern Sie über eine Insel.
- Fahren Sie zu einer Obstplantage und pflücken Sie reife Früchte.
- Verbringen Sie Zeit in einem Baumhaus.
- Besuchen Sie eine Sportveranstaltung.

Das wird Sie zu weiteren Aktivitäten anregen:

- **Gründen Sie ein (gemeinnütziges) Unternehmen:** Als Besitzer einer Reinigungsfirma, die nachhaltige Putzmittel verwendet, haben Sie beispielsweise die Chance, mit jedem Ihrer Kunden über den Klimawandel zu reden.
- **Kandidieren Sie für ein politisches Amt:** Sie haben in den vergangenen Jahren unmittelbar miterlebt, welche Veränderungen Menschen in Ihrer Umgebung fordern. Helfen Sie, diese herbeizuführen.
- **Werden Sie Lehrer:** Die Zukunft lässt sich am besten verändern, indem man den Menschen der Zukunft dabei hilft, durch Wissen etwas zu bewirken.
- **Werden Sie Landwirt:** Egal, ob Sie in einer Metropole, einer Kleinstadt oder auf dem Land leben – die Landwirtschaft ernährt uns. Sie sind es unserem Planeten schuldig, das Land verantwortungsvoll zu verwalten. Suchen Sie sich ein Stück Erde, das Sie bewirtschaften können, und genießen Sie den reichhaltigen Ertrag.
- **Fordern Sie lokale Maßnahmen:** Wenn Sie sich für so einfache und notwendige Dinge wie zusätzliche Fahrradwege einsetzen, trägt auch das zu einer Zukunft bei, in der die Menschen selbst die Macht haben. Und da Fahrräder zu den energieeffizientesten Erfindungen der Menschheitsgeschichte gehören, schützen Sie automatisch die Umwelt.

Am wichtigsten ist, dass Sie mit Menschen, die Ihnen nahestehen, über den Klimawandel reden. Bilden Sie Solidaritäts- und Gleichgesinnten-Netzwerke und schaffen Sie so eine gemeinsame Vision einer besseren Welt.

WIE MAN MIT MENSCHEN, DIE ANDERER MEINUNG SIND, ÜBER DEN KLIMAWANDEL SPRICHT

Ich bin in einem Bergbau- und Bauernstädtchen aufgewachsen, in dem Trump bei der Wahl 2016 mit einem Vorsprung von 43 Prozent gewonnen hat. Mit meinen Eltern über den Klimawandel zu reden war immer schon schwierig.

Aber die Zeiten, in denen man den Klimaleugnern mit Zorn begegnen konnte, sind vorbei. Jetzt müssen wir uns auf unsere Gemeinsamkeiten besinnen – uns bleibt buchstäblich keine Zeit mehr, um über das Problem zu diskutieren.

Indem wir eine unwiderstehliche Vision einer besseren Welt entwickeln, werden wir durch die größte und mächtigste, den Menschen in den Mittelpunkt stellende Bewegung der Geschichte den heimtückischen Einfluss der fossilen Energieunternehmen überwinden. Diese Art der Revolution ist meiner Meinung nach der einzige Weg, der uns in der Zeit, die noch bleibt, zum notwendigen Ziel führen kann.

Ein Mensch, dem ich in solchen Dingen vertraue, ist Katharine Hayhoe, eine Klimaforscherin, die es zu ihrer persönlichen Mission gemacht hat, die Menschen davon zu überzeugen, dass wir uns ähnlicher sind, als wir glauben. Im Gespräch versicherte sie mir: »Auch wenn wir uns in vielen Dingen niemals einig sein werden, glaube ich, dass wir noch mehr gemeinsam haben, und das können wir vorantreiben. Wir haben so viel gemeinsam, und man sollte keinen politischen Kurs nur aus einem einzigen Grund verfolgen. Den Luxus können wir uns nicht leisten. Wenn jemand aus anderen Beweggründen mit an Bord ist, ist das in Ordnung! Wir müssen aufhören, das Ganze so puristisch zu sehen.«[170]

Als Beispiel für ein Thema, das verschiedene Gruppierungen zusammenbringen könnte, nennt Hayhoe die Kohle. »Wir sollten keine Kohle verbrennen, weil es Menschen das Leben kostet. Jährlich sterben 200 000 Menschen in den USA und fünfeinhalb Millionen Menschen auf der Welt, weil wir Kohle und Benzin verbrennen. Wenn Sie jemand sind, der sich deshalb Sorgen macht, der aber glaubt, dass der Klimawandel damit nichts zu tun hat, habe ich nichts dagegen, dass wir uns zusammen für eine CO_2-Bepreisung oder eine stärkere Emissionskontrolle bei fossilen Brennstoffen einsetzen.«

Ihre Worte halten mich dazu an, auch dann geduldig zu sein, wenn ich gerade am liebsten die Welt in Brand stecken möchte. Die Grubenarbeiter sind nicht der Feind. Die Cousine, die Business Class fliegt, ist nicht der Feind. Der Feind ist das System, in das wir alle verstrickt sind – das gleiche System, das die rohstoffintensive, kolonialistische und völkermordende Ausbeutung des einzigen Planeten betreibt, den wir alle haben.

Obwohl ich in diesem Buch versuche darzulegen, wie ein anderes System entstehen und wie es aussehen könnte, bin ich der Erste, der zugibt, dass ich nicht weiß, was genau in den kommenden, entscheidenden Jahrzehnten passieren wird. Die gute Nachricht ist, dass wir diese Zukunft gemeinsam entwerfen und bestreiten dürfen. Und ich habe keinen Zweifel daran, dass wir es schaffen werden – denn uns bleibt keine andere Wahl.

Dieser historische Augenblick braucht Sie. Herauszufinden, was Sie persönlich tun können, ist leichter, als es aussieht. Sie wissen bereits, was Ihnen besonders am Herzen liegt. Sie wissen, was Sie besonders gut können. Wo sich diese beiden Bereiche überschneiden, finden Sie das, worauf Sie Ihr Leben ausrichten sollten.

Die Geschichte Ihres Lebens schreiben Sie selbst. Sie entscheiden – jeden Tag –, wie Ihre Beziehung zur Welt aussieht. Das ist das Tolle an diesem Augenblick: Sie sind in der Lage, viel schneller zu handeln als das politische System. Einige relativ große Dinge in Ihrem Leben könnten Sie sogar jetzt gleich ändern! Ich meine es ernst: Legen Sie das Buch zur Seite, machen Sie einen Spaziergang und denken Sie darüber nach. Malen Sie sich eine bessere Welt aus und überlegen Sie, welche Rolle Sie darin spielen könnten. Laden Sie ein paar Freunde ein, um darüber zu sprechen. Und finden Sie dann heraus, wie Sie diese Überlegungen umsetzen können. Sie schaffen das. Ich glaube an Sie.

***

Um Ihnen dabei zu helfen, herauszufinden, wie Sie Ihre Erde der Zukunft herbeiführen, habe ich gemeinsam mit Freunden einen Aktionsplan und einige Reflexionsübungen zusammengestellt. Sie sollen Ihre Fantasie anregen und Denkanstöße dafür liefern, was im Zeitalter der Erderwärmung immer noch möglich ist.

EINE TRAUERÜBUNG[171]

Trauer umfasst mehr als traurig zu sein über einen Verlust; es ist eine körperliche Erfahrung. Wir denken bei Trauer meist an den Tod eines geliebten Menschen, doch sie kann sich auch auf andere Verluste erstrecken. Da der Klimawandel in den Medien immer präsenter wird und wir mit Bildern von Verlusten in der Natur bombardiert werden, durchleben viele Leute möglicherweise unbewusste und unverarbeitete Trauergefühle. Aufbauend auf einer Zuhörübung können wir uns in einem kreativen Trauerritual mit unserem Schmerz über den Zustand der Erde auseinandersetzen, was uns dabei helfen kann, einen Teil der belastenden Energie rund um dieses Thema in kreativere, kommunikativere Bahnen zu lenken.

Zuzuhören und Gefühle anzuerkennen kann von außen wie Untätigkeit wirken. Doch jeder, der sich daran versucht, weiß, wie viel Arbeit nötig ist, um einige der kulturellen Vorgaben aufzubrechen, die uns aufgeprägt wurden, etwa beim Thema Hyperproduktivität oder dem Gebot, die natürlichen Grenzen zu überschreiten, um endloses Wachstum zu generieren.

Es kann hilfreich sein, vorab zu verkünden, dass es beim Treffen nicht darum geht, das Problem des Klimawandels zu »lösen«. Meiner Erfahrung nach richten viele Menschen ihre Aufmerksamkeit sehr stark auf Lösungen, wenn sie über den Klimawandel reden. Das kann einen enormen Druck erzeugen und das Gespräch außerdem in die falsche Richtung lenken, wenn es dann nur noch um einen einzigen Ansatz geht. Eine solche Fokussierung dient oft als Flucht vor dem Unwohlsein, das das heikle und oft verstörende Thema auslöst. Um den nötigen Raum zu schaffen, in dem Menschen ihre Gefühle über den Klimawandel erkunden und zum Ausdruck bringen können, und um den schwierigen Übergang von der individuellen

Trauer zum kollektiven Handeln zu meistern, sind aufmerksames Zuhören und Fürsorge wichtig.

SICH VERANKERN

Menschen neigen dazu, im Sturm irgendwo Zuflucht zu suchen. Wenn wir uns auf unsere Erfahrungen besinnen, uns eine innere Sicherheit verschaffen und Ressourcen ausmachen, auf die wir bei Bedarf zugreifen können, geben wir einander den Raum, uns den Herausforderungen zu stellen, die die Umbrüche, Verluste und die Trauer der ökologischen Krise mit sich bringen.

Manchmal tragen wir eine Menge Energie aus dem, womit wir uns zuvor beschäftigt haben, in die Gruppe hinein, oder wir sind in Gedanken bei dem, was wir als Nächstes vorhaben. Diese Verankerungsübung sorgt dafür, dass sich Ihr Bewusstsein auf das Hier und Jetzt ausrichtet, und beruhigt das zentrale Nervensystem. Natürlich merken wir manchmal, wenn wir uns unsere Gefühle bewusst machen, wie müde, ängstlich oder hungrig wir sind. Was Sie auch feststellen, es ist in Ordnung! Das Ziel des Ganzen ist, dem Vorwärtsdrang Einhalt zu gebieten, damit wir alle gemeinsam an Ort und Stelle sein können.

Schritt 1. Nehmen Sie eine empfänglich-neugierige Haltung ein

Diese Übung ist eher erforschend als zielorientiert angelegt. Sich mit den eigenen subjektiven Empfindungen und ihrer Beziehung zum Nervensystem vertraut zu machen, besteht zum Teil einfach darin, interessiert zu beobachten, was Sie fühlen. Dabei kann man nichts »richtig oder falsch machen«. Wenn Sie hinterher nicht gelassener sind als vorher, heißt das nicht, dass Sie etwas falsch gemacht haben. Sie lernen Ihre Empfindungen kennen. Vielleicht spüren Sie eine Taubheit in einigen Teilen des Körpers, wenn bestimmte Themen aufkommen. Vielleicht fühlt es sich so an, als wäre ein anderer Körperteil aktiver involviert. Wenn wir Stück für Stück dazu in der Lage sind, diese Dinge zu bemerken und sie nicht zu bewerten, haben wir eine Chance, diesen Aspekten unserer Empfindungen Mitgefühl entgegenzubringen.

Schritt 2. Fangen Sie damit an, einfach dazusitzen

Gestatten Sie es sich, einfach dazusitzen. Sie müssen gar nichts bewirken oder einen Zustand höchster Konzentration erreichen. Wenn Sie immer wieder kämpfen oder sich anstrengen müssen, gönnen Sie sich eine Pause. Machen Sie sich klar, dass Sie auch dann, wenn Sie in Gedanken plötzlich ausführliche Listen erstellen (bei mir sind es immer Einkaufslisten), nicht *verpflichtet* sind, auf jede Idee oder jeden Gedanken einzugehen, der Ihnen durch den Kopf schießt. Sie können einfach dasitzen und müssen sich weder mit den Gedanken befassen noch sie verjagen.

Schritt 3. Besinnung auf die Sinne

Die angeborene Resilienz des Körpers zu nutzen heißt auch, den analytischen Aspekt des Geistes auszuschalten und den Fokus auf die konkrete Wahrnehmung zu richten. Manche Menschen, die ein Trauma erlitten haben, empfinden ihren Körper nicht als einen sicheren Aufenthaltsort, daher steht es Ihnen jederzeit frei, diese Übung nur für eine Minute oder so auszuprobieren. Sie müssen sich nicht dazu zwingen. Es geht um das Erkunden, das Lernen, und wir unternehmen immer nur so kleine Schritte, wie es unsere Ressourcen zulassen.

Ein toller Startpunkt ist das Gefühl der Füße auf dem Boden: Sobald Sie bemerken, dass Sie über Ihre Füße nachdenken oder das Empfundene in Worte zu fassen versuchen, richten Sie Ihr Bewusstsein wieder ganz auf die Wahrnehmung. Spüren Sie die Schwerkraft. Spüren Sie den Druck. Was ist daran interessant? Fühlt sich der Boden fest an? Können Sie sich vorstellen, dass der Boden Sie trägt und Sie mit ihm verbunden sind? Machen Sie sich dann die anderen Verbindungspunkte zur Umgebung bewusst. Ihre Beine und Ihr Po auf dem Kissen, dem Polster oder dem Stuhl. Seien Sie neugierig. Atmen Sie. Gleiten Sie gedanklich vom unteren Ende der Wirbelsäule bis zu den Schultern hinauf. Löst das positive Empfindungen aus? Gibt es Verspannungen? Können Sie selbst für die neutralen Empfindungen Interesse aufbringen? Wie ist die Temperatur? Machen Sie sich bewusst, was Sie spüren, und seien Sie neugierig. Wenn Ihr Rücken die Lehne berührt, machen Sie sich die Verbindung dort bewusst. Es ist völlig in Ordnung, wenn es sich nur um ein vages oder sehr allgemeines Gefühl des Sitzens handelt. Erlauben Sie sich, es zu empfinden, ohne sich zur Konzentration zu zwingen.

Wenn Sie nach Abschluss dieser Übung nicht mehr geschafft haben, als einen Augenblick lang in sich hineinzufühlen, ist das trotzdem wunderbar. Der Prozess, sich mit den eigenen Sinneswahrnehmungen vertraut zu machen, ist für viele von uns nicht leicht, sei es aufgrund von Traumata oder weil unser Job von uns verlangt, uns den ganzen Tag lang körperlos im Internet aufzuhalten. Sich auch nur kurz zu erlauben, zu fühlen, ohne ein Ziel zu verfolgen, kann äußerst heilsam sein. Allein die Unterbrechung der nach vorn gerichteten, aufgabenorientierten Machen-Machen-Machen-Dynamik kann für etwas Erholung sorgen.

Schritt 4. Bodenkontakt
Teil der Verankerungsübung ist es, zu lernen, wirklich im Hier und Jetzt zu sein. Gibt es in dem Augenblick und in dem Raum, in dem Sie sich befinden, irgendetwas, das auf diesen konkreten Ort und Zeitpunkt hinweist? Geräusche, Temperaturen, die allgemeine Atmosphäre? Diese Dinge müssen wir nicht verdrängen, um uns zu konzentrieren. Stattdessen nehmen wir alle Aspekte unserer Umgebung auf und nutzen sie. Vielleicht fällt Ihnen auf, dass es Sie an einen anderen Ort oder in die Zukunft oder die Vergangenheit zieht. Daran ist nichts falsch. Wir wollen einfach schauen, ob wir die Sinne dazu nutzen können, uns in die Gegenwart zurückzuholen. Die Atmung kann ein toller Anker sein, ebenso die Verbindung zum Boden. Vielleicht hören Sie das Dröhnen einer Klimaanlage. Auch das kann als Fixpunkt dienen, um sich daran festzuhalten.

Ein paar Fragen, die Sie für sich beantworten können, nachdem Sie die Verankerungsübung durchgeführt haben:

- Was war interessant daran, dazusitzen und in Ihre Wahrnehmung hineinzuspüren?
- Konnten Sie positive Empfindungen ausmachen? Welche? Wie sieht es mit negativen Empfindungen aus? Haben Sie neutrale Empfindungen gespürt? Waren diese in irgendeiner Weise interessant?
- Wenn Sie sich stark in dem Raum, in dem Sie sich befanden, verankert fühlten, wie hat sich das dann angefühlt?
- Wenn Ihnen aufgefallen ist, dass Ihr Geist sich die Zukunft ausgemalt oder in vergangenen Erlebnissen geschwelgt hat, wie hat sich das angefühlt?

ZUFLUCHT

Wir alle verfügen über innere Ressourcen, auf die wir zurückgreifen können, wenn wir die Welt als anstrengend und stressig erleben. Die bewusste Besinnung auf einige dieser Werkzeuge kann sehr hilfreich sein. Hier sind ein paar Tipps, wie man diese Ressourcen pflegt.

1. Welche Menschen könnten Ihnen Rat geben und als Inspiration dienen, wenn Sie sich Ihren Gefühlen in Bezug auf den Klimawandel stellen? Das können Vorfahren von Ihnen sein, die schwere Zeiten durchlebt haben, historische Figuren, Mentoren oder geliebte Menschen, die Ihnen das Gefühl geben, umsorgt zu sein. Es können sogar Figuren aus Büchern oder Filmen sein, die die Widerstandsfähigkeit und die Werte verkörpern, die Sie anstreben. Nehmen Sie sich etwas Zeit, um Ihr persönliches »Resilienz-Team« zusammenzustellen.
2. Gibt es einen Ort, an dem Sie sich besonders sicher und wohlfühlen? Versetzen Sie sich gedanklich an diesen Ort, mit allen Sinneseindrücken. Wie riecht es dort? Was sehen Sie dort? Verbinden Sie bestimmte körperliche Empfindungen mit dem Ort? Welche Geräusche sind zu hören? Spüren Sie diese Sinneseindrücke. Geben Sie sich dem Gefühl hin, Sie wären an diesem Ort. Lassen Sie das Gefühl der Sicherheit und des Wohlbefindens (oder was auch immer Sie dort spüren) auf sich wirken.
3. Wenn dieser Ort und dieses Team an einer Stelle in Ihrem Körper existieren würden, wo Sie bei Bedarf darauf zurückgreifen könnten, wo wäre das? Nehmen Sie sich etwas Zeit und schauen Sie, was Ihnen in den Sinn kommt. Am leichtesten ist es, das Herz oder die Mitte der Brust

auszuwählen, weil man dann einfach eine Hand darauflegen kann, wenn man Zugang zum sicheren Ort oder zum Resilienz-Team braucht. Doch vielleicht ist es bei Ihnen eine andere Stelle. Probieren Sie verschiedene Bewegungen aus, hören Sie auf Ihren Körper und spüren Sie, wo die Sicherheit und die Resilienz leben könnten.

4. Versprechen Sie sich selbst, sich dieses Gefühl der Gelassenheit in Erinnerung zu rufen, wenn Sie sich bei Übungen oder in Gesprächen unsicher, unwohl und aufgebracht fühlen. Dabei geht es nicht darum, so zu tun, als würde der Klimawandel keine schwer zu bewältigenden Emotionen in Ihnen hervorrufen, sondern eher um eine Technik, die Ihnen ermöglicht, im Jetzt zu sein und eine Zuflucht für sich und andere zu schaffen, selbst wenn es innerlich und äußerlich turbulent wird.

DIE VORTEILE DER UNGEWISSHEIT

Was passiert, wenn man keinen Bezugspunkt hat? Man ist offener und aufmerksamer. Sobald man »weiß« und das Gehirn eine Verbindung zwischen der aktuellen Erfahrung und einem vorherigen Bezugsrahmen hergestellt hat, nimmt man alles nur noch in dem gewählten Rahmen wahr.

Das Gehirn fasst das, was wir erleben, ständig in Geschichten, und wenn uns das klar ist, können wir vielleicht lernen, offene und produktive Erzählungen zu finden statt nihilistische und verzweifelte.

Die Vorteile der Ungewissheit lassen sich auf verschiedene Weise erfahren. Zu den Methoden, die ich ausprobiert habe, zählt das Abspielen von Musikstücken, die von für uns ungewöhnlichen Instrumenten gespielt werden, oder Naturaufnahmen mit einer Vielfalt von Geräuschen. Die Teilnehmer hören zu, und sobald ihr Gehirn versucht, die Quelle des Geräuschs zu erkennen, bemühen sie sich, ihr Bewusstsein wieder für das volle Hörerlebnis zu öffnen, ohne sich auf den Verursacher des Klangs zu konzentrieren.

Für eine andere Variante füllt man eine große Tasche mit lauter Gegenständen mit unterschiedlicher Oberfläche. Die Teilnehmer schließen die Augen und greifen in die Tasche, um einen Gegenstand herauszuholen. Es dauert vielleicht nur den Bruchteil einer Sekunde, aber können sie den Gegenstand fühlen, ohne ihn sofort zu identifizieren?

Hinterher bekommen die Teilnehmer zehn Minuten Zeit, um aufzuschreiben, was diese Übung in ihnen ausgelöst hat, welche Erkenntnisse sie gebracht hat. Daran kann sich ein offener Austausch über das Erlebte anschließen.

ZUHÖRPAARE

Unser eigenes Leid und das Leid anderer in Worte zu fassen ist eine Form des mitfühlenden Handelns. Wir finden uns zu Paaren zusammen und hören einander abwechselnd zu. Jede Person bekommt fünf Minuten, um zu reden. Die Sprechenden trainieren, ihre Empfindungen in Worte zu fassen. Die Zuhörenden üben das Zuhören, ohne den Kopf zu schütteln, zu nicken oder über eine Antwort nachzudenken. Wenn der Zuhörende bemerkt, dass er gedanklich abschweift, lenkt er seine Aufmerksamkeit sanft wieder zurück auf die Worte seines Gegenübers. Nach fünf Minuten wird gewechselt. Wenn beide Partner geredet haben, bleiben die letzten fünf Minuten für ein offenes Gespräch zwischen den beiden, in dem sie sich darüber austauschen können, wie sie sich bei der Übung gefühlt haben. Dann kommt die Gruppe wieder zusammen und bespricht die Erkenntnisse aus dieser Übung.

DER PARTIZIPATIONSRAHMEN – EIN TRAUERRITUAL SCHAFFEN

Aufbauend auf den Übungen, einen offenen Umgang mit der Ungewissheit zu pflegen und unsere eigenen Emotionen und die Ansichten anderer über die Klimakrise anzuhören, gehen wir jetzt dazu über, unsere Trauer durch eine gemeinsame Übung zu bewältigen. Wie verarbeiten wir als Individuen Umbrüche, Verluste und Veränderungen? Wenn der Stress der Veränderung und des Verlustes sich auf unseren Körper und unseren Geist auswirkt, reagieren wir manchmal in Mustern, die wir schon sehr früh erlernt haben. Je nachdem, was wir über den Umgang mit Umbrüchen im Leben beigebracht (oder nicht beigebracht) bekommen haben, verfallen wir möglicherweise auch angesichts des Klimawandels in entsprechende Verhaltensweisen. Einige Reaktionen haben uns vielleicht dabei geholfen, als junge Menschen schwierige Situationen durchzustehen, und dazu beigetragen, dass wir und unsere Umgebung besser mit unserem Leid zurechtgekommen sind. Jetzt besteht unsere Aufgabe darin, diese Muster zu erkennen und zu verarbeiten, damit wir es schaffen, auf Situationen einzugehen und zu handeln. Dieses Verhalten ist flexibler, bewusster, spontaner und offener, als wenn wir auf Grundlage unseres Überlebensinstinkts heraus reagieren. So können wir uns den Veränderungen gemeinsam stellen, statt ein Verhalten an den Tag zu legen, das uns genau davon abhält. In unserer Kultur herrscht ein starker Druck, »sich zusammenzureißen« und »nach vorn zu schauen«, ohne dass es genügend Unterstützung gäbe, um Verluste wirklich zu verarbeiten. Folgend stelle ich Ihnen ein paar Werkzeuge vor, die sich in der Gruppe anwenden lassen und die einen heilenden Effekt in Bezug auf die Klimakrise haben können.

Verlust anerkennen

Die Fähigkeit, die Wahrheit auszusprechen, ohne den Drang zu verspüren, die Verlusterfahrung schönzureden, ist ein wichtiger Bestandteil, wenn es darum geht, einen Verlust anzuerkennen. Wir können nicht anfangen, eine schlüssige Erzählung für den Umgang mit der Klimakrise zu formulieren, ohne zuerst benennen zu können, was wir fühlen. Hier ein paar Punkte, die paarweise, in der Gruppe oder in schriftlicher Form diskutiert werden können:

- Was haben Sie Ihrem Gefühl nach bereits durch den Klimawandel verloren?
- Was befürchten Sie zu verlieren?
- Können Sie die Empfindungen und/oder Emotionen benennen, die sich einstellen, wenn Sie darüber nachdenken, was sich verändert hat?
- Welche Werte gehen Ihrer Meinung nach verloren, die Sie gern verkörpern würden – für kurze Zeit hier in dieser Gruppe oder längerfristig in Ihrem Alltag?

Rückbesinnung

Die einzelnen Teile einer Geschichte nach dem Bruch durch einen Verlust oder eine Veränderung wieder zusammenzufügen, ist eine Methode, das, was wir als abwesend oder verloren betrachten, wieder in unsere aktuelle Erfahrungswelt zurückzuholen. Der offene Umgang damit bildet die Grundlage dafür, in der Gruppe gemeinsam neue Erzählungen zu formulieren. Außerdem ermöglicht es der Gruppe, mit frischem Blick auf das Leben und die Interaktionen zu schauen. Wenn wir nicht in leidvollen und schmerzhaften Zeiten füreinander da sind, laufen wir Gefahr, bloß an der Oberfläche zu bleiben, statt tiefgreifende Erzählungen zu schaffen, die Früchte tragen. Schmerz, Wut, Frust und Verzweiflung sind Reaktionen, die man verspürt, wenn einem etwas am Herzen liegt: Wir sorgen uns um die Menschen, die Orte und die Dinge, die unter dem Klimawandel leiden und durch ihn bedroht sind. Können wir diese Sorge als Form des Lebens, der Liebe und der Verbundenheit würdigen?

- Was erinnert Sie daran, auf welche Weise Sie diese Welt, andere Lebewesen, die Umwelt gemocht und geschätzt haben?
- Können Sie das durch ein Gedicht, ein Bild, einen Klang oder eine Bewegung zum Ausdruck bringen?
- Schreiben Sie einen Brief an sich selbst, verfasst von Ihrem zukünftigen Ich oder einer imaginären zukünftigen Gesellschaft. Welchen Rat oder Zuspruch würden Sie sich gern mit auf den Weg geben?

Das Erreichte zusammenführen und teilen

Nun können wir das bisher Erreichte in vielen verschiedenen Formen zusammenführen und miteinander teilen. Wenn sich Leute in der Gruppe an visueller Kunst und Bildern versucht haben, können Sie jetzt mit einem großen gemeinsamen Wandbild auf einem Stück Tapetenrolle experimentieren, als Fortführung der Einzelwerke. Haben die Einzelpersonen bisher Briefe oder Gedichte geschrieben oder ihre Gedanken in Notizbüchern festgehalten, können Sie sie darum bitten, die anderen diese Texte lesen zu lassen. Auch Bewegungen und Klänge können in der Gruppe präsentiert und spontan kombiniert werden, wenn es sich so ergibt. Moderatoren können die Entstehung solcher kollektiven Ausdrucksformen fördern und unterstützen. Zu den Schlüsselfragen, die man so erforschen kann, gehören:

- Gibt es bedeutende Erkenntnisse oder Durchbrüche, die Sie und/oder die Gruppe in diesem Prozess gemacht haben?
- Haben Sie im Verlauf dieses Prozesses etwas entdeckt, dass Sie gern mit hinaus in Ihr Leben nehmen würden? Eine Kleinigkeit, die Sie tatsächlich angehen wollen? Oder eine Empfindung, die sich in schweren Zeiten als hilfreich erweisen könnte?
- Gibt es etwas, das Sie gern mit einer Einzelperson oder der Gruppe teilen möchten?

Moderatoren sollten Erfahrung darin haben, kollektiven Emotionen Raum zu geben, beispielsweise als Moderatoren von Selbsthilfegruppen oder Meditationskreisen, als Betreuungsperson oder als jemand, der selbst bewusst und aktiv einen zwischenmenschlichen Verlust betrauert hat. Ebenfalls hilfreich sind Kenntnisse im Bereich Traumasensitivität und Bewegung, etwa Yoga oder andere Praktiken von Körperarbeit. Wenn Sie eine Gruppe von Menschen finden, die jeweils Erfahrungen in einem dieser Bereiche haben, ist auch eine Arbeitsteilung möglich. Ich betrachte eine solche Gruppe als eine Art »Resilienz-Team«, das Neulingen helfen kann, wenn in der Diskussion über tiefgreifende Veränderungen schwierige Emotionen aufkommen.

Eine Ausbildung im Bereich Trauer- oder Traumasensitivität kann sich bei dieser Arbeit als sehr wertvoll erweisen, aber wenn diese Form der Auseinandersetzung neu für Sie ist, lassen Sie sich nicht von der Angst, »etwas falsch zu machen«, davon abhalten, Mitgefühl und Fürsorge zu zeigen.

Emotionale Erste Hilfe. Viele Menschen, die sich einer solchen Gruppe anschließen, bringen viel Angst und Schmerz mit. Selbst bei Moderatoren kann es passieren, dass sie diese Emotionen verspüren. Obwohl wir mit diesem Schmerz arbeiten möchten, ist es auch wichtig, sich der psychologischen und spirituellen Verletzungen bewusst zu sein, die durch Zurückweisung, Einsamkeit und Panik entstehen können. Wenn wir einen Ort schaffen wollen, an dem wir uns mit einem so schmerzhaften Thema wie dem Klimawandel beschäftigen, müssen wir diese Trigger im Blick behalten. Vermeiden Sie es, jemanden wegen seiner Reaktion auf den Klimawandel zu kritisieren, und zeigen Sie stattdessen Interesse und fragen Sie nach.

Aus der eigenen Perspektive sprechen. Jede Aussage als die eigene Ansicht zu präsentieren ist eine gute Möglichkeit, um Mutmaßungen und Vorurteile zu durchbrechen. Wenn Sie für sich selbst sprechen, statt von angeblichen gemeinsamen Erfahrungen auszugehen, laden Sie dazu ein, Verbindungen zu schaffen, statt Ihre Meinung als allgemeingültig darzustellen. Wer aus seiner eigenen Perspektive spricht, lässt Raum dafür, diese Perspektive durch Offenheit und die Erlebnisse in der Gruppe zu ändern. Es bietet sich an, Sätze mit »Meine Erfahrung ist …« oder »Mir ist aufgefallen …« anzufangen statt mit dem pauschalen »Wir alle …«

Keine Bewertungen. Wir neigen dazu, manche Emotionen als gut und manche als schlecht zu bezeichnen und die angeblich negativen dann zu entwerten oder zu vermeiden. Bei diesen Übungen gehen wir davon aus, dass alle Emotionen wertvolle Informationen des Körpers und der Psyche in Bezug auf die Umgebung sind. Achten Sie darauf, niemanden über schwierige Empfindungen hinwegzutrösten, aber gleichzeitig auch darauf, den Emotionen nicht zu viel Platz einzuräumen. Unser Ziel ist es, eine Balance zwischen zugewandtem Zuhören und der Bereitstellung eines Raumes, in dem eine Erfahrung gemeinsam durchlebt werden kann, zu finden.

EIN IMAGINATIONSTRAINING[172]

Willkommen.

Wir erleben gerade eine Apokalypse. Eine Rückkehr in die Welt von früher ist unmöglich, weil es diese Welt nicht mehr gibt. Stattdessen ist es an uns, eine neue Welt aufzubauen. Überall auf der Erde haben sich Menschen immer schon ausgemalt, was nach der Apokalypse kommt. Auch unter Ihren Vorfahren gibt es irgendwo, irgendwann in der jüngeren oder älteren Geschichte irgendjemanden, der sich genau damit beschäftigt hat. Der erste Schritt besteht darin, sich vor Augen zu führen, dass es Ihnen gelingen kann – dass es uns gelingen kann –, weil es uns bereits früher gelungen ist.

Die folgenden Seiten sind eine Anleitung und eine Einladung dazu, sich den Verlauf Ihrer Zukunft auszumalen und durchzuspielen. Sich eine Transformation der Welt vorzustellen ist harte, gefühlsintensive Arbeit. Aber es ist notwendig. Sich dieser Aufgabe gemeinsam mit Freunden zu stellen macht sie leichter und weniger einsam.

Die schlechte Nachricht ist, dass es vielen Menschen leichter fällt, sich das Ende der Welt vorzustellen statt eine Welt/Welten, in der unser derzeitiges System der Rohstoffextraktion und Ausbeutung überwunden ist. Die gute Nachricht ist, dass die Macht, etwas zu verändern, bereits jetzt in Ihnen angelegt ist. Der Schlüssel, um diese Fähigkeit freizusetzen, ist die Trauerarbeit.

Sobald Sie anfangen, einen Verlust zu betrauern, aktivieren Sie Ihre Vorstellungskraft und Ihre Kreativität, was Tatendrang und ein aktives Engagement für die Zukunft auslöst.

Denken Sie daran, Fürsorgearbeit ist Klimaarbeit. Wir werden das nötige Ziel nicht erreichen, wenn wir einfach nur ein bisschen an den Rädchen eines grundlegend ungerechten Systems herumdrehen. Es geht nicht nur darum, Radwege und Solaranlagen zu bauen; es geht darum, eine neue Gesellschaft zu verwirklichen. Wir müssen tief in unseren Herzen spüren, dass jeder Einzelne zählt und dass wir in der Lage sind, einander durch diese Zeit zu bringen, hin zu einer Erde der Zukunft, die auf das Wohlergehen aller ausgerichtet ist.

Folgend finden Sie eine Reihe von Leitsätzen, an denen ich mich beim Entwerfen von Visionen orientiere, gefolgt von einem Muster für ein lokales Imaginationstraining. Die Geschichten und Handlungspläne finden Sie auf meiner Homepage unter www.ericholthaus.com/futureearthstories.

LEITSÄTZE FÜR DEN VERSUCH, SICH DIE ERDE DER ZUKUNFT VORZUSTELLEN

»Klein ist gut, klein ist alles.« – *Leitsatz von »Emergent Strategy«*
Fangen Sie kleiner an, als Sie vielleicht erwartet hätten. Wenn Sie zum ersten Mal eine solche Gruppenübung absolvieren, sind drei Teilnehmer (einschließlich Sie selbst) eine gute Anzahl.

Fangen Sie am Ende an.
Fragen Sie sich, warum Sie an diesem Imaginationstraining teilnehmen. Wollen Sie in Ihrer Umgebung für etwas Hoffnung sorgen? Wollen Sie Ihre Freunde oder Ihre Familie dazu bringen, zu handeln? Versuchen Sie, eine stadtweite Debatte auszulösen? Was auch immer Sie antreibt, machen Sie es sich bewusst und planen Sie entsprechend. Wenn Ihr Ziel ist, Hoffnung in Ihrer Umgebung zu verbreiten, sollte das darüber bestimmen, wen Sie einladen und was für Geschichten Sie mit der Gruppe ersinnen wollen. Diese Entscheidungen werden ganz anders ausfallen, wenn sie groß angelegte Reformen und neue Visionen für die ganze Stadt anstreben.

Zusammenarbeit vor Wettbewerb
In der westlichen Industriegesellschaft neigen wir zu der Überzeugung, dass der Wettbewerb die besten Ergebnisse hervor-

bringt. Doch die Geschichte der Evolution ist größtenteils eine Geschichte der Zusammenarbeit. Gemeinsame Zukunftsentwürfe und Kollaborationen sind für das Überleben entscheidend. (Es stimmt, es gibt immer noch Leute, die Wettbewerb für den besten Weg halten. Nehmen Sie sich vor Ihnen in Acht. Aber denken Sie daran, dass jeder in der Lage ist, sich zu ändern.)

Wiederholung, Wiederholung, Wiederholung

Es gibt keine »richtige« Vision. Unsere Zukunftsentwürfe beeinflussen die Realität, die wiederum weitere Zukunftsentwürfe beeinflusst und so weiter, bis in alle Ewigkeit. Formulieren Sie Ihre Vision, hören Sie sich die Visionen anderer Leute an, lassen Sie sich voneinander inspirieren und formulieren Sie dann eine neue. Und wieder von vorn.

Vom Ich zum Wir

Sie sind wichtig. Ihre persönliche Vision und Fantasie werden gebraucht. Außerdem entsteht die Macht, Visionen zu verbreiten und in große Dimensionen zu übertragen, erst daraus, dass wir unsere Vorstellungen und Ideen miteinander verflechten und aufeinander aufbauen. Vergessen Sie niemals, dass Sie wichtig sind. Vergessen Sie niemals, dass wir wichtig sind. Ohne Sie schaffen wir es nicht, und Sie schaffen es allein auch nicht.

»Wo es ein Problem gibt, gibt es auch Menschen, die sich in irgendeiner Weise damit befassen.« – *Leitsatz des Netzwerks »Allied Media Projects«*

Finden Sie diese Menschen und hören Sie ihnen zu. Vielleicht leben sie ganz in Ihrer Nähe, vielleicht ein Stück weiter weg oder auf einem anderen Kontinent, aber es gibt sie. Es könnte sich dabei um Menschen handeln, die Sie bisher ignoriert haben. Es könnte sich um Menschen handeln, die in Ihrem Land für wenig wertvoll erachtet oder aktiv ausgegrenzt werden. Hören Sie ihnen trotzdem zu! Manchmal können Sie am besten zur Lösung eines Problems beitragen, indem Sie das Mikrofon weiterreichen.

MUSTER FÜR EIN IMAGINATIONSTRAINING

Schritt 0. *Versammlung der Gruppe.*
Personen: 3 bis 8
Zeit: 2 bis 3 Stunden
Ort: Ein Wohn- oder Esszimmer, ein Hobbyraum – irgendein Ort, an dem Sie nicht gestört werden und sich offen und entspannt unterhalten können.

Schritt 1. *Einstimmung*
Lassen Sie jede Person reihum erzählen, wie es ihr gerade geht und worauf sie sich in der gemeinsamen Zeit am meisten freut.

Schritt 2. *Vorbereitung. Legen Sie fest, wo und wann sich der Traum abspielt.*

Ort: Idealerweise in einer Größenordnung, dass Sie bereits jetzt glauben, Sie könnten etwas bewirken: Wohnräume, Gebäude oder die direkte Umgebung bieten sich dafür an. Die ganze Stadt ist meist schon sehr ambitioniert, aber – abhängig von der Zusammensetzung der Gruppe – vielleicht nicht undenkbar. In dieser Phase sind regionenübergreifende oder landesweite Szenarien fast mit Sicherheit zu hoch gegriffen.

Zeit: Fünf Jahre sind ein Zeitraum, der sich groß genug anfühlt, um bis dahin wirklich etwas erreichen zu können, der aber trotzdem real und überschaubar wirkt. Vielleicht wollen Sie aber auch klein anfangen und sich auf ein einziges Gespräch mit einem Freund oder einer Freundin konzentrieren – dafür sollten fünf Tage ausreichen, und je nachdem, um wen es geht, kann es extrem hilfreich sein, das Gespräch im Voraus durchzugehen. Doch wenn das in Ihrer Gruppe nicht funktioniert, finden Sie heraus, was sich besser anfühlt.

Machen Sie ein Brainstorming über die Probleme, die sich in dem Bereich stellen, den Sie sich ausgesucht haben. Dafür würde ich zehn bis zwanzig Minuten veranschlagen. Wählen Sie dann gemeinsam ein oder zwei Probleme aus, die Sie als Gruppe am meisten interessieren.

Wählen Sie die Figuren aus. Dazu gehören auf jeden Fall Sie selbst. Ergänzen Sie dann sowohl Menschen, die Ihnen am Herzen liegen, als auch solche, die Sie in Bezug auf das ausgewählte Problem/die ausgewählten Probleme für relevant halten. Wenn Sie abenteuerlustig gestimmt sind, nehmen Sie noch Leute hinzu, die Ihnen bisher nicht glauben.

Schritt 3. *Träumen.*

Schreiben Sie auf, wie der Ort/die Zeit aussieht, wenn das Problem gelöst ist/die Probleme gelöst sind. Das macht am besten jeder für sich in einem ruhigen Zimmer. Ob man dafür Laptops oder Zettel und Stift nutzt, spielt keine Rolle. Die Länge des Geschriebenen ist weniger wichtig als eine lebendige Vorstellungskraft. Nehmen Sie sich mindestens dreißig Minuten dafür, aber machen Sie sich bewusst, dass das natürlich nicht genug Zeit ist, um die Zukunft der Erde zu skizzieren. (Dafür würden auch zwei Stunden nicht ausreichen.) Erzählansätze könnten ein Gespräch zwischen zwei Menschen in der Zukunft oder ein Brief von einer Person aus der Zukunft an eine aus der

Gegenwart sein (etwa ein Brief von mir im Jahr 2060 an meine Nichten, Neffen und Geschwister).

Schritt 4. *Diskussion.*
Zeigen Sie den anderen, was Sie sich ausgedacht haben. Sie können die Texte austauschen, die Geschichten vorlesen oder einfach jeden erzählen lassen, was er geschrieben hat. Achten Sie auf Ähnlichkeiten und Unterschiede in den Visionen. Fallen Ihnen Muster auf?

Schritt 5. *Nächste Schritte.*
Entscheiden Sie, was Sie als Nächstes tun wollen. Sie könnten:

- Mit einer zweiten Schreibrunde weitermachen, um die Geschichten weiter auszubauen und Elemente aus den Texten anderer Gruppenmitglieder (Figuren, Lösungen, Gegebenheiten) aufzugreifen. Tauschen Sie sich dann erneut über Ihre Texte aus und schauen Sie zu, wie etwas Magisches entsteht!
- Machen Sie die Texte Leuten außerhalb der Gruppe zugänglich. Legen Sie eine Frist fest, arbeiten Sie das Geschriebene noch einmal durch und überlegen Sie, wie Sie es gern verbreiten würden. Sie können die Texte:
  - gesammelt in Papierform herausbringen, als eine Art Magazin oder ein kleines Büchlein.
  - in Form eines Blogs oder auf einer Webseite online stellen.
  - per E-Mail an Freunde verschicken, als Ansporn, beim nächsten Visionen-Treffen dazuzustoßen.
  - Wie auch immer Sie entscheiden – am wichtigsten ist es, dass Sie Ihre Vision Leuten aus der Umgebung zugänglich machen, in der sie sich abspielt. Dort haben die Überlegungen am meisten Einfluss und Wirkung.

- Halten Sie ein weiteres Treffen mit neuen, anderen oder weiteren Menschen ab. Vergessen Sie nicht, sich erneut Gedanken über das Warum zu machen oder sicherzustellen, dass Ihre ursprünglichen Beweggründe noch zutreffen.
- Machen Sie alles, wonach Ihnen sonst noch der Sinn steht.

REFLEXIONSFRAGEN

- Wie ist Ihre Gruppe in Bezug auf Geschlecht, ethnischen Hintergrund und Schichtzugehörigkeit zusammengesetzt? Sprechen alle die gleiche Sprache, auf dem gleichen Niveau? Wie stehen die Mitglieder der Gruppe zu Kindern? Wie ist ihr staatsbürgerlicher Status? Gibt es in Ihrer Umgebung Gruppierungen, die in der Gruppe nicht repräsentiert sind? Wie könnten Sie diese beim nächsten Mal dazuholen? Wie könnten Sie sie dabei unterstützen, ihre eigenen Visionen zu entwickeln, um später Geschichten, Erkenntnisse und Ideen auszutauschen?
- Welche Elemente aus der Gegenwart/der Vergangenheit formten oder prägten die Zukunft, die Sie sich ausgemalt haben? Besprechen Sie das in der Gruppe. Wenn Sie sich nicht sicher sind, recherchieren Sie diese Elemente vor dem nächsten Treffen.
- Diskutieren Sie darüber, was der Grund dafür ist, dass die Welten, die Sie sich ausgemalt haben, noch nicht in die Realität umgesetzt sind. Gibt es lokal Möglichkeiten, Hindernisse zu beseitigen? Wenn Sie bereits entsprechende Bemühungen unternehmen, können Sie sich mit Gruppen an anderen Orten verbünden, die sich mit den gleichen Problemen befassen?

Doch vor allem: Haben Sie Freude an der Sache und seien Sie mit ganzem Herzen dabei. Denken Sie daran: Sie erschaffen eine Welt, die unwiderstehlich sein wird.

DANK

Dieses Buch ist mein Beitrag dazu, eine radikale Vision der Zukunft zu entwerfen. Es ist mein Liebesbrief an die Welt, und wie bei jedem Liebesbrief fühle ich mich jetzt, nach dem Abschicken, sehr verwundbar. Aber ich bin bereit.

Ein Großteil dieses Projekts entstand auf dem besetzten Gebiet des Dakota-Stammes der Mdewakanton, aber auch auf dem Land der Klallam, der Tohono O'Odham, der Kaw, der Lenape und des Zusammenschlusses der Haudenosaunee. Die Menschen des Mdewakanton-Stammes pflegten über Jahrhunderte ein harmonisches Verhältnis zu ihrer Umgebung, vor allem zum Wasser des Mnísota Wakpá, der sie am Leben hielt. Als die europäischen Siedler eintrafen, wurden die indigenen Bewohner gewaltsam vertrieben und Familien auseinandergerissen, im Versuch, sie auszulöschen. Doch sie sind immer noch hier, und wir können viel von ihnen lernen.

Diese historischen Fakten anzuerkennen ist nicht genug. Ich weiß, dass ich mich dafür einsetzen muss, den Schaden, von dem ich persönlich profitiere, wiedergutzumachen, und dass ich auf eine Welt hinwirken muss, die auf Gerechtigkeit ausgerichtet ist. Dieser Gedanke der Wiedergutmachung hat das gesamte Buchprojekt bestimmt.

Als ich mich im Rahmen dieses Projekts mit Vertretern indigener Völker beraten habe, vor allem mit Menschen von den Marshall-Inseln, habe ich gelernt, dass die Zukunft niemals vorherbestimmt ist. Wir erfinden uns immer wieder neu. Das macht uns als Menschen aus. Die Klimakrise ist nicht die erste existenzielle Bedrohung, mit der wir als Spezies konfrontiert sind, und wir sind zu einem radikalen Kurswechsel fähig. Aber dafür müssen wir Menschen mit radikal anderen Erfahrungen und Ansichten zuhören.

Ich habe zudem versucht, dieses Projekt als Experiment für CO_2-armen Journalismus durchzuführen. Statt selbst an die Orte zu reisen, die ich beschreibe, habe ich mich bemüht, soweit es geht dort lebende Menschen ihre Geschichte erzählen zu lassen, über Telefonate und schriftlich. Den Ausgangspunkt für das Projekt bildete meine Faszination für die Marshall-Inseln, und ich habe versucht, mit möglichst vielen Leuten dort zu sprechen. Dann folgten die Geschichten von Menschen in ganz Mikronesien. Ich erfuhr, wie sehr ihr Leben nicht nur von der Umweltverschmutzung durch weit entfernte Länder, sondern auch von den Folgen der Atomversuche und des wirtschaftlichen Drucks des Kolonialismus geprägt ist. In den fünf Jahren, in denen ich für dieses Buch recherchiert habe, habe ich mich mit Hunderten Menschen in Dutzenden Ländern unterhalten. Das waren zwar nicht so viele, wie ich gern gewollt hätte, aber es ist auch erst der Auftakt einer journalistischen Philosophie, die ich für den Rest meines Lebens verfolgen werde.

Bei der Arbeit an diesem Projekt habe ich sicherlich Fehler gemacht, das wird immer so sein. Ich entschuldige mich für alle Unannehmlichkeiten, die vielleicht dadurch entstanden sind, dass ich die Herausforderungen, vor denen wir stehen, aus meiner Perspektive heraus falsch dargestellt habe. Bei der Arbeit an diesem Buch wurde mir vor Augen geführt, wie privilegiert ich bin. Daher ist es mir sehr wichtig, mich respektvoll zu verhalten. Ich habe gelernt, dass ich immer noch viel zu lernen habe – aber die Hoffnung ist, dass die Formen der Zukunft, die noch möglich sind, ganz anders ausfallen werden als alles, was ich mir je vorgestellt habe. Dieses Buch hat mich verändert, und ich hoffe, es verändert auch Sie.

Es wäre niemals entstanden ohne die unermüdliche Unterstützung meiner Agentin, Brandi Bowles, und meines Lektors, Miles Doyle, dessen Geduld in der Tat legendär ist. Außerdem danke ich den Redakteurinnen und Redakteuren, die mich in den letzten fünf Jahren mit Aufträgen über Wasser gehalten haben: Eliza Anyangwe, Rob Wijnberg, Nikhil Swaminathan, Darby Minow Smith und Torie Bosch – vor allem Torie, die mir im Grunde beigebracht hat, wie man schreibt. Mein besonderer Dank gilt Caroline Contillo und Lawrence Barriner II, den Entwicklern der Trauer- und Imaginationsübungen. Ich hoffe, dass sie eine Bewegung auslösen, die die Welt verändert.

Einige der Ideen und Textstücke in diesem Buch sind bereits zuvor in anderen Medien wie *Rolling Stone, Grist, Slate, Pacific Standard* (Ruhe in Frieden!), *Quartz, ThinkProgress* (Ruhe in Frieden!) und *The Correspondent* erschienen. Ich bin dankbar, dass ich meine Arbeit in den vergangenen Jahren in diesen und anderen Medien veröffentlichen konnte. Freiberufliche Journalisten verdienen Ihre Unterstützung – unterstützen Sie sie!

Für ihre moralische Unterstützung danke ich meinen Eltern, Les und Janet Holthaus, meiner Schwester, Jennifer Atchison, sowie Karen Edquist, Karin Aebersold, Emily Sharp, Katy Backes Kozhimannil, Patrick Schmitt und allen anderen, die mich unzählige Stunden lang haben klagen lassen, wie gestresst ich sei und dass ich niemals fertig würde. Ich bin fertig geworden, und das habe ich euch zu verdanken. Ich danke allen, die mir die Marienkäfer- und Anglerfischbilder ihrer Kinder geschickt haben, die unser Haus verschönern. Ich danke dem oder den

Menschen, der/die die »Deep Focus«-Playlist auf Spotify zusammengestellt hat/haben, und allen ASMR- und EDM-Künstlern, die mich beruhigt und dafür gesorgt haben, dass ich mich konzentrieren konnte. Ich danke den Mitarbeitern im Seward Café und im Groundswell, wo weite Teile des Textes entstanden sind. Ich danke allen Bauern, die die Kaffeebohnen angebaut haben, ohne die ich es nicht geschafft hätte. Außerdem danke ich meinen Patreon-Unterstützern, die meine Familie während der Höhen und Tiefen des Projekts über Wasser gehalten haben.

Ich bin aus Notwendigkeit zum Schriftsteller geworden. Ursprünglich bin ich Meteorologe, doch ich habe mich immer schon für den Aspekt der sozialen Gerechtigkeit beim Wetter interessiert. Die Suche nach einer Sprache der moralischen Klarheit und Gerechtigkeit war ein langer Prozess, doch besonders viel habe ich diesen Menschen – und vielen weiteren, die ich nicht nenne – zu verdanken: Kathy Jentil-Kijiner, Paul Robbins, Mark Chmiel, Katherine Crocker, Sarah Myhre, Sydney Ghazarian, Justine Calma, Kaitlin Curtice, Winston Hearn, Tanmoy Goswami, Irene Caselli, OluTimehin Adegbeye und Nesrine Malik.

Für die eindeutigen Berichte über das Klima und die unzähligen Gespräche im Verlauf der Jahre danke ich Jennie Ferrara, Jamie Margolin, Julia Steinberger, Nathan Thanki, Renee Lertzman, Faith Kearns, Alex Steffen, Mary Annaïse Heglar, Jacquelyn Gill, Kevin Anderson, Glen Peters, Karthik Ganapathy, Pablo Suarez, Marjorie Brans, Mengesha Gebremichel, Michael Norton, Jon Foley, Deke Arndt, Dargan Frierson, Brian Kahn, Kate Knuth, Maria Langholz und vielen, vielen anderen, in der Gemeinschaft der Klima-Twitterer und darüber hinaus.

Ich habe vergessen, wer es war, der mir den besten Rat zum Thema Schreiben gegeben hat: »Der Schlüssel zu einem guten

Buch besteht darin, erst ein schlechtes zu schreiben und es dann zu überarbeiten.« Das gilt für alles, was wir tun, jeden Tag. Das Einzige, was zählt, ist, dass wir uns gemeinsam bemühen, voneinander zu lernen, und auf mehr Gerechtigkeit hinarbeiten.

Mein ganz besonderer Dank gilt Roscoe und Zeke, dafür, dass sie meine Hand halten und es immer ewig dauert, bis sie im Bett liegen, und dafür, dass ich durch sie den Mut gewonnen habe, mir eine bessere Welt vorzustellen. Dieses Buch ist euch gewidmet.

Eric Holthaus
November 2019

ANMERKUNGEN

1 Rachel Becker, »EPA Says Puerto Rico Residents Resorted to Contaminated Water at Dorado Superfund«, *The Verge*, 13. Oktober 2017, www.theverge.com/2017/10/13/16474428/puerto-rico-hurricane-maria-superfund-site-water-shortage-epa-recovery.

2 Persönlicher Austausch per Textnachricht, 26. September 2017.

3 David Keellings und José J. Hernández Ayala, »Extreme Rainfall Associated with Hurricane Maria over Puerto Rico and Its Connections to Climate Variability and Change«, *Geophysical Research Letters* 46, Nr. 5 (März 2019): 2964–2973, https://agupubs.onlinelibrary.wiley.com/doi/10.1029/2019GL082077.

4 American Geophysical Union, »Climate Change to Blame for Hurricane Maria's Extreme Rainfall«, Pressemitteilung, 16. April 2019, https://phys.org/news/2019-04-climate-blame-hurricane-maria-extreme.html.

5 Earth Institute at Columbia University, »Hurricane Maria Study Warns: Future Climate-Driven Storms May Raze Many Tropical Forests«, Pressemitteilung, 25. März 2019, www.eurekalert.org/pub_releases/2019-03/eiac-hms032119.php.

6 Justine Calma, »The Storm Isn't Over«, *Grist*, 8. Januar 2018, https://grist.org/briefly/hurricane-survivors-are-still-dealing-with-the-emotional-toll-of-2017s-horrific-storms/.

7 Blaine Friedlander, »Severe Caribbean Droughts May Magnify Food Insecurity«, Cornell Chronicle, 5. November 2018, news.cornell.edu/stories/2018/11/severe-caribbean-droughts-may-magnify-food-insecurity.

8 Kate Wheeling, »After a Record-Breaking Atlantic Hurricane Season, Here's What to Expect in the South Pacific«, *Pacific Standard*, 3. November 2017, https://psmag.com/environment/cop23-what-to-expect-from-cyclone-season-in-south-pacific.

9 »Cyclone Idai: Emergency Getting ›Bigger by the Hour‹, Warns UN Food Agency«, UN News, 19. März 2019, https://news.un.org/en/story/2019/03/1034951.

10 Louise M. Farquharson, Vladimir E. Romanovsky, William L. Cable, Donald A. Walker, Steven V. Kokelj und Dmitry Nicolsky, »Climate Change Drives Widespread and Rapid Thermokarst Development in Very Cold Permafrost in the Canadian High Arctic«, *Geophysical Research Letters* 46, Nr. 12 (Juni 2019): 6681–6689, https://agupubs.onlinelibrary.wiley.com/doi/full/10.1029/2019GL082187.

11 Samson Reiny, »Arctic Shifts to a Carbon Source due to Winter Soil Emissions«, NASA, 8. November 2019, https://www.nasa.gov/feature/goddard/2019/arctic-shifts-to-a-carbon-source-due-to-winter-soil-emissions.

12 Mario Picazo, »July 2019 Officially Hottest Month Ever Measured on Earth«, The Weather Network, 6. August 2019, https://www.theweathernetwork.com/ca/news/article/july-2019-officially-hottest-month-ever-measured-on-earth.

13 Jacqueline Charles, »Why Some Hurricane Dorian Survivors Are Staying on Abaco: ›We Believe in Bouncing Back‹«, *Miami Herald*, 14. September 2019, https://www.miamiherald.com/news/weather/hurricane/article235043772.html.

14 »Bushfires Crisis: Thousands Stranded in New Year's Eve Fury«, *The Australian*, o.D., https://www.theaustralian.com.au/nation/

bushfires-crisis-thousands-stranded-in-new-years-eve-fury/news-story/b65fc8b80c92fa31c79cfbd91c12aa44.

15 »A Statement About the 480 Million Animals Killed in NSW Bushfires Since September«, University of Sydney, 3. Januar 2020, https://sydney.edu.au/news-opinion/news/2020/01/03/a-statement-about-the-480-million-animals-killed-in-nsw-bushfire.html.

16 Alan J. Parkinson et al., »Climate Change and Infectious Diseases in the Arctic: Establishment of a Circumpolar Working Group«, *International Journal of Circumpolar Health*, 30. September 2014, https://www.ncbi.nlm.nih.gov/pmc/articles/PMC4185088/.

17 Ethan D. Coffel, Radley M. Horton und Alex de Sherbinin, »Temperature and Humidity Based Projections of a Rapid Rise in Global Heat Stress Exposure During the 21st Century«, *Environmental Research Letters* 13, Nr. 1 (Dezember 2017): 014001, https://iopscience.iop.org/article/10.1088/1748-9326/aaa00e/meta.

18 Sophie Bethune, »Gen Z More Likely to Report Mental Health Concerns«, *American Psychological Association* 50, Nr. 1 (Januar 2019), https://www.apa.org/monitor/2019/01/gen-z.

19 Bruce C. Forbes, Timo Kumpula, Nina Meschtyb, Roza Laptander, Marc Macias-Fauria, Pentii Zetterberg, Mariana Verdonen et al., »Sea Ice, Rain-on-Snow and Tundra Reindeer Nomadism in Arctic Russia«, *Biology Letters* 12, Nr. 11 (November 2016): 20160466, https://royalsocietypublishing.org/doi/full/10.1098/rsbl.2016.0466.

20 Brian Kahn, Twitter-Post, 6. Juni 2018, https://twitter.com/blkahn/status/1004404764766023680.

21 Union of Concerned Scientists, *Underwater: Rising Seas, Chronic Floods, and the Implications for US Coastal Real Estate*, Bericht vom 18. Juni 2018, https://www.ucsusa.org/resources/underwater.

22 James Hansen, »Ice Melt, Sea Level Rise and Superstorms: The Threat of Irreparable Harm«, 22. März 2016, http://www.columbia.edu/~jeh1/mailings/2016/20160322_IrreparableHarm.pdf.

23 »Jellyfish Are Taking Over!«, *Living on Earth*, 2. Dezember 2016, https://loe.org/shows/segments.html?programID=16-P13-00049&segmentID=5.

24 Cynthia Rosenzweig, David Karoly, Marta Vicarelli, Peter Neofotis, Qigang Wu, Gino Casassa, Annette Menzel et al., »Attributing Physical and Biological Impacts to Anthropogenic Climate Change«, *Nature* 453 (Mai 2008): 353–57, abgerufen über die Webseite Climate Signals, https://www.climatesignals.org/scientific-reports/attributing-physical-and-biological-impacts-anthropogenic-climate-change.

25 Persönlicher E-Mail-Wechsel, 19. Februar 2019.

26 Glenn Albrecht, »The Age of Solastalgia«, The Conversation, 7. August 2012, https://theconversation.com/the-age-of-solastalgia-8337.

27 Frances C. Moore, Nick Obradovich, Flavio Lehner und Patrick Baylis, »Rapidly Declining Remarkability of Temperature Anomalies May Obscure Public Perception of Climate Change«, *Proceedings of the National Academy of Sciences of the United States of America* 116, Nr. 11 (12. März 2019), https://www.pnas.org/content/116/11/4905.

28 Sarah Fecht, »Current Megadrought in the West Could Be One of the Worst in History«, *State of the Planet*, Earth Institute, Columbia University, 13. Dezember 2018, https://blogs.ei.columbia.edu/2018/12/13/megadrought-west-climate-change/.

29 Sarah Myhre, Twitter-Post, https://twitter.com/SarahEMyhre/status/1164211181013196801?s=03).

30 Naomi Klein, »Let Them Drown: The Violence of Othering in a Warming World«, *London Review of Books* 38, Nr. 11

(2. Juni 2016), https://www.lrb.co.uk/v38/n11/naomi-klein/let-them-drown.

31 Intergovernmental Panel on Climate Change (IPCC), *Special Report: Global Warming of 1.5 °C*, 2018, https://www.ipcc.ch/sr15/.

32 Frage auf der Pressekonferenz des IPCC, 8. Oktober 2018, https://www.youtube.com/watch?v=12S3dKrxj7c (ab 47:58).

33 Intergovernmental Science-Policy Platform on Biodiversity and Ecosystem Services (IPBES), »Nature's Dangerous Decline ›Unprecedented‹; Species Extinction Rates ›Accelerating‹«, Pressemitteilung, 4. Mai 2019, https://ipbes.net/news/Media-Release-Global-Assessment.

34 Jonathan Watts, »Human Society Under Urgent Threat from Loss of Earth's Natural Life«, *The Guardian*, 6. Mai 2019, https://www.theguardian.com/environment/2019/may/06/human-society-under-urgent-threat-loss-earth-natural-life-un-report.

35 Melissa Davey, »Humans Causing Climate to Change 170 Times Faster than Natural Forces«, *The Guardian*, 12. Februar 2017, https://www.theguardian.com/environment/2017/feb/12/humans-causing-climate-to-change-170-times-faster-than-natural-forces.

36 Ebd.

37 Persönliches Telefonat, 16. Januar 2019.

38 Michael Innis, »Climate-Related Death of Coral Around World Alarms Scientists«, *New York Times*, 9. April 2016, https://www.nytimes.com/2016/04/10/world/asia/climate-related-death-of-coral-around-world-alarms-scientists.html.

39 Persönliches Telefonat, 9. April 2016.

40 Eric Holthaus, »The Largest Coral Atoll in the World Lost 80 Percent of Its Coral to Bleaching«, *ThinkProgress*, 12. April 2016,

https://thinkprogress.org/the-largest-coral-atoll-in-the-world-lost-80-percent-of-its-coral-to-bleaching-168ba23b0562/.

41 Chris Mooney und Brady Dennis, »The World Has Just over a Decade to Get Climate Change Under Control, U.N. Scientists Say«, *Washington Post*, 7. Oktober 2018, https://www.washingtonpost.com/energy-environment/2018/10/08/world-has-only-years-get-climate-change-under-control-un-scientists-say/.

42 Intergovernmental Panel on Climate Change (IPCC), *Special Report: Global Warming of 1.5°C*, 2018, https://www.ipcc.ch/sr15/chapter/spm/.

43 Pressekonferenz des IPCC, 8. Oktober 2018, https://www.youtube.com/watch?v=12S3dKrxj7c.

44 Persönliches Telefonat, 9. Mai 2019.

45 Ebd.

46 Persönliches Telefonat, 26. Februar 2019.

47 Ebd.

48 Ebd.

49 Persönliches Telefonat, 29. November 2016.

50 Stockholm Resilience Centre, »Curbing Emissions with a New ›Carbon Law‹«, Stockholm University, 23. März 2017, https://www.stockholmresilience.org/research/research-news/2017-03-23-curbing-emissions-with-a-new-carbon-law.html.

51 Brad Plumer, »Scientists Made a Detailed ›Roadmap‹ for Meeting the Paris Goals. It's Eye-Opening«, *Vox*, 24. März 2017, https://www.vox.com/energy-and-environment/2017/3/23/15028480/roadmap-paris-climate-goals.

52 Elena Berton, »Flight Shaming Hits Air Travel as ›Greta Effect‹ Takes Off«, Reuters, 2. Oktober 2019, https://www.reuters.

com/article/us-travel-flying-climate/flight-shaming-hits-air-travel-as-greta-effect-takes-off-idUSKBN1WH23G.

53 »Greta Thunberg Full Speech at UN Climate Change COP24 Conference«, 15. Dezember 2018, https://www.youtube.com/watch?v=VFkQSGyeCWg.

54 Greta Thunberg, Facebook-Post, 11. Februar 2019, https://www.facebook.com/gretathunbergsweden/photos/a.733630957004727/773673599667129/?type=1&theater.

55 Vereinte Nationen, *Report of the Intergovernmental Negotiating Committee for a Framework Convention on Climate Change on the Work of the Second Part of Its Fifth Session, Held at New York from 30 April to 9 May 1992*, https://unfccc.int/sites/default/files/resource/docs/a/18p2a01.pdf.

56 Genevieve Guenther, »Who Is the We in ›We Are Causing Climate Change‹?«, *Slate*, 10. Oktober 2018, https://slate.com/technology/2018/10/who-is-we-causing-climate-change.html.

57 Amy Westervelt, »The Case for Climate Rage«, Popula, 19. August 2019, https://popula.com/2019/08/19/the-case-for-climate-rage/.

58 Kate Marvel, »We Need Courage, Not Hope, to Face Climate Change«, Blog *On Being*, 1. März 2018, https://onbeing.org/blog/kate-marvel-we-need-courage-not-hope-to-face-climate-change/.

59 Persönliches Telefonat, 15. Februar 2019.

60 Matt McGrath, »›Reasons to Be Hopeful‹ on 1.5C Global Temperature Target«, BBC News, 3. Oktober 2018, https://www.bbc.com/news/science-environment-45720740.

61 Marlow Hood, »UN Report on ›Mission Impossible‹ Climate Target: Key Points«, Phys.org, 1. Oktober 2018, https://phys.org/news/2018-10-mission-impossible-climate-key.html.

62 Persönliches Telefonat, 26. Februar 2019.

63 Julian Brave Noisecat, »We Need Indigenous Wisdom to Survive the Apocalypse«, *The Walrus*, 18. Oktober 2019, https://thewalrus.ca/we-need-indigenous-wisdom-to-survive-the-apocalypse/.

64 Persönliches Telefonat, 20. Februar 2019.

65 Ebd.

66 Fawn Sharp und Matthew Randazzo V, »In Shadow of #MeToo: The Coming Reckoning on Consent and Climate Change«, Crosscut, 30. April 2019, https://crosscut.com/2019/04/shadow-metoo-coming-reckoning-consent-and-climate-change.

67 Persönliches Telefonat, 20. Februar 2019.

68 Ebd.

69 Persönliches Telefonat, 26. Februar 2019.

70 Ebd.

71 Persönliches Telefonat, 9. Januar 2019.

72 Alexandria Ocasio-Cortez, Twitter-Post, 6. Mai 2019, https://twitter.com/AOC/status/1125432683448950784.

73 Persönliches Telefonat, 18. Januar 2019.

74 Treffen des Sunrise Movement im Macalester College, 25. April 2019, https://www.facebook.com/sunriseminnesota/posts/this-is-a-live-stream-of-macalesters-sunrise-town-hall-meeting-for-a-green-new-d/2223756721049255/.

75 Persönliche Notizen beim Treffen des Sunrise Movement im Macalester College, 25. April 2019, https://www.facebook.com/sunriseminnesota/posts/this-is-a-live-stream-of-macalesters-sunrise-town-hall-meeting-for-a-green-new-d/2223756721049255/.

76 Treffen des Sunrise Movement im Macalester College, 25. April 2019.

77 Persönliches Telefonat, 18. Januar 2019.

78 116th Congress, »H.Res.109 – Recognizing the Duty of the Federal Government to Create a Green New Deal«, vorgelegt am 7. Februar 2019, https://www.congress.gov/bill/116th-congress/house-resolution/109/text.

79 https://www.npr.org/about-npr/692067268/npr-news-exclusive-with-rep-alexandria-ocasio-cortez-on-her-green-new-deal. Siehe auch: Danielle Kurtzleben, »Rep. Alexandria Ocasio-Cortez Releases Green New Deal Outline«, 7. Februar 2019, NPR, https://www.npr.org/2019/02/07/691997301/rep-alexandria-ocasio-cortez-releases-green-new-deal-outline.

80 »Thousands in New Zealand Kick-Start New Wave of Climate Protests«, *Aljazeera*, 26. September 2019, https://www.aljazeera.com/news/2019/09/thousands-zealand-kickstart-wave-climate-protests-190927033920880.html.

81 Zoe Tidman, »New Zealand Passes ›Zero Carbon‹ Law in Fight Against Climate Change«, *Independent*, 7. November 2019, https://www.independent.co.uk/news/world/australasia/new-zealand-zero-carbon-law-emissions-jacinda-ardern-climate-change-a9189341.html.

82 »Impacts of 1.5°C of Global Warming on Natural and Human Systems«, Kap. 3, http://iacweb.ethz.ch/staff/sonia/download/etc/IPCC_SR15_Storylines/IPCC_SR15_Storylines.pdf.

83 Ebd.

84 Ebd.

85 Junior, »Yangdidi: Stories from Super Typhoon Maysak Survivors«, 24. Dezember 2015, http://blogs.ubc.ca/yangdidi/2015/12/24/junior/.

86 »Typhoon Haiyan Forces an Entire Island Community to Relocate«, PRI, 22. November 2013, https://www.pri.org/stories/2013-11-22/typhoon-haiyan-forces-entire-island-community-relocate.

87 »Typhoon Haiyan: Philippines Battles to Bring Storm Aid«, BBC News, 10. November 2013, https://www.bbc.com/news/world-asia-24887746.

88 Die Rede Saños: https://vimeo.com/79117298.

89 Persönliches Telefonat, 29. November 2016.

90 Ed King, »Tony deBrum: The Emerging Climate Champion at COP21«, *Climate Home News*, 12. Oktober 2015, https://www.climatechangenews.com/2015/12/10/tony-de-brum-the-emerging-climate-champion-at-cop21/.

91 Selina Leem, »Marshall Islands 18-Year-Old Thanks UN for Climate Pact«, *Climate Home News*, 14. Dezember 2015, https://www.climatechangenews.com/2015/12/14/marshall-islands-18-year-old-thanks-un-for-climate-pact/.

92 Persönliches Telefonat, 29. November 2016.

93 Ebd.

94 Ebd.

95 Leem, »Marshall Islands 18-Year-Old Thanks UN for Climate Pact«, https://www.climatechangenews.com/2015/12/14/marshall-islands-18-year-old-thanks-un-for-climate-pact/.

96 Guy J. Abel, Michael Brottrager, Jesús Crespo-Cuaresma und Raya Muttarak, »Climate, Conflict, and Forced Migration«, *Global Environmental Change* 54 (Januar 2019): 239–49, https://www.sciencedirect.com/science/article/pii/S0959378018301596?via%3Dihub.

97 Caitlin Werrell und Francesco Femia, »Climate Change and National Security in the 2014 Quadrennial Defense Review«, Center for Climate and Security, 4. März 2014, https://climateandsecurity.org/2014/03/04/climate-change-and-national-security-in-the-2014-quadrennial-defense-review/.

98 »Marshalls Likens Climate Change Migration to Cultural Genocide«, RNZ, 6. Oktober 2015, https://www.rnz.co.nz/inter-

national/pacific-news/286139/marshalls-likens-climate-change-migration-to-cultural-genocide.

99 Ted Scheinman, »COP22 in Review: We'll Work Until We Drown«, *Pacific Standard*, 18. November 2016, https://psmag.com/news/cop22-in-review-well-work-until-we-drown.

100 Vereinte Nationen, »Die Charta der Vereinten Nationen«, Kapitel VII, Artikel 39, https://unric.org/de/charta/.

101 Persönliches Telefonat, 1. Februar 2017.

102 Ebd.

103 Ebd.

104 Michael B. Gerrard, »America Is the Worst Polluter in the History of the World. We Should Let Climate Change Refugees Resettle Here«, *Washington Post*, 25. Juni 2015, https://www.washingtonpost.com/opinions/america-is-the-worst-polluter-in-the-history-of-the-world-we-should-let-climate-change-refugees-resettle-here/2015/06/25/28a55238-1a9c-11e5-ab92-c75ae6ab94b5_story.html.

105 Persönliches Telefonat, 1. Februar 2017.

106 Persönliches Telefonat, 1. Dezember 2016.

107 Deke Arndt, Twitter-Post, 5. Juni 2019, https://twitter.com/DekeArndt/status/1136259382151245825.

108 Jason Wilson, »Eco-fascism Is Undergoing a Revival in the Fetid Culture of the Extreme Right«, *The Guardian*, 19. März 2019, https://www.theguardian.com/world/commentisfree/2019/mar/20/eco-fascism-is-undergoing-a-revival-in-the-fetid-culture-of-the-extreme-right.

109 Camilo Mora, Daniele Spirandelli, Erik C. Franklin, John Lynham, Michael B. Kantar, Wendy Miles, Charlotte Z. Smith et al., »Broad Threat to Humanity from Cumulative Climate Hazards Intensified by Greenhouse Gas Emissions«, *Nature Climate Change* 8 (Dezember 2018): 1062–71, https://doi.org/10.1038/s41558-018-0315-6.

110 Eric Holthaus, »›Climate Change War‹ Is Not a Metaphor«, *Slate*, 18. April 2014, https://slate.com/technology/2014/04/david-titley-climate-change-war-an-interview-with-the-retired-rear-admiral-of-the-navy.html.

111 Rachel Koning Beals, »Goldman Sachs Becomes First Major U.S. Bank to Stop Funding Arctic Drilling, Pulls Back on Coal«, MarketWatch, 21. Dezember 2019, https://www.marketwatch.com/story/goldman-sachs-becomes-first-major-us-bank-to-stop-funding-arctic-drilling-pulls-back-on-coal-2019-12-16?link=sfmw_tw.

112 Persönlicher Austausch über Twitter, 18. Oktober 2018.

113 Persönliches Telefonat, 12. Januar 2019.

114 Holthaus, »›Climate Change War‹ Is Not a Metaphor«, https://slate.com/technology/2014/04/david-titley-climate-change-war-an-interview-with-the-retired-rear-admiral-of-the-navy.html.

115 Persönliches Telefonat, 18. Januar 2019.

116 »The Green New Deal«, BernieSanders.com, abgerufen am 15. Januar 2020, https://berniesanders.com/en/issues/green-new-deal/.

117 »The Global Price Tag for 100 Percent Renewable Energy: $73 Trillion«, Yale Environment 360, 20. Dezember 2019, https://e360.yale.edu/digest/the-global-price-tag-for-100-percent-renewable-energy-73-trillion.

118 Persönliches Telefonat, 19. Februar 2019.

119 Persönliches Telefonat, 15. Februar 2019.

120 Jelmer Mommers, »Thanks to This Landmark Court Ruling, Climate Action Is Now Inseparable from Human Rights«, *The Correspondent*, Dezember 2019, https://thecorrespondent.com/194/thanks-to-this-landmark-court-ruling-climate-action-is-now-inseparable-from-human-rights/25683007966-93bb1751.

121 Jelmer Mommers, »Lawyers Are Going to Court to Stop Climate Change. And It Might Just Work«, *The Correspondent*, Dezember 2019, https://thecorrespondent.com/185/lawyers-are-going-to-court-to-stop-climate-change-and-it-might-just-work/24491528215-2ac4e218.

122 Eric Holthaus, »Children Sue Over Climate Change«, *Slate*, 16. November 2015, https://slate.com/news-and-politics/2015/11/children-sue-the-obama-administration-over-climate-change.html.

123 *Juliana v. United States*, United States Court of Appeals for Ninth Circuit, http://blogs2.law.columbia.edu/climate-change-litigation/wp-content/uploads/sites/16/case-documents/2020/20200117_docket-18-36082_opinion.pdf.

124 Persönliches Telefonat, 8. Februar 2019.

125 Ananya Bhattacharya, »Birds to Holy Rivers: A List of Everything India Considers ›Legal Persons‹«, Quartz India, 7. Juni 2019, https://qz.com/india/1636326/who-apart-from-human-beings-are-legal-persons-in-india/amp/?__twitter_impression=true.

126 Celeste Coughlin, »Rights of the Pacific Ocean Initiative«, Earth Law Center, 23. April 2019, https://www.earthlawcenter.org/blog-entries/2019/4/rights-of-the-pacific-ocean-initiative.

127 Persönliches Telefonat, 1. März 2019.

128 Shannon Mattern, »Maintenance and Care«, *Places Journal*, November 2018, https://placesjournal.org/article/maintenance-and-care/?cn-reloaded=1&cn-reloaded=1.

129 Persönliches Telefonat, 1. März 2019.

130 Ebd.

131 Ebd.

132 Ebd.

133 Persönliches Telefonat, 15. Februar 2019.

134 Peter Callaghan, »In First Speech as Mayor, Melvin Carter Celebrates – and Challenges – Residents of St. Paul«, *MinnPost*, 3. Januar 2018, https://www.minnpost.com/politics-policy/2018/01/first-speech-mayor-melvin-carter-celebrates-and-challenges-residents-st-paul/.

135 Ebd.

136 Persönliches Telefonat, 12. Januar 2019.

137 Andrius Bialyj, »The Future of Architecture: CLT Wooden Skyscrapers«, Blog auf der Website von AGA CAD, 5. Juli 2019, www.aga-cad.com/blog/the-future-of-architecture-clt-wooden-skyscrapers.

138 Persönliches Telefonat, 1. März 2019.

139 »In Face of Rising Sea Levels the Netherlands ›Must Consider Controlled Withdrawal‹«, *Vrij Nederland*, 9. Februar 2019, https://www.vn.nl/rising-sea-levels-netherlands/.

140 Robert M. DeConto und David Pollard, »Contribution of Antarctica to Past and Future Sea-Level Rise«, *Nature* 531 (März 2016): 591–97, https://www.nature.com/articles/nature17145.

141 Jeff Tollefson, »Antarctic Model Raises Prospect of Unstoppable Ice Collapse«, *Nature*, 30. März 2016, https://www.nature.com/news/antarctic-model-raises-prospect-of-unstoppable-ice-collapse-1.19638.

142 Persönliches Telefonat, 2. November 2017.

143 Eric Holthaus, »Ice Apocalypse«, *Grist*, 21. November 2017, https://grist.org/article/antarctica-doomsday-glaciers-could-flood-coastal-cities/.

144 Octavia E. Butler, *Die Parabel vom* Sämann. München: Heyne 2015, Kapitel 1 (e-Book, keine Seitenzahl). Übers. V. Kurt Bracharz.

145 Newt Gingrich, »Stop the Green Pig: Defeat the Boxer-Warner-Lieberman Green Pork Bill Capping American Jobs and Trading America's Future«, *Human Events*, 3. Juni 2008, https://humanevents.com/2008/06/03/stop-the-green-pig-defeat-the-boxerwarnerlieberman-green-pork-bill-capping-american-jobs-and-trading-americas-future/.

146 Chelsea Harvey, »Cleaning Up Air Pollution May Strengthen Global Warming«, *Scientific American*, 22. Januar 2018, https://www.scientificamerican.com/article/cleaning-up-air-pollution-may-strengthen-global-warming/.

147 Zin Yang et al., »Distinct Weekly Cycles of Thunderstorms and Potential Connection with Aerosol Type in China«, *Geophysical Research Letters* 43, Nr. 16 (28. August 2016), https://agupubs.onlinelibrary.wiley.com/doi/full/10.1002/2016GL070375.

148 Drew Shindell und Christopher J. Smith, »Climate and Air-Quality Benefits of a Realistic Phase-Out of Fossil Fuels«, *Nature* 573 (19. September 2019), https://doi.org/10.1038/s41586-019-1554-z.

149 Eric Holthaus, »Devil's Bargain«, *Grist*, 8. Februar 2018, https://grist.org/article/geoengineering-climate-change-air-pollution-save-planet/.

150 Kevin Loria, »A Last-Resort ›Planet-Hacking‹ Plan Could Make Earth Habitable for Longer – But Scientists Warn It Could Have Dramatic Consequences«, *Business Insider*, 20. Juli 2017, https://www.businessinsider.com/geoengineering-technology-could-cool-the-planet-2017-7.

151 Holthaus, »Devil's Bargain«, https://grist.org/article/geoengineering-climate-change-air-pollution-save-planet/.

152 Leah Burrows, »Mitigating the Risk of Geoengineering«, *The Harvard Gazette*, 12. Dezember 2016, https://news.harvard.edu/gazette/story/2016/12/mitigating-the-risk-of-geoengineering/.

153 Christopher H. Trisos et al., »Potentially Dangerous Conse-

quences for Biodiversity of Solar Geoengineering Implementation and Termination«, *Nature Ecology and Evolution* 2 (2018): 475–82, https://www.nature.com/articles/s41559-017-0431-0.

154 Holthaus, »Devil's Bargain«, https://grist.org/article/geoengineering-climate-change-air-pollution-save-planet/.

155 Solomon M. Hsiang et al., »Quantifying the Influence of Climate on Human Conflict«, *Science* 341, Nr. 6151 (13. September 2013), https://science.sciencemag.org/content/341/6151/1235367.

156 Persönliches Gespräch, 15. Februar 2019.

157 Persönliches Gespräch, 8. Februar 2019.

158 Ebd.

159 Persönliches Gespräch, 15. Oktober 2019.

160 Holly Jean Buck, »The Need for Carbon Renewal«, *Jacobin*, 24. Juli 2018, https://jacobinmag.com/2018/07/carbon-removal-geoengineering-global-warming.

161 Pablo Suarez, »Geoengineering: A Humanitarian Concern«, *Earth's Future* 5, Nr. 2 (23. Dezember 2016): 183–95, https://agupubs.onlinelibrary.wiley.com/doi/10.1002/2016EF000464.

162 »Climate Futures — The Rise of Geoengineering and Its Potential Impacts for the Humanitarian Sector«, IFRC, 20. Februar 2017, https://www.youtube.com/watch?v=2oVnasx6hAo.

163 Persönliches Gespräch, 8. Februar 2019.

164 Persönliches Gespräch, 20. Februar 2019.

165 Persönliches Gespräch, 15. Februar 2019.

166 Persönliches Gespräch, 19. Februar 2019.

167 »Hurricane Dorian Wipes Out Parts of Bahamas«, CNN Newsroom, Transkript, 4. September 2019, http://us.cnn.com/TRANSCRIPTS/1909/04/cnr.18.html.

168 John F. Kennedys inspirierende Rede: »We Choose to Go to the Moon«, 12. September 1962, YouTube, Video hochgeladen am 26. Juli 2010 von stissi101, https://www.youtube.com/watch?v=Ateh7hnEnik.

169 Bernard Ferguson, »Hurricane Dorian Was a Climate Injustice«, *The New Yorker*, 12. September 2019, https://www.newyorker.com/news/news-desk/hurricane-dorian-was-a-climate-injustice.

170 Persönliches Gespräch, 19. Mai 2016.

171 Beitrag von Caroline Contillo.

172 Beitrag Lawrence Barriner II.